DuMont's Kriminal-Bibliothek

Lee Martin, eigentlich Anne Wingate, 1943 geboren, stammt aus Ost-Texas und studierte an der Texas Woman's University in Denton. Sie arbeitete selbst viele Jahre lang als Polizistin in Georgia und in Fort Worth, Texas, versteht sich aber nach eigener Aussage eher als Mutter.
Ihre Kriminalromane spiegeln die Wirklichkeit der Polizeiarbeit ebenso wider wie die Spannungen, die zwangsläufig zwischen Beruf und Privatleben entstehen. Heute lebt sie mit ihrem Mann und ihren beiden Kindern in Salt Lake City, Utah.
Von Lee Martin ist in der DuMont's Kriminal-Bibliothek bereits erschienen: »Ein zu normaler Mord« (Band 1053).

Herausgegeben von Volker Neuhaus

Lee Martin

Das Komplott der Unbekannten

DUMONT

Die Deutsche Bibliothek - CIP-Einheitsaufnahme

Martin, Lee:
Das Komplott der Unbekannten / Lee Martin. [Aus dem Amerikan. von Ulrike Wasel und Klaus Timmermann]. - Köln: DuMont, 1995
(DuMont's Kriminal-Bibliothek; Bd. 1055)
ISBN 3-7701-3007-3
NE: GT

Umschlagmotiv von Pellegrino Ritter
Aus dem Amerikanischen von Ulrike Wasel und Klaus Timmermann

Die der Übersetzung zugrundeliegende Originalausgabe erschien 1986 unter dem Titel »A Conspiracy of Strangers« im Verlag St. Martin's Press, New York
Satz: Boss-Druck, Kleve
Druck und buchbinderische Verarbeitung: Clausen & Bosse GmbH, Leck

Printed in Germany ISBN 3-7701-3007-3

Die Handlung dieses Buches ist frei erfunden. Zu dem Zeitpunkt, als ich mit der Arbeit daran begann, wußte ich nicht, daß sich andernorts ein ähnlicher Fall bereits ereignet hatte, und so war ich recht unsicher, ob ich eine solche Geschichte überhaupt schreiben sollte, weil ich befürchtete, jemanden auf dumme Gedanken zu bringen. Erst als ich kurz vor Abschluß des Buches stand, erfuhr ich, daß Frauen tatsächlich an verschiedenen Orten (allerdings nicht in Fort Worth) aus dem Grund ermordet worden waren, der hier beschrieben wird. Die vorliegende Geschichte basiert auf keinem dieser realen Fälle, und jede Ähnlichkeit mit realen Personen oder Ereignissen ist rein zufällig und nicht beabsichtigt.

Es liegt mir jedoch am Herzen, den beiden Detectives aus Houston zu gratulieren, die über fünf Jahre hinweg hartnäckig den kleinsten Hinweisen nachgegangen sind, um einen Fall dieser Art zu lösen. Ich bin froh, daß ich nicht früher von ihrem Fall erfahren habe; ich hätte versucht sein können, ihn als Vorlage zu benutzen.

Kapitel 1

An jenem Nachmittag Ende September dachte ich nicht an Mord. Ich beobachtete meinen Hund und überlegte, wieso mir noch nie aufgefallen war, daß er schräg lief. Er bewegt gleichzeitig die linke Vorderpfote und die rechte Hinterpfote, so daß es stets den Anschein hat, als ob er gleich die Richtung ändern wollte.

Irgend jemand, dem ich das später erzählt habe, hat mir erklärt, daß alle Hunde so laufen. Ich habe Hunden nie sonderlich viel Aufmerksamkeit geschenkt, bis zum letzten Saint-Patrick's-Day, als uns der große braune Köter zulief, dreckig und abgemagert, mit einem alten Flohhalsband und einer abgelaufenen Impfmarke gegen Tollwut. Wir haben ihn gefüttert. Wir haben ihn gewaschen. Wir haben ihn noch mal gefüttert. Wir haben eine Anzeige in die Zeitung gesetzt - HUND ZUGELAUFEN -, jedoch ohne Erfolg.

Dann sind wir mit ihm zum Tierarzt. Im nordwestlichen Randgebiet von Fort Worth, Texas, herrscht eine Tollwutepidemie unter den Skunks, und da wir so weit draußen wohnen, wäre es nicht unwahrscheinlich, daß ein Hund - besonders ein nicht allzu intelligenter, überfreundlicher Hund - sich mit einem Skunk anlegt. Er mußte auf jeden Fall geimpft werden.

Auf dem Heimweg, ich saß am Steuer, meinte dann mein Mann Harry: »Sieht so aus, als hätten wir uns einen Hund zugelegt.« Und mit einem Blick auf die zitternden 60 Pfund Fell auf seinem Schoß - ganz offensichtlich mochte der Hund keine Spritzen - fügte er hinzu: »Hi, Pat.«

»Pat?« fragte ich.

Harry sah mich mitleidig an. »Deb«, sagte er, »wann haben wir ihn gefunden?«

Und so fing ich an, nach und nach einiges über Hunde zu lernen.

Als ich es satt war, mir Gedanken um Pats seltsame Gangart zu machen, fing ich statt dessen an, mir Gedanken darüber zu machen, wieso eine ehrbare Großmutter wie ich je darauf verfallen konnte, regelmäßig die Straße entlangzulaufen, mit Joggingschuhen, einem gelben Schweißband, einem Sweatshirt mit dem Aufdruck »Bell Helicopter«, einer dunkelblauen Frotteehose und einer dunkelblauen Frotteejacke, deren Reißverschluß offen ist, damit ich leichter an die Pistole komme, die ich stets bei mir haben muß.

Aber ich wußte, warum ich mit dem Joggen angefangen hatte. In meinem Alter wurde ich immer gesetzter, und ich hatte zugenommen. Ein fetter, fauler Cop kann schnell ein toter Cop sein - sehr schnell.

Selbst wenn dieser Cop eine Großmutter ist.

Ich wollte noch nicht so bald sterben; ich war erst vor kurzem Großmutter geworden. Außerdem war ich noch Mutter, Ehefrau und ein menschliches Wesen; eigentlich in umgekehrter Reihenfolge, der Wichtigkeit nach.

Pat schoß an mir vorbei und quer über die Straße, wobei er laut bellte und von den Schultern bis zum Hinterteil wedelte, um das nahezu völlige Fehlen eines Schwanzes wettzumachen. Ich brüllte ihn an, aber er ignorierte mich und flitzte in ein Feld auf der anderen Straßenseite, wo er einen abgestorbenen Baum als seinen Besitz markierte und anschließend wieder anfing zu bellen. Er hat noch nie versucht, jemanden zu beißen, und eigentlich bellt er nur selten Menschen an, aber er liebt es über alles, völlig grundlos zu bellen. Harry behauptet, er habe die Seele eines Teddybären und eine kaputte Bellmechanik, trotz der Tatsache, daß ihn der Tierarzt, der ihn ein »gutes altes Hundchen« nennt, für eine Mischung aus Dobermann und Pitbull hält.

Als Wachhund ist er ein Versager. Der einzige Grund, warum ich ihn zum Joggen mitnehme, ist der, daß er jault, wenn er zu Hause bleiben muß. Das tut er übrigens auch, wenn er zum Tierarzt muß und wenn er Medizin bekommt und wenn er nicht genau pünktlich gefüttert wird. Aber um zu beweisen daß er keine Memme ist, kämpft er dafür mit jedem anderen Hund, außer mit Daisy, der Terrierhündin von nebenan, die nur halb so groß ist wie Pat und ihn mit Haut und Haaren fressen würde, wenn er sich mit ihr anlegte.

Ich mußte ihm noch immer Penicillintabletten gegen das entzündete Bein verabreichen, das er sich letzte Woche bei einer Beißerei mit dem Jagdhund eingefangen hatte, der ein Stückchen weiter die Straße hinauf wohnt. Um ihn zum Schlucken zu bringen, mußte ich sie in Käsescheiben wickeln. Als ich versuchte, sie in einem Löffel Chappi zu verstecken, hat er das Chappi sorgfältig drumherum weggefressen, so daß hinterher eine nackte blaue Tablette fein säuberlich in der Mitte einer ansonsten völlig leeren beigen Plastikschüssel lag.

Pat fing wieder an zu bellen, jäh und laut. Ich hoffte bloß, daß er nicht wieder einen Hund entdeckt hatte, mit dem er kämpfen wollte, brüllte ihn erneut an und sah dann gerade noch einen braunen Schatten, als er aus dem Feld über die Straße fegte, durch ein gelbbraunes Meer wilder Sonnenblumen, runter in den Graben auf der anderen Seite und hinein in ein Kanalrohr aus Beton. Mit einiger Verspätung beschloß er, diesmal auf mich zu hören, und kam die Böschung wieder heraufgerannt. Als er fröhlich zwei beschmierte Vorderpfoten auf meine Jacke drückte, brachte er aus dem Schlamm auf dem Boden des Grabens Leichengeruch mit sich. Ich taumelte rückwärts – ich wiege 35 Pfund mehr als er, aber er ist viel stärker als ich –, und er tänzelte ausgelassen hinterdrein, wobei ich noch einmal eine ordentliche Brise von dem mitbekam, worin auch immer er seine Pfoten gehabt hatte.

Bei diesem zweiten Hauch begriff ich, und ich rutschte rasch die Böschung hinunter, während Pat um mich herum sprang. Im Geiste schaltete ich bereits um, nahm meine professionelle Haltung ein, aber ich fühlte mich noch nicht ganz als Cop, und der unerwartete Anblick versetzte mir einen Schlag in die Magengrube.

Sie hatte langes braunes Haar, das sich in Treibholz verfangen hatte und halb im Schlamm begraben war. Sie hatte gute Zähne; diese Tatsache war offensichtlicher, als mir lieb war, weil irgendwelche Tiere – vielleicht Waschbären oder ein paar Opossums – ihre Lippen und anderes weiches Gewebe um ihren Mund herum weggefressen hatten. Ihre Augenfarbe konnte ich nicht erkennen, weil auch die Augen weg waren, die Höhlen mit blaßbraunem Schlamm verklebt. Sie war weiß gewesen, und sie war jung gewesen. Mehr konnte ich wirklich nicht feststellen, außer der offensichtlichen Tatsache, daß die mittlerweile aufgeblähte Leiche fast völlig in das Kanalrohr gezwängt war. Sie hatte etwas an sich, das mir irgendwie vertraut vorkam und mich beunruhigte, aber ich konnte noch nicht genau sagen, was es war.

Ich versuchte, mir einzureden, daß die Frau einen Unfall gehabt haben könnte. In den letzten Tagen hatte es viel geregnet, die Nachwirkungen eines Hurrikans, der über Houston hinweggefegt war. Der Graben war voll gewesen. Vielleicht war sie hineingefallen und zusammen mit dem Holz im Rohr steckengeblieben. Das deutlich sichtbare Loch in ihrem Schädel konnte daher rühren, daß sie gegen den Rand des Rohrs gespült worden war - und verdammt, wenn sie bloß noch knapp zwölf Meter weiter gespült worden wäre, dann wäre sie nicht mehr im Gebiet von Fort Worth, sondern in Watauga gewesen, und ich hätte mich hinsetzen können und zusehen, wie Watauga - mit seinen ungefähr 14 Kripobeamten - versuchte, den Fall zu lösen.

Und dann fragte ich mich, wem ich eigentlich was vormachen wollte. Ich wußte doch, wessen Fall das war. Sie war nicht in Watauga, und sie war nicht durch einen Unfall gestorben. Ich habe in meinen mehr als 16 Jahren bei der Polizei von Fort Worth schon viele Morde gesehen, besonders in den letzten zwei Jahren, seit ich zum Sonderdezernat versetzt wurde, und mir war klar, daß ich hier wieder einen Mord vor mir hatte.

Ich wußte, daß der Schädelbruch nicht daher rührte, daß sie gegen das Kanalrohr gespült worden war, nicht, wenn sich der Kopf flußaufwärts von dem Rohr befand. Und wenn sie im Graben mit der Strömung getrieben wäre, hätte der Kopf als schwerster Körperteil flußabwärts sein müssen. Nein, sie war gezielt hier abgelegt worden, vor mindestens einer Woche, schätzungsweise.

Mein Verstand arbeitete schon wieder schneller, als er sollte. Das ist mein schlimmster Fehler als Cop; ich bin mir dessen durchaus bewußt und versuche meistens, dagegen anzugehen. Aber in all meinen Jahren bei der Polizei war das hier das erste Mal, daß ich selbst, außer Dienst und ohne verständigt zu werden, eine Leiche gefunden hatte, und absurderweise war ich mir nicht ganz sicher, was ich nun tun sollte. Zuerst mußte ich Meldung machen, sagte ich mir, und überlegte dann, ob ich zu den Münztelefonen neben dem Kiosk an der Beach Street laufen sollte oder einfach zu einem der Häuser in Summerfields.

Ich beschloß, zum Kiosk zu laufen. Es war nicht nötig, die Bürger jetzt schon zu beunruhigen; sie würden sich schon noch früh genug aufregen.

Pat tanzte derweil um mich herum, mal bellend, um meine Aufmerksamkeit auf sich zu ziehen, dann wieder aus tiefer Kehle knurrend, wenn er den Geruch des Todes witterte. Das war ein Geruch, den er nicht verstand und dem er auf den Grund gehen wollte. Ich mußte ihn aus dem Weg schaffen, bevor er anfing, an der Leiche herumzuscharren.

Natürlich hatte ich keine Leine dabei. Pat mag Leinen nicht, und ich mag es nicht, von einem 80 Pfund schweren Hund vorwärtsgezerrt zu werden – seit März hatte er mächtig zugelegt.

Ich lockte ihn zu dem nächsten Tempolimit-Schild und band ihn dort mit der Kordel aus meiner Jacke fest. Natürlich zerriß er die Kordel sofort. Ich hätte es wissen müssen; ich habe schon erlebt, wie er den Haken einer Kette aufgebogen hat.

Jemand mußte bei der Leiche bleiben, aber es gab niemanden, den ich hätte dalassen können. Oder ich mußte bei der Leiche bleiben und jemand anderen telefonieren schicken, aber es war niemand da, den ich hätte schicken können. Auf der Saginaw-Watauga Road – Verzeihung, dem Great Western Parkway, was für eine so drittrangige Straße ein lächerlicher Name ist – fuhren Autos vorbei, doch kein einziges hatte angehalten, um nachzusehen, was eine kleine Frau und ein großer Hund in dem Graben machten. Es war mir ganz lieb, daß sie nicht anhielten, und ich wußte ja, daß die Leiche nicht weglaufen würde, aber trotzdem ...

»Verdammt«, sagte ich, krabbelte aus dem Graben und lief die Straße hinunter, nun froh, daß ich den ganzen Sommer viel gejoggt war, und über die Tatsache, daß Pat mir überallhin folgt. Noch im März wäre ich nach 50 Metern fix und fertig gewesen.

Ich rief im Polizeirevier an. Der Einsatzleiter sagte mir, daß sie jemanden rausschicken würden. Jemanden, das hieß, wie ich wußte, Streifenwagen und Detectives und einen Gerichtsmediziner.

Detectives? Der erste Detective am Tatort war ich. Aber ich war noch nicht mal im Dienst. Ich hatte drei Tage frei, als Ausgleich für das letzte verlängerte Wochenende, an dem ich gearbeitet hatte. Captain Millner konnte doch nicht ...

Oh doch, Captain Millner konnte. Und höchstwahrscheinlich würde er auch. Jedenfalls konnte ich ganz bestimmt keine Ermittlungen in einem Mordfall führen, wenn ein Hund um mich herum sprang. Ich rief zu Hause an und wollte Harry bitten, Pat abzuholen.

Nicht Harry meldete sich am Telefon, sondern Olead, der vermutlich mein Schwiegersohn werden wird, falls er und Becky je dazu kommen, die Angelegenheit einmal zu bereden. Er sagte, daß Harry sich an einem Funkgerät zu schaffen machte und Becky sich in der Küche zu schaffen machte und Hal – mein Fünfzehnjähriger – sich an einem Fahrradreifen zu schaffen machte. Olead, der Hal geholfen hatte, sagte, er würde sich loseisen und den Hund holen kommen. Er klang nicht sonderlich überrascht darüber, daß ich auf eine Mordsache gestoßen war. Aber schließlich hatten wir uns im vergangenen Januar ja auch bei einer Mordsache kennengelernt; er hatte wohl inzwischen den Eindruck, daß ich ständig auf irgendwelche Leichen stieß.

Ich hoffte, daß Becky das Abendessen vorbereitete, weil ich den starken Verdacht hatte, daß ich selbst nicht dazu kommen würde. Ich nahm an, daß sie dabei war, Schokoladenkekse für Oleads kleinen Bruder zu machen. Zumindest behauptet sie meistens, daß sie für Oleads kleinen Bruder sind.

Olead kam noch vor dem ersten Polizeiwagen an, glücklicherweise, denn aus unerfindlichen hundepsychologischen Gründen haßt Pat Uniformen und die Menschen, die sie tragen. Ich war mir nicht sicher, ob wir es schaffen würden, ihn in Oleads Ford-Kombi zu locken, denn normalerweise bringt er Auto fahren mit Tierarztbesuchen in Verbindung, aber mit einiger Überredung konnten wir ihn davon überzeugen, daß der Kombi eher ein Kleinbus war als ein normales Auto – Kleinbusse verbindet er mit Camping-Ausflügen –, und schließlich hüpfte er hinein.

Nachdem Pat sicher verstaut war und anfing, laut zu winseln, fragte Olead schüchtern. »Darf ich sie mir mal ansehen?«

Ich zuckte die Achseln. Es gab keine Spuren am Tatort, die zerstört werden konnten. Ich hatte gesehen, daß der Graben noch vor drei Tagen randvoll gewesen war; das hieß, daß jegliches Beweismaterial längst verschwunden war.

Olead deutete mein Achselzucken als Einverständnis, durchquerte das dichte Blumenmeer und ging die lehmige Böschung hinunter, ohne darauf zu achten, daß seine blauweißen Adidas mit glitschigem Schlamm verschmiert wurden. Ich folgte ihm, etwas behutsamer.

Er mußte sich nicht übergeben.

Anfänger tun das oft, bei einem derartigen Anblick. Olead war kein Polizist, weder ein Anfänger noch ein alter Hase, und er hatte schon Leichen gesehen, aber die hatten nicht so ausgesehen. Oder so gerochen; mir war unbegreiflich, wieso nicht längst jemand aus der näheren Umgebung der Summerfields-Siedlung die Leiche gefunden hatte, schon allein wegen des Geruchs.

Olead blieb stehen, beide Hände in den Gesäßtaschen seiner Jeans, und betrachtete traurig die Leiche, die halb von Treibholz bedeckt war. Das Betonrohr war eng, nur etwa ein Meter im Durchmesser; man hatte es angelegt, weil die Straße an dieser Stelle schmal war und bei Regen dauernd Autos in den Graben gerutscht waren. Ich dachte, daß jemand sie vermutlich von der gegenüberliegenden Seite mit dem Kopf zuerst hineingeschoben hatte, jemand, der es eilig gehabt und nicht mehr bedacht hatte, daß der Kopf logischerweise auf der einen Seite hinausragen mußte, wenn die Beine auf der anderen ganz drin steckten. Ich überlegte, wie man das bewerkstelligt hatte. Der schlaffe Körper einer Leiche ist schwer und nicht gerade leicht zu handhaben, und der Durchmesser der Röhre war nicht so groß, daß jemand hineingekrochen sein und den Körper hinter sich hergezogen haben konnte.

Leichenstarre, nahm ich an. Die Leiche mußte steif gewesen sein, so daß sie geradewegs hineingerammt werden konnte. In diesem Fall wäre sie schon ungefähr einen Tag, vielleicht anderthalb Tage tot gewesen, bevor man sie herbrachte. Das war die einzige Erklärung, die mir einfiel. Aber warum hier? Warum hatte man sie nicht einfach vergraben? Hier mußte sie früher oder später gefunden werden; in diesem Graben spielen dauernd irgendwelche Kinder.

»Deb«, sagte Olead, der mit seinem Kopf dem Kanalrohr wesentlich näher war, als ich den meinen bringen wollte. »Deb, sie war schwanger.«

»Leichen, die längere Zeit so gelegen haben, sind meistens stark aufgedunsen«, erklärte ich ihm. Eines Tages wird Olead wesentlich mehr über Leichen wissen als ich, aber zu der Zeit hatte er gerade erst mit seinem Medizinstudium angefangen.

»Sie war schwanger«, sagte Olead mit Bestimmtheit. »Komm, sieh es dir an.«

Menschlicher Verwesungsgeruch ist mir zuwider, aber ich war inzwischen schon so lange in dem Graben, daß meine olfaktorischen Nerven so gut wie taub waren. Ich würde es erneut riechen, wenn ich mich davon entfernte, aber im Augenblick war es auszuhalten. Ich sah genauer hin.

Er hatte recht. Sie war schwanger. Daher wirkte sie so beunruhigend vertraut. Ich hätte ihren Zustand sofort erkennen müssen, aber ich hatte es nicht, vielleicht, weil ich nicht nahe genug rangegangen war oder weil ich als frischgebackene Großmutter keine schwangere Frau tot im Graben sehen wollte. Doch mittlerweile hatte ich fast meine professionelle Cop-Haltung eingenommen, und allmählich fühlte ich mich normaler, bis ich noch genauer hinsah und etwas entdeckte, das selbst mich erschauern ließ. Die

Finger ihrer rechten Hand waren geöffnet und weit gespreizt, mit sandigem Schlamm in den Zwischenräumen, doch die linke Hand umklammerte die Wurzel eines jungen Bäumchens, das auf dem Grund des Grabens wuchs. Sie hatte sich im Todeskrampf geschlossen, das war nicht bloß Leichenstarre. Und Todeskrampf bedeutet plötzlicher Tod. Meistens plötzlicher, gewaltsamer Tod.

Sie war nicht tot hierhergebracht worden, wie ich zunächst vermutet hatte. Sie war hier gestorben, hatte sich nicht gewehrt, sondern versteckt, hatte versucht, sich und ihr Baby vor jemandem zu schützen, der sie gefunden hatte.

An der Hand steckte ein schlichter goldener Ehering, zu schmal, als daß irgendeine Gravierung drin stehen konnte, die Sorte, wie sie für 29,95 Dollar in zig Katalogen und Kaufhäusern angeboten wird. Sie trug eine kurze gelbe Umstandshose, die aussah wie von Woolworth, und eine gelbe Hemdbluse, die offenbar selbstgenäht war. Keine Schuhe. Falls sie eine Handtasche gehabt hatte, was ich zunächst einmal bezweifelte, dann war sie weggespült worden.

»Deb?«

Ich drehte mich um. Gary Hollister, Leiter sowohl des Morddezernats als auch des Sonderdezernats, hatte ebenfalls keinen Dienst gehabt, wohnte aber in der Nähe wie ich. Er trug verwaschene Bluejeans, eine Gürtelschnalle, auf der sein Vornahme zu lesen stand, und ein besticktes blaubuntes Baumwollhemd. Seine Hände waren schmutzig.

Offiziell ist Gary mein Vorgesetzter, in der Realität jedoch bekomme ich meine Anweisungen meistens von Captain Millner, dem Chef der Kriminalpolizei. »Hi«, sagte ich zu Gary.

Er warf dem Zivilisten, der sich da an der Öffnung des Kanalrohrs herumtrieb, einen scharfen Blick zu. »Was macht der denn da?«

»Er gehört zu mir«, sagte ich. »Olead Baker.«

»Oh«, sagte Gary in einem Ton, der Olead nicht gefallen hätte, wenn er ihn gehört hätte. Im letzten Januar, als Olead wegen Mordes festgenommen worden war, hatte Gary mit einer Grippe das Bett gehütet, aber natürlich hatte er von dem Fall gehört, und obwohl inzwischen ein anderer Mann für diese Morde sicher in der Todeszelle saß, betrachtete Gary Olead noch immer mit einem gewissen Argwohn. »Das erklärt immer noch nicht, was er da macht«, fügte er hinzu.

»Es ist meine Schuld«, sagte ich. »Ich habe ihm gesagt, er könnte –«

»Baker!« brüllte Gary. »Was zum Teufel treiben Sie da?«

Oleads Kopf fuhr herum, er blickte erschreckt drein. »Gucken«, sagte er.

»Los, machen Sie, daß Sie da rauskommen!«

Mit bewußt lässigen Bewegungen entfernte sich Olead gemächlich vom Kanalrohr, blieb stehen, die Hände in den Taschen, und starrte direkt in Garys Gesicht. »Okay«, sagte er, und dann an mich gerichtet: »Ich bringe den Köter nach Hause.«

»Danke.«

Schon halb die Böschung hinauf, wandte Olead sich um. »Köter ist wohl nicht gerade das passende Wort für Pat, oder?«

»Nee«, sagte ich.

»Töle? Promenadenmischung? Unbestimmbares Mitglied der Spezies Canis?«

»Olead«, sagte ich. »Bring den Hund nach Hause.«

Er grinste Gary an, sagte: »Bye«, und öffnete die Wagentür.

»Gary, ich habe ihm gesagt, er kann –«

»Und ich habe ihm gesagt, er kann nicht.«

»Aber du hättest mich anschnauzen sollen, nicht ihn. Er hatte um Erlaubnis gefragt.«

»Warum hast du sie ihm dann gegeben?«

»Was ist los mit dir, Gary?« Ich sprach betont leise; die uniformierten Beamten, die inzwischen oben am Straßenrand waren, mußten ja nicht mitbekommen, wie sich zwei alte Hasen stritten. Aber das sah Gary Hollister gar nicht ähnlich; die roten Haare auf seinem Kopf waren kein Anzeichen für cholerisches Temperament, und im Grunde hatte er eine Vorliebe für derbe Witze und neigte selbst in den schwierigsten Situationen eher dazu, loszulachen als zu fluchen.

»Ach verdammt.« Er fuhr sich mit den Fingern der rechten Hand durch das verschwitzte Haar. »Es ist bloß, weil Phillip Ross bei mir war, als die Meldung reinkam.«

»Hattest du Dienst?«

»In diesem Aufzug? Ich hatte Bereitschaft, habe im Garten gearbeitet und hatte das Walkie-talkie am Gürtel hängen. Ross hat irgendwie rausgekriegt, wo ich wohne, und war gerade da, um mit mir zu reden.«

»Ach du Scheiße.«

»Ich habe ihm nicht erlaubt mitzukommen. Aber –«

»Aber er wird dir folgen. Klar. Das kann doch nicht ...« Ich drehte mich um und betrachtete die Leiche erneut. »Seine Frau wird seit Monaten vermißt. Die hier ist noch keine zwei Wochen tot – wahrscheinlich kaum mehr als eine.«

»Du weißt das, ich weiß das.« Er blickte nach oben zur Straße, wo ein blauer Ford-Mustang mitten auf der Fahrbahn angehalten hatte und so den Verkehr in beide Richtungen praktisch blockierte. »Ich weiß nicht, ob er mir gefolgt ist oder ob er Radar im Auto hat. Ich habe ihm gesagt, daß er nicht herkommen soll, aber ich habe gewußt, daß er das trotzdem tun würde.«

Zugegeben, Phillip Ross tat mir leid. Und Chris McGuire und Randy Garcia und Dan Goldberg. Ich hatte die Fälle nicht bearbeitet, bis letzte Woche, als Wayne Carlsens Herzanfall die Belegschaft des Sonderdezernats vorübergehend von sechs auf fünf Leute reduziert hatte, aber ich hatte davon gehört. Wir alle hatten davon gehört, und diese Woche hatte ich neue Computerausdrucke zu lesen bekommen, weil die Fälle unversehens zu meinen geworden waren. Meine, bis Wayne zurückkam. Falls Wayne zurückkam, wonach es im Augenblick eher nicht aussah.

Natürlich war es möglich, daß diese Leiche auf das Konto desjenigen ging, der auch für das ungewisse Schicksal von Joanna Ross und Darlene McGuire und Allie Garcia und Barbara Goldberg verantwortlich war, die allesamt jung, hübsch und schwanger waren und allesamt vermißt wurden. Sie waren in den letzten vier Monaten von den Parkplätzen großer Einkaufszentren in Fort Worth verschwunden.

Aber mit an Sicherheit grenzender Wahrscheinlichkeit war diese Leiche keine von ihnen, denn sie wurden alle schon wesentlich länger vermißt, als diese Frau hier tot war.

Phillip Ross schrie gerade einen uniformierten Polizisten an, der versuchte, ihn davon abzuhalten, hinunter in den Graben zu springen. Eine Polizistin kam ihrem Kollegen zu Hilfe und versuchte, beruhigend zu klingen, aber sie war Anfängerin, und ihre Stimme wurde in Reaktion auf seine immer lauter. »Lassen Sie ihn runterkommen«, rief ich, und Gary funkelte mich an, zuckte aber dann nur die Achseln.

Phillip Ross kam in seinem karierten Sakko und der braunen Hose, die sich immer wieder an den rauhen Stengeln der Sonnenblumen verfing, die Böschung heruntergestolpert und geriet kurz ins Schlittern, als die Sohlen seiner braunen Lederschuhe durch den Schlamm rutschten. Er eilte auf das Kanalrohr zu und blieb jäh stehen, als er die Leiche sah. Ich hörte, wie er nach Luft schnappte, bevor er anfing zu würgen. Es dauerte eine Weile, bevor er sich wieder aufrichten konnte, und ich sagte: »Mr. Ross?«

Er starrte mich an, mit vorwurfsvollen Augen, und ich wartete. Und wartete. Und dann stellte ich die Frage, die er von mir hören wollte. »Ist das Joanna?«

»Wie zum Teufel soll ich wissen, ob das Joanna ist?« Sein Gesicht war blaß und schweißnaß, und ich überlegte schon, ob wir einen Krankenwagen rufen sollten. Doch dann richtete er sich gerade auf und sagte mit etwas festerer Stimme: »Wie soll man das identifizieren? Es ist Joanna ähnlich. Mehr kann ich nicht sagen. Es ist Joanna ähnlich. Aber ich weiß es nicht. Ich weiß es nicht. Ich weiß es nicht.«

Kapitel 2

In den ersten beiden Jahren bei der Polizei dachte ich, Cops würden nicht weinen. Ich wollte mich nicht wie ein Macho aufführen – wenn man keine 1,60 groß ist und Mutter von drei Kindern, ist das ohnehin fast unmöglich –, ich dachte einfach nur, daß Cops nicht weinen. Und während dieser zwei Jahre habe ich auch nicht geweint, weder bei der Arbeit noch zu Hause.

Und dann hatten wir eines Tages eine Fahrerflucht. Der Unfall war unvermeidbar gewesen, und der Fahrer wäre nicht angeklagt worden, wenn er bloß angehalten hätte, aber er hatte nun mal nicht angehalten, er war einfach weitergefahren und hatte einen halbasiatischen zweijährigen Jungen auf der Straße liegengelassen, genauso groß und genau dieselbe Hautfarbe wie Hal, das Baby, um das Harry und ich so verzweifelt gekämpft hatten, um es als unseren Sohn in die Vereinigten Staaten holen zu können. Ich betrachtete diesen kleinen, entstellten Körper in der Notaufnahme des Krankenhauses, bevor sie ihn in die Leichenhalle brachten, und sah zu, wie einer vom Erkennungsdienst dem Kleinen ein paar Haare abschnitt, um sie mit Haarproben vergleichen zu können, die man vielleicht am Fahrgestell des Wagens finden würde – falls der Wagen je gefunden wurde, was schließlich nicht der Fall war. Ein Pfleger, der sich hinter uns in den Raum gedrängt hatte – er muß wohl so um die 65 gewesen sein –, sagte: »Der Herr hats gegeben, der Herr hats genommen. Der Name des Herrn sei gelobt.«

Es klang nicht kitschig, nicht in diesem Augenblick, aber der Erkennungsdienstler blickte auf und sagte schneidend: »Dafür ist der Herr nicht verantwortlich.«

Der Pfleger ging wieder hinaus auf den Flur, und schließlich traf ein Ermittler für Verkehrsdelikte vom Tatort ein, so daß wir wieder auf Streife konnten. Ich ging zurück zum Wagen und stieg auf der Beifahrerseite ein, weil ich wußte, daß ich nicht fahren konnte.

Nach einer Weile stieg Clint Barrington – er war in dieser Nacht mein Partner; das war, bevor er ins Büro des Sheriffs versetzt wurde – auf der Fahrerseite ein, griff vor mir her, öffnete das Handschuhfach und reichte mir eine halbe Rolle Klopapier.

»Wofür ist das?« fragte ich.

»Damit du es loswirst.«

»Wovon redest du?«

»Verdammt, *heul endlich*!« schrie er mich an, und ich zog die Knie an, drehte ihm den Rücken zu, die Füße auf dem Sitz, das Gesicht zur Tür gewandt, und weinte 45 Minuten auf dem dunklen Parkplatz vor der Notaufnahme, und der Griff meines .38er Dienstrevolvers drückte mir in die Rippen, und die Handschellen, die ich am Gürtel trug, piekten mir in den Rücken.

Schließlich schniefte ich: »Cops heulen nicht.«

»Wie zum Teufel bist du denn auf die Schnapsidee gekommen?«

Ich wußte es nicht genau, antwortete ich ihm. Und den Rest der Nacht, während wir die dunklen Straßen von Fort Worth auf und ab fuhren, erzählte Clint mir Dinge, die ich in den zwei Jahren, die doch nicht so lange gewesen waren, wie ich geglaubt hatte, nie erfahren hatte. Er erzählte mir, daß Cops die höchste Scheidungsrate der Welt haben. Die höchste Selbstmordrate. Er erzählte mir, daß es nicht besonders viele alte Cops gibt; es gibt nicht viele pensionierte Cops, die sich ihres Ruhestandes erfreuen. Er erzählte mir von Cops, die zu Verkehrsunfällen gerufen wurden, wo sie ihre eigene Frau, ihr eigenes Kind tot vorfanden; er erzählte mir von Cops, die getötet wurden, während ihre Partner mal eben eine unerlaubte Pause einlegten. Er erzählte mir, daß alte Cops entweder trunksüchtig oder religiös werden, und er fragte mich, was mir lieber wäre. Ich sagte ihm, daß ich auf keines von beidem sonderlich erpicht wäre. Dann sagte er: »Deb, du mußt lernen loszulassen, oder du gehst daran kaputt. Was willst du?«

Ich antwortete nicht, und er schrie: »Cops heulen, verdammt noch mal!«

In den folgenden drei Wochen lenkte er jedesmal, wenn wir mit Kollegen zusammen waren, die aus dem Nähkästchen plauderten, die Unterhaltung geschickt dorthin, wo er sie haben wollte. Viele Cops, erfahrene Beamte, Leute mit 20 und 30 Jahren Berufserfahrung, erzählten mir von den Tränen, die sie im Streifenwagen vergossen hatten, auf der Treppe vor der Notaufnahme hockend, oder zu Hause, wenn ihre Schicht zu Ende war.

Und schließlich begriff ich, was er meinte. Man lernt, unterschiedliche Haltungen einzunehmen. Am Tatort eines Verbrechens ist man emotionslos, weil man es sein muß. Aber das Gefühl ist da; es geht nicht einfach weg. Es staut sich auf, und irgendwann muß man es rauslassen - irgendwie -, oder man vergißt völlig, wie es ist, etwas zu empfinden.

Und das ist nicht gut, nicht, wenn man Mutter ist. Oder Vater. Oder Ehemann, oder Ehefrau, oder überhaupt ein menschliches Wesen.

Aber man bemüht sich nach Kräften, nichts zu empfinden, solange man in der Situation steckt. Weil man einen Fall nicht bearbeiten kann, wenn man weint.

Und so weinte ich nicht, während ich da im Graben stand, und betrachtete mehr die Sonnenblumen als die Leiche. Ich weinte nicht, aber ich hätte gern. Die Leute vom Rettungsdienst waren eingetroffen; Irene Loukas vom Erkennungsdienst war eingetroffen. Die Leiche war an Ort und Stelle fotografiert worden, und die Leute vom Rettungsdienst hatten unter heftigem Fluchen und mit aufgesetzten Gasmasken (einer von ihnen erbrach sich in seine Gasmaske) die Leiche aus dem Rohr gezogen. Sie lag jetzt in einem noch offenen schwarzen Leichensack aus Plastik. Olsen von der Gerichtsmedizin und Dr. Habib, der stellvertretende Leiter der Gerichtsmedizin, krochen in dem Kanalrohr herum - ein Ort, an dem ich nicht zu sein wünschte.

Ich hatte Ross überredet, nicht zuzusehen, während die vom Rettungsdienst ihre Arbeit machten. Er mußte ja nicht unbedingt mitbekommen, was so alles passiert, wenn ein Körper im fortgeschrittenen Verwesungszustand bewegt wird - die Glieder, die abfallen, die Knochen, die plötzlich durch faulige, brüchige Haut stoßen -, aber nachdem man die Leiche aus dem Rohr heraus hatte, war er wieder herunter in den Graben gekommen und hatte sich die Leiche in dem noch offenen schwarzen Plastiksack angesehen. Jetzt stand er mit dem Rücken zu ihr, weinte in tiefen, würgenden Schluchzern und sagte immer und immer wieder: »Ich weiß es nicht, ich weiß es nicht, ich weiß es nicht.«

»Wann sollte Ihr Baby kommen, Mr. Ross?« fragte ich ihn.

Er wurde plötzlich still und starrte mich an, und ich wiederholte meine Frage. Er wischte sich mit dem Handrücken über die Augen wie ein trotziges Kind und sagte: »Fünf- fünfzehnter September. Es war - es - es wäre ...«

Er begann erneut zu weinen.

15. September. Vor fast einer Woche. Sie war seit cirka einer Woche tot, vielleicht etwas länger; das ließ sich nicht mit Sicherheit sagen. Die Verwesung war bei den Körperteilen, die im Inneren des Rohrs gesteckt hatten, aufgrund der Feuchtigkeit und Hitzeentwicklung weiter fortgeschritten als an Gesicht und Händen. Ja, es war gut möglich, daß sie im neunten Monat schwanger gewesen war und daß ihr Baby ungefähr zum Zeitpunkt ihres Todes fällig gewesen war. Aber wenn das der Fall war, wo war sie dann die letzten zwei Monate gewesen?

»Wie hat ihr Ehering ausgesehen, Mr. Ross? Hat sie irgendwelche anderen Ringe getragen?« Das mußte auch in den Akten stehen. Aber die Akten hatte ich nun mal nicht dabei. Nicht beim Joggen.

»O – das war – ich wollte ihr zum Geburtstag oder zu unserem Hochzeitstag einen schöneren kaufen. Jetzt könnte ich es mir leisten. Aber als wir geheiratet haben, war ich – ich –«

»Okay. Ich wollte nur wissen –«

»Ich war Obergefreiter. In der Armee. Wir hatten nichts, so gut wie nichts. Jetzt bin ich Börsenmakler und habe ein ordentliches – aber damals ...«

»Verstehe.«

»Ich habe ihn bei Wards gekauft. Hat mich 30 Dollar gekostet. Mehr hatte ich nicht, 30 Dollar. Das Geld für die amtliche Heiratserlaubnis mußte ich mir von meinem Bruder leihen. Aber sie wollte nicht, daß ich ihr einen anderen kaufe. Sie wollte genau den. Weil es der war, den sie zur Hochzeit bekommen hat.«

»Verstehe. Wie sieht er –«

»Bloß ein schlichter dünner Goldreif. Mit so Linien oben und unten. Ich weiß nicht, wie man das nennt, wie kleine Perlenschnüre, so flache Rillen parallel zum Ring, aber die sehen aus wie Perlenschnüre, wissen Sie, was ich meine?«

Ich wußte, was er meinte. Ich wünschte, ich hätte es nicht gewußt. Mich würde ohnehin der Gedanke verfolgen, daß das hier, falls es nicht Joanna Ross war, eine andere Frau war – eine Frau, deren Mann bei Wards oder irgendwo anders einen 30-Dollar-Ehering wie diesen gekauft hatte, weil er sich nichts Besseres leisten konnte, eine Frau, deren Baby im September hätte kommen sollen. Aber Tatsache blieb, daß es Joanna Ross' Mann gewesen war, der diese groteske Gestalt gesehen hatte, die einmal eine Frau gewesen war.

Ich wollte nicht, daß das Joanna Ross war.

Aber ich fürchtete, daß sich das Leben, wie schon so oft, nicht darum scheren würde, was ich wollte.

»Wer war ihr Zahnarzt, Mr. Ross?«

»Sie hatte gute Zähne.«

Wenn das hier Joanna Ross war, wo zum Teufel hatte sie dann seit ihrem Verschwinden gesteckt? Das war der Punkt, den ich überhaupt nicht verstand. »Wissen Sie, ob sie irgendwelche zahnmedizinischen Arbeiten hat machen lassen?« Ich führte zwei Gespräche, eins mit Ross und das andere im Kopf.

»Ted Cohen.« Auch er führte wohl zwei Gespräche gleichzeitig; das war die Antwort auf eine frühere Frage.

Das war eine Hilfe. Ted, einer der Zahnärzte, die den Gerichtsmediziner beraten, würde bei diesem Anblick einen Schock bekommen, wie wohl viele andere Zahnärzte auch.

»Wann werden Sie es wissen?« fragte er.

»Was wissen?«

»Ob das hier –«

»Oh. Vielleicht heute nachmittag, vielleicht morgen. Ich rufe Sie an, sobald wir etwas hören.«

Er wandte sich um, ging Richtung Straße, und ich fragte: »Was machen Sie jetzt?«

»Ich fahre nach Hause«, sagte er. »Was soll ich denn sonst machen?«

Kapitel 3

Wenige Minuten später fragte mich Dr. Habib, wo ich hinwolle. »Nach Hause«, erwiderte ich. »Was soll ich denn sonst machen?«

Er zuckte die Achseln und krabbelte wieder in das Kanalrohr. Ich wußte nicht, wonach er suchte, und fragte auch nicht, weil er es mir schon erzählen würde, wenn er soweit war. Ich stieg einfach wieder hinauf zur Straße, wobei Sonnenblumen über meine Hosenbeine schabten, und machte mich auf den Weg nach Hause. Gemächlich, nicht im Laufschritt. Mittlerweile war es ganz dunkel, denn der Mond und die Sterne wurden von dicken Wolken verhüllt, die von Westen herantrieben, und die Straßenbeleuchtung in der Summerfields-Siedlung läßt zu wünschen übrig.

Natürlich gab es noch jede Menge zu tun. Dr. Habib wußte das, und ich wußte das auch; ich würde sehr bald anfangen müssen, einiges davon zu erledigen, und ich würde Anweisungen geben müssen, damit das andere erledigt würde. Aber ich war nicht im Dienst. Vielleicht hatte ich ja unverschämt viel Glück, und der Fall wurde mir nicht zugeteilt.

Doch das war reines Wunschdenken.

Aber ich brauchte Zeit, um eine Strategie zu entwickeln – was ein eleganter Ausdruck dafür ist, daß ich mir überlegen mußte, was als nächstes geschehen sollte. Das konnte ich genauso gut zu Hause tun wie irgendwo anders, und überhaupt wollte ich in diesen Klamotten nicht ins Büro fahren, wenn ich nicht unbedingt mußte.

Harry saß in seinem Fernsehsessel und guckte sich schläfrig die Nachrichten an; als ich hereinkam, blickte er auf und sagte: »Setz dich, Deb.« Olead saß in meinem Fernsehsessel und hatte die Katze auf dem Arm; ich glaube, ich werde ihm die Katze zur Hochzeit schenken. Er stand auf, was die Katze ärgerte, die sich am ganzen Körper schüttelte und mit beleidigtem Blick in die Küche schlich, und setzte sich auf die Couch neben Becky, die mütterlich Oleads zweijährigen Bruder betrachtete, wie er mit Buntstiften und einem Malbuch hantierte. Was Jeffrey da mit den Stiften anstellte, hatte für meine Begriffe wenig mit dem zu tun, was auf den Buchseiten vorgedruckt war, aber das entsprach wohl dem Alter. Jeffrey schien gerade die Farbe Grün für sich entdeckt zu haben.

Von Hal keine Spur. Seit Harry und ich MTV aus unserem Kabelanschluß rausgeworfen haben, verbringt Hal ausnehmend viel Zeit bei seinen Freunden. Harry hatte schon vorgeschlagen, daß wir es auch wieder reinnehmen könnten, weil Hal es sich sowieso ansieht, aber ich wollte meine Prinzipien nicht aufgeben. Ich bin davon überzeugt, daß zwischen diesen fürchterlichen Videoclips und der erschreckenden Zunahme von Selbstmorden unter Teenagern ein Zusammenhang besteht. Andererseits werde ich vielleicht auch einfach nur alt.

»Ich taue Hackfleisch für ein paar Hamburger in der Mikrowelle auf«, sagte Becky zu mir.

»Ich dachte, ich hätte heute morgen was zum Auftauen in den Kühlschrank gestellt«, sagte ich.

Olead blickte verlegen. »Das habe ich gegessen. Heute nachmittag.«

»Anderthalb Pfund Hack –«

»Ich hatte Hunger. Ich kaufe neues ein«, fügte er rasch hinzu. »War dieser, wie heißt er noch, Hollister, sehr böse auf dich?«

»Nee, eher nervös als böse. Ich gehe duschen, bevor –«

Das Telefon klingelte. Harry hob ab, sagte »Ja« und reichte es mir.

»Haben wir eine Grace, die als vermißt gemeldet ist?« dröhnte Dr. Habib sehr laut in mein Ohr.

»Nicht, daß ich wüßte.«

»Also diese hier trägt ein Fußkettchen, auf dem Grace steht.«

»Dann ist sie nicht Joanna.«

»Ich weiß nicht, ob sie Joanna ist oder nicht. Ich weiß bloß, daß sie ein –«

»Schon gut, ich hab's verstanden. Wo sind Sie?«

»Auf dem Highway 820 und fahre gerade –«

Ich kann mich einfach nicht an Autotelefone gewöhnen. »Ich melde mich später noch mal. Sind Sie auf dem Weg ins Büro?«

»Ja.«

Dr. Habib arbeitet in dem höchst eleganten und gut ausgestatteten Büro der Gerichtsmedizin in der Nähe des Camp Bowie Boulevard gleich neben dem T-Com, wie das Texas College of Osteopathic Medicine meistens genannt wird. Olead, der mehrmals am Tag auf dem Hin- und Rückweg von seinen Seminaren daran vorbeikommt, wäre sehr erstaunt, wenn er wüßte, wie viele hochmoderne technische Apparate dieser bescheiden aussehende Ziegelbau in sich birgt. Ich habe das Gebäude besichtigt und war schon oft dort, um bei Obduktionen zuzusehen. Diese hier wollte ich mir allerdings nicht anschauen. Dr. Habib würde mir alles erzählen, was ich wissen wollte.

Also sagte ich ihm, daß ich ihn später anrufen würde, nachdem ich das überprüft hätte, und legte auf. »Was jetzt?« fragte Harry.

»Dasselbe wie immer«, erwiderte ich und strebte Richtung Schlafzimmer, wo ich mit dem Telefon jonglierte, während ich mich auszog. Ich bat den diensthabenden Einsatzleiter nachzusehen, ob wir eine Grace hätten, die als vermißt gemeldet wurde, und mich dann zurückzurufen. Während ich auf seinen Anruf wartete, zog ich mich fertig aus und suchte mir die Shampooflasche. Dort bleibt der Geruch immer hängen, im Haar. Irgend jemand hat mir mal erzählt, daß der Haarstamm hohl ist. Vielleicht stimmt das, ich weiß es nicht, aber ich weiß, daß sich unangenehme Gerüche, diejenigen, die man schnell loswerden will, im Haar festsetzen. Die andere Stelle, wo sie sich festsetzen, ist der Rachen. Ich habe noch immer nicht herausgefunden, was man dagegen tun kann. Ich habe es mit Mundspülungen und Gurgeln probiert, und beides scheint nichts zu nützen; wenn so etwas passiert ist, wache ich oft mitten in der Nacht auf und sehe es zwar nicht mehr vor meinem inneren Auge, aber ich rieche es. Immer und immer wieder.

Der Geruch war jetzt wieder da, und obwohl er mich draußen in der kühlen Abendluft nicht sonderlich gestört hatte, sorgte er nun in dem immer stickigeren Schlafzimmer dafür, daß mir übel wurde. Ich öffnete das Fenster über dem Bett und steckte mir ein Pfefferminzbonbon in den Mund, in der Hoffnung, daß das helfen würde.

Der Einsatzleiter rief zurück. Wir hatten keine Grace, die als vermißt gemeldet war. Ich hatte auch nicht damit gerechnet.

Ich sagte ihm, daß er im TCIC – dem Texas Crime Information Center – nachfragen sollte, ob irgendwo anders eine Grace vermißt wurde. Er sagte, das würde er tun, und fragte, ob er mich zurückrufen sollte. Ich bat um seinen Namen – wir haben mittlerweile so viele Leute in der Einsatzleitung, daß ich sie nicht mehr allein an der Stimme erkennen kann –, und er sagte, er sei Reuben Dakle. Ich erinnerte mich, in den letzten Monaten schon mit Reuben Dakle zu tun gehabt zu haben. Auf ihn ist Verlaß. Ich sagte, daß ich ihn später anrufen würde, wenn er genug Zeit gehabt hatte, die Information einzuholen.

Ich ging duschen und wusch mir die Haare und putzte mir die Zähne und spülte mit Mundwasser und schmierte mir obendrein noch eine Avon-Gesichtsmaske mit Zitronenduft ins Gesicht, die ich letztes Jahr gekauft hatte. Das bedeutete, daß ich ungefähr zehn Minuten nicht telefonieren durfte, so lange, bis sie getrocknet war und ich sie abnehmen konnte, aber es bedeutete auch, daß der Zitrusduft zumindest vorläufig die Reste des Geruchs überdeckte, die ich noch immer nicht losgeworden war.

Aber natürlich läutete das Telefon. Reuben Dakle, der beschlossen hatte, nicht abwarten zu wollen, bis ich ihn zurückrief, informierte mich, daß Denton eine Vermißtenmeldung über eine Grace Williamson vorliegen hatte und daß er glaubte, es könnte die richtige sein. Natürlich wollte ich die Beschreibung hören.

Weiß/weiblich. 24 Jahre alt. 1,60 m, 55 kg, braune Haare, blaue Augen. Bluejeans und blaues Sweatshirt mit TWU-Aufdruck.

Ich fragte nach Schmuck. Reuben sagte, darüber sei offenbar nichts bekannt.

Ich fragte, ob sie schwanger war. Reuben sagte, daß davon nicht die Rede gewesen sei.

Ich sagte so etwas Ähnliches wie »Scheiße« und fragte, wie lange sie schon vermißt wurde.

»Tja«, sagte Reuben, »sie wird seit Mai vermißt.«

Mai, und jetzt hatten wir September. Ich sagte noch mal »Scheiße« und wies Reuben an, dafür zu sorgen, daß der Computerausdruck auf meinen Schreibtisch gelangte. Er sagte, das werde er tun.

Ich wusch mir und dem Telefon die Zitronenmaske ab und zog mich wieder an – gelber Hosenanzug, Schulterhalfter, Segeltuchsandalen ohne Strümpfe – und eilte ins Wohnzimmer. Olead und Becky kochten gerade Spaghetti und lachten viel, und Harry hantierte an einem Funkgerät herum. Er hantierte schon seit Tagen daran herum. Hal war zurück und assistierte ihm mit einem Lötkolben. Jeffrey spielte mit der Katze, die unbeweglich da saß, die Ohren angelegt und den Schwanz in Flaschenbürstenhaltung. Ich sagte, daß ich nicht lange wegbleiben würde. Harry sagte: »Wer's glaubt, wird selig«, und ich sagte noch mal »Scheiße«, und knallte die Tür fest zu, als ich in die Nacht hinaustrat, die rasch immer frostiger wurde. Wind war aufgekommen; es würde noch vor morgen regnen.

Ich wußte, was mich störte. Es war ganz einfach – ich wollte überhaupt nichts mit diesem Fall zu tun haben. Zum erstenmal in den über 15 Jahren als Polizeibeamtin war ich absolut unfähig, den Fall, an dem ich arbeitete, objektiv zu betrachten. Ich wollte ihn nicht lösen, weil es meine Aufgabe war oder weil es ein Rätsel war, in das ich mich verbeißen konnte, oder – oder überhaupt, um ehrlich zu sein; ich wußte nicht, wer schwangere Frauen entführte. Ich wußte nicht, wer diese schwangere Frau getötet hatte; ich wußte nicht – jedenfalls nicht mit Sicherheit –, ob dieselbe Person oder dieselben Personen in beide Fälle verwickelt war bzw. waren.

Ich wußte aber, was ich gegenüber denjenigen empfand, die so etwas taten, nämlich in etwa dasselbe wie gegenüber Taranteln. Nun sagt mir der Verstand, daß Taranteln im Grunde eine harmlose Spinnenart sind. Anders als Schwarze Witwen oder Vogelspinnen, beißen sie Menschen nur selten, und wenn sie es tun, ist die Wirkung kaum mehr als ein leichtes Brennen. Aber ich reagiere mit tiefster Abscheu auf sie. Wenn ich eine mitten auf dem Bürgersteig sitzen sehe mit ihren acht ekligen langen Beinen, mache ich eine Meile Umweg, um ihr aus dem Weg zu gehen. Wenn ich im Auto sitze, fahre ich gezielt drüber, und jedem, der mich fragt warum, erkläre ich, daß jede Spinne, deren Beine ich von einem Wagen aus zählen kann, den ich mit 55 Meilen pro Stunde fahre, einfach zu groß ist, um in meiner Nachbarschaft leben zu dürfen.

Es ist unlogisch. Und es hat im Grunde noch nicht mal was mit Angst zu tun. Meine Reaktion auf sie ist eine Art angewiderter Ekel, der keinerlei rationale Basis hat, die ich anführen könnte, außer vielleicht meine unlogische Überzeugung, daß Spinnen kein Fell haben sollten.

Anders als die großen behaarten Spinnen, war der Mensch, der das getan hatte, gefährlich. Aber meine Reaktion auf ihn war wie meine Reaktion auf Taranteln nicht auf Logik begründet. Es war ein Gefühl tiefster Abscheu. Ich wollte absolut nichts mit ihm zu tun haben. Ich wollte, daß man ihn zwang aufzuhören, ja, es war unbedingt erforderlich, daß man ihn zwang aufzuhören, aber ich wollte, daß jemand anderes ihn dazu zwang. Jemand anderes.

Nicht ich. Ich hatte keine Angst vor ihm. Er war keine Bedrohung für mich. Ich war nicht schwanger. Ich war nie schwanger gewesen; alle meine drei Kinder sind adoptiert. Es war wie ...

Als ich ein Buch über die Verbrechen der Manson-Bande las, betrachtete ich sie zunächst als normale Mordfälle, bis ich zu dem Abschnitt über Sharon Tate kam, die eine Ausgabe von *Gesunde Kinder* neben sich hatte und ihre Mörder anflehte, daß sie sie ihr Baby bekommen ließen, daß sie ihrem Baby nicht weh taten. Und da war es plötzlich kein normaler Fall mehr. Auch ich hatte mir eine Ausgabe von *Gesunde Kinder* gekauft, in freudiger Erwartung der Schwangerschaften, die nie eintraten, und ich weinte um jene Frau aus Fleisch und Blut und das Kind, das in ihrem Leib getötet worden war. Vielleicht habe ich deshalb mit soviel Mitgefühl reagiert, weil ich selbst keine Kinder bekommen kann, ich weiß es nicht; vielleicht hätten die meisten Frauen das gleiche empfunden.

Ich wußte allerdings, daß ich auf den jetzigen Mord ebenso reagierte, wie ich damals reagiert hatte. Jeder, der es fertigbrachte, eine Frau zu töten und dann abzuhauen und das Baby in ihr sterben zu lassen, das vielleicht noch stundenlang in ihrer Leiche weiterlebte, war für mich kein Mensch mehr; er war ein Ungeheuer, und zwar ein derartiges Ungeheuer, daß es mir viel lieber gewesen wäre, wenn jemand anderes sich mit ihm beschäftigt hätte.

Aber mir war die Aufgabe zugefallen, ihn zum Aufhören zu zwingen. Es war meine Aufgabe, und Abscheu oder Logik hin oder her, ich mußte herausfinden, wie.

Es war fast halb zehn, als ich die Tür zu meinem Büro aufschloß. Das Sonderdezernat arbeitet hauptsächlich tagsüber; es war kein Licht an. Ich schaltete es ein und warf einen Blick auf meinen Schreibtisch. Dakle hatte schnell gearbeitet. Da lag der Ausdruck vom Staatscomputer, ebenso wie ein Ausdruck des ersten Berichtes von dem Streifenpolizisten, der nach meinem Anruf als erster am Tatort eingetroffen war.

Ich diktierte meinen Bericht in einen Kassettenrecorder, um ihn später tippen zu lassen, und tat dann das, was ich eigentlich hätte tun sollen, bevor ich mit meinem Bericht anfing. Ich rief in Denton an und sprach mit Sergeant Mary Gonzales.

Denton ist eine Universitätsstadt. Eigentlich eine Stadt mit zwei Unis – der North Texas State University, mit cirka 20000 Studierenden, und der Texas Woman's University, mit etwas über 8000. Natürlich kommen viele davon von außerhalb, doch auch die Zahl derer, die auf dem Campus wohnen, ist noch ziemlich groß. Die Folge davon ist, daß die dortige Polizei mehr Personal hat, als es für eine Stadt dieser Größe normalerweise erforderlich wäre, und im Hinblick auf den ungewöhnlich hohen Bevölkerungsanteil von Frauen in der Altersgruppe, die am häufigsten Verbrechen begeht oder Opfer von Verbrechen wird, achtet Denton sehr darauf, genug weibliche Beamte zu haben.

Gonzales war routiniert.

Gonzales hatte die Vermißtenanzeige natürlich nicht selbst aufgenommen, aber sie holte sich sofort die Akte zu dem Fall. Sie war mit mir einer Meinung, daß jeder, der eine Vermißtenanzeige aufnimmt, wissen sollte, ob die Gesuchte schwanger war oder nicht, und auch, daß er sich nach eventuellem Schmuck erkundigen sollte. Doch dann seufzte sie und sagte: »Andererseits, wenn die Person, die die Anzeige erstattet hat, nicht von sich aus diese Informationen geliefert hat ...«

Ich fragte, wer Williamson als vermißt gemeldet hatte, und sie sagte, daß es eine Professorin von der TWU gewesen sei. Das fand ich derart ungewöhnlich, daß ich nachfragte, und Gonzales, die hörbar in der Akte blätterte, sagte: »Anscheinend war – ist – sie examiniert und arbeitet an ihrer Dissertation. Studiert und hat einen Lehrauftrag. Das heißt, sie gibt relativ selbständig pro Semester ein paar Seminare.«

»Ich weiß«, sagte ich.

»Gut, also, sie ist zu ihrem Seminar am Montag nicht erschienen. Ihr letztes Seminar in der Woche davor war am Donnerstag gewesen, daher hätte sie auch am verlängerten Wochenende einen Ausflug gemacht haben und einfach nicht rechtzeitig zurückgekommen sein können. Aber das war ungewöhnlich für sie – sie war gewissenhaft und zuverlässig, und sie hatte schon seit vier Semestern dort unterrichtet. Obendrein war es fast Examenszeit.«

»Okay.«

»Also hat diese Professorin – Dr. Westheimer – bei ihr zu Hause angerufen, um sich zu erkundigen, ob sie krank sei. Niemand da. Westheimer ist dann vorläufig für sie eingesprungen, damit die Studentinnen nicht blau machten. Aber als sie sich dann am Dienstag immer noch nicht gemeldet hatte oder wieder aufgetaucht war, hat Westheimer darum gebeten, daß einer unserer Beamten mal bei ihr zu Hause nachsieht.«

»Und?«

»Und sie war nicht da. Nichts fehlte, keinerlei Anzeichen eines Kampfes, sie war einfach nicht da. Ich meine, sie hätte natürlich einfach nur verreist sein können, aber eins war seltsam: Sie hatte eine Katze, in die sie ganz vernarrt war. Und die Katze war meistens draußen, kam zum Fressen und Schmusen in die Wohnung, aber hielt sich meist draußen auf. Mit anderen Worten, kein Katzenklo. Natürlich ließ sich nicht sagen, ob die Katze in der letzten Zeit gefüttert worden war - sie war ziemlich fett -, aber ihr Wassernapf war leer, und überall auf dem Boden lag Katzenkot, so als ob sie schon eine ganze Weile drinnen eingeschlossen gewesen war.«

»Was ist mit ihrem Wagen? Hat man ihn gefunden?«

»Kein Wagen. Sie ist immer zu Fuß gegangen.«

»Öffentliche Verkehrsmittel? Hat sie vielleicht die Stadt verlassen?«

»Wir haben alles überprüft. Niemand konnte sich erinnern, sie gesehen zu haben. Aber das heißt natürlich nicht viel. Das wissen Sie ja.«

Das wußte ich allerdings. Sie hätte jedes Transportmittel vom Pferd bis zur Boeing 727 benutzt haben können. »Verheiratet?«

»Steht nicht im Bericht, also wahrscheinlich nein. Keine Angehörigen - im Bericht steht, daß Dr. Westheimer kontaktiert werden soll, falls sich was Neues ergibt.«

»Okay«, sagte ich, »können Sie sich mit Dr. Westheimer in Verbindung setzen und herausfinden, ob Williamson schwanger war und ob sie vielleicht irgendwelchen Schmuck getragen hat?«

»Das kann ein paar Tage dauern. Die Einschreibefrist ist noch nicht ganz abgelaufen, und Sie wissen ja, wie schwierig es ist, die Leute von der Uni um diese Zeit aufzutreiben.«

Das wußte ich eigentlich nicht, aber ich sagte, daß ich ihr glauben würde und hoffte, bald von ihr zu hören. Ich rief Dr. Habib an und brachte ihn auf den neuesten Stand, und dann schloß ich meinen Schreibtisch ab.

Es war fast halb zwölf, als ich nach Hause kam. Oleads Kombi war natürlich weg, und die Lichter in den Zimmern von Becky und Hal waren aus, aber das Licht auf der Veranda brannte, und die Haustür war nicht abgeschlossen. Harry saß vor seinem Funkgerät - mit diesem Hobby hat er vor cirka acht Monaten angefangen - und sagte: »CQ Japan, CQ Japan.« Als er mich sah, wandte er sich vom Mikro ab und sagte: »Spaghetti und Knoblauchbrot sind in der Mikrowelle, Salat steht im Kühlschrank. Wie läuft's?«

»Beschissen«, sagte ich. »Ich glaube, ich will kein Abendessen.«

»Deb«, sagte er, »du mußt was essen.«

»Harry –«

»Setz dich. Ich mache es dir warm. Ich nehme an, du mußt morgen wieder ins Büro?«

»Ich denke ja.«

»Dann können wir deine freien Tage wieder mal in den Wind schreiben?«

»Sieht ganz so aus.«

Menschen töten einander gern um zwei Uhr morgens. Wenn sie es bis dann nicht getan haben, warten sie meistens bis nach fünf Uhr morgens – nur ein einziges Mal in meinem Leben bin ich zu einem Mordfall gerufen worden, der zwischen Viertel nach zwei und halb sechs geschah, und bei dem stellte sich dann auch heraus, daß er früher geschehen war, als wir zuerst gedacht hatten. Aber ich erinnere mich an die Woche, als ich noch dem Erkennungsdienst zugeteilt war, in der das Telefon an drei von sechs Nächten jeweils fünf Minuten vor oder nach zwei Uhr klingelte und wir zu einer Schießerei gerufen wurden. In der dritten Nacht dieser Art schlug ich ein Auge auf, sah auf die Uhr, hob den Hörer ab und sagte bloß: »Wo ist die Leiche?«

Harry meinte, daß ich mir bestimmt komisch vorgekommen wäre, wenn sich da jemand verwählt gehabt hätte, und ich entgegnete, wenn dem so gewesen wäre, hätte der Übeltäter den Schreck verdient, dafür, daß er Leute um diese Uhrzeit aus dem Schlaf reißt. Aber natürlich hatte sich niemand verwählt; die unüberraschte Stimme des Einsatzleiters antwortete: »Liegt mitten auf der Berry Street.«

Ich bin schon lange nicht mehr beim Erkennungsdienst, und die Art von Fällen, die das Sonderdezernat bearbeitet, ereignen sich nicht oft um zwei Uhr morgens. Aber nur zwei Stunden, nachdem ich endlich eingeschlafen war, klingelte das Telefon. Ich stieg aus dem Bett, torkelte durchs Zimmer und nahm ab. Ich hatte das Telefon vom Nachttisch wegstellen müssen, nachdem ich einmal im Schlaf abgehoben und geantwortet hatte und gar nicht richtig wach geworden war.

Die Stimme dieses Einsatzleiters erkannte ich nicht, aber im Hintergrund konnte ich die typischen Dienstgeräusche der Einsatzleitung hören sowie eine untypisch hektische Betriebsamkeit.

»Alle raus«, sagte er zu mir. »Anweisung von Millner. Wir haben einen Bombenanschlag.«

»Wir haben was?« fragte ich ungläubig und war schlagartig hellwach.

»Wir haben einen Bombenanschlag. Eine Abtreibungspraxis auf der Belknap Street.«

»Das ist in Haltom City«, erklärte ich. Ich kannte diese Praxis. Manche Abtreibungskliniken sind neu und machen viel Reklame; manche sind normalen Frauenkliniken angeschlossen. Diese hier war keines von beidem; soweit ich wußte, handelte es sich dabei um einen Ein-Mann-Betrieb in einem alten Gebäude, in dem früher einmal eine Ernährungsberatungsstelle untergebracht gewesen war.

Ich war der Ansicht, daß sie außerhalb meines Zuständigkeitsbereiches lag. Das sagte ich ihm. Mal wieder.

»Tut mir leid, sie liegt 400 Meter innerhalb von Fort Worth. Das FBI arbeitet auch dran, aber Millner sagt, daß alle raus sollen. Sowohl Mord- als auch Sonderdezernat.«

»Tote? Verletzte?«

»Weiß ich noch nicht. Aber Millner meint –«

»Alle raus. Schon kapiert. Okay, bin schon unterwegs.« Ich riß die Schranktür auf. Normalerweise lege ich mir meine Sachen am Vorabend zurecht, wenn die vage Möglichkeit besteht, daß ich nachts rausgerufen werde. Diesmal hatte ich das nicht, weil ich erst so spät und so müde nach Hause gekommen war. Als ich das Licht anmachte, setzte Harry sich auf. »Deb? Was ist los?«

Ich erzählte es ihm, und er sagte: »In Fort Worth?«

»Das haben wir kommen sehen. Schließlich passiert es überall.« Ich setzte mich aufs Bett, um mir die Schuhe zuzubinden.

»Das heißt doch nicht, daß es hier auch passieren muß.«

»Meistens kommt alles irgendwann auch hierher, egal was es ist.« Ich überlegte es mir anders, warf die Turnschuhe zurück in den Schrank und schnappte mir meine dicken Stiefel.

»Also ich finde«, sagte Harry, »daß es eine richtige Form des Protestes gibt und eine falsche. Und Bombenwerfen, na, das ist hundertprozentig nicht die richtige Form.«

»Das ist eine höchst originelle Beobachtung.«

»Für zwei Uhr morgens.«

»Aber ich finde jede Art von Terrorismus absolut widerwärtig«, stimmte ich ihm zu und zog mir den zweiten Stiefel an. »Wenn ich überlege, wie lange ich versucht habe, schwanger zu werden – na ja, natürlich ist mir der Gedanke an Abtreibung nicht sonderlich sympathisch. Aber Bomben sind mir auch nicht sympathisch. Wer sie geworfen hat, mag sich ja durchaus im Recht fühlen, aber an das Gesetz hat er bestimmt nicht gedacht. Oder an die Feuerwehrleute, die die Flammen heute nacht noch löschen müssen. Oder an die Cops, die bei der Entschärfung von Bomben getötet werden können –«

»Ich will nicht mit dir streiten, Deb.«

»Ach, das weiß ich doch, aber solche Sachen machen mich einfach so verdammt *wütend,* und ... Ach, was soll's!« Cops werden wütend – über sinnlosen Verlust an Menschenleben, über völlige Mißachtung von Menschenrechten. Vielleicht sind wir gerade deshalb Cops, weil wir wütend werden. Aber ich hatte schon einmal ein Magengeschwür gehabt; noch eins konnte ich jetzt gar nicht gebrauchen.

Ich zog mir die Jacke über das Schulterhalfter, polterte zur Tür hinaus und stolperte fast über Pat, der vor der Haustür schlief. Mit entschuldigendem Schwanzwedeln eskortierte er mich bis zum Wagen.

Ich konnte den Schein des Feuers schon eine ganze Weile, bevor ich dort ankam, sehen. Die Belknap Street wurde von Polizeiautos aus Fort Worth und Haltom City blockiert, und vor der Absperrung drängten sich etliche Menschen in Schlafanzügen und Morgenmänteln im Sprühregen. Ich nahm an, daß man die benachbarte Wohnwagenanlage hatte evakuieren müssen, und dann fiel mir plötzlich ein, und dabei wurde mir leicht übel, daß gleich hinter dieser Anlage ein kleines Krankenhaus lag. Und vor der Wohnwagenanlage, neben der Abtreibungspraxis rund 20 Meter weiter eine Schotterstraße hinunter, war eine Tankstelle. Wenn ich das richtig in Erinnerung hatte, war die Praxis in einem alten Holzgebäude, kein Mauerwerk, ja noch nicht mal Asbestplatten. Es mußte gebrannt haben wie Zunder.

Kein Wunder, daß die Straßen gesperrt waren.

Jemand in der Polizeiuniform von Haltom City versuchte, mich in eine Nebenstraße zu dirigieren. Ich lehnte mich aus dem Wagenfenster und sagte: »Ich bin Detective Ralston aus Fort Worth. Lassen Sie mich durch.«

»Ja ja, alles klar, Lady. Machen Sie Platz, wir können keine Gaffer gebrauchen.«

Ich fischte meinen Ausweis aus der Tasche. »Ich bin Detective Ralston«, wiederholte ich. »Sonderdezernat, Fort Worth.«

»Für mich sehen Sie verdammt noch mal nicht wie ein Cop aus«, sagte er, ohne einen Blick auf meinen Ausweis zu werfen, und ich fragte: »Was sind Sie, ein Mietbulle?«

»Ein was?« Seine Stimme schnellte ungefähr eine Oktave in die Höhe.

»Sind Sie ein richtiger Polizist oder nur zur Aushilfe?«

»Aushilfe«, sagte er gereizt. »Aber ich möchte –«

»Das hätte ich mir denken können. Wie heißen Sie?«

»Jorgensen. Doug Jorgensen. Aber was tut das –«

»Jorgensen, ich bin seit fast 16 Jahren im Polizeidienst. Ich habe Ihnen jetzt meinen Ausweis gezeigt, und falls Sie mich nicht in den abgesperrten Bereich lassen, sind Sie erledigt. Ist das klar?«

»Jetzt hören Sie mal –«

»*Sie* hören jetzt mal, verdammt! Lassen Sie mich durch!« Meine normalerweise sehr gute Selbstbeherrschung zeigte Risse – ich war müder, als die Polizei erlaubt, und mußte wieder mal zu einem Fall, mit dem ich eigentlich nichts zu tun haben wollte.

Eine ruhige Stimme ertönte neben dem Wagen und fragte: »Was ist da los, Jorgensen?«

»Ach, die Tussi hier behauptet, sie wäre ein Cop, und –«

»Haben Sie sich ihren Ausweis zeigen lassen?«

»Ja, ich –«

Ich streckte wieder den Kopf aus dem Wagenfenster. »Mitchell, bitte schaff mir diesen Trottel vom Hals. Ich habe ihm meinen Ausweis gezeigt.«

»Hi, Deb. Jorgensen, lassen Sie sie durch.«

Ich hatte nicht die blasseste Ahnung, was ich eigentlich machen sollte, als ich dort ankam.

Nicht, daß die Situation völlig unerwartet gewesen wäre. Wir hatten zwar bis jetzt in Fort Worth keine Bombenanschläge auf Abtreibungskliniken gehabt, aber die Wahrscheinlichkeit eines solchen Anschlags war als derart hoch eingestuft worden, daß sich Polizei, Feuerwehr und FBI auf höchster Ebene zusammengesetzt hatten, um Einsatzpläne für den Notfall aufzustellen. Diese Einsatzpläne beinhalteten natürlich auch das Vernehmen aller möglichen Zeugen. Das Problem war nur, daß die Einsatzpläne irgendwie nicht die Tatsache berücksichtigt hatten, daß der Anschlag mit ziemlicher Wahrscheinlichkeit mitten in der Nacht erfolgen würde – wie dieser hier. Oder die Tatsache, daß die möglichen Zeugen derart zahlreich sein würden.

Ich schätzte, daß rund 400 Leute von der Wohnwagenanlage evakuiert worden waren. Ansonsten lagen keine Wohnhäuser so nah, daß sie in Gefahr gewesen wären, und das Krankenhaus war noch nicht evakuiert worden, aber man mußte sich überlegen, wo all diese Leute hinsollten. Wir konnten sie nicht mitten in der Nacht im Regen vernehmen, und sie mußten irgendwo untergebracht werden. Kirchen? Schulen? Nicht allzu weit entfernt lag eine High-School, wir mußten bloß jemanden finden, der sie aufschloß.

Das aber war ein Problem des Zivilschutzes. Ich konnte nur hoffen, daß der Zivilschutz alarmiert worden war.

Wer waren die *echten* Zeugen, falls es überhaupt welche gab? Ich nahm an, daß das zum Teil davon abhing, ob die Bombe tagsüber oder nachts gelegt worden war.

Opfer? Waren Menschen in der Praxis gewesen, als sie hochging?

Normalerweise hatten die Bombenleger an anderen Orten darauf geachtet, daß die Gebäude voraussichtlich menschenleer waren. Wir konnten nicht davon ausgehen, daß sie das auch hier getan hatten; außerdem heißt voraussichtlich menschenleer nicht unbedingt, daß die Praxis auch tatsächlich menschenleer war.

Endlich entdeckte ich Captain Millner, der im Regenmantel mit vor der Brust verschränkten Armen da stand. Dankbar eilte ich auf ihn zu, und er entdeckte mich ungefähr gleichzeitig. »Deb«, rief er, »kommen Sie her.«

So unordentlich hatte ich ihn noch nie gesehen. Normalerweise ist er sauber, rasiert und gepflegt, ganz gleich um welche Tages- oder Nachtzeit – er ist gut 1,85 groß und sieht aus wie ein Fernseh-Cop, wenn nur sein Alter nicht wäre – aber heute nacht war er unrasiert, trug ein Khaki-Hemd und Khaki-Hosen, die mir nicht sonderlich sauber erschienen, und einen gelben Regenmantel, den er wohl vor 20 Jahren gebraucht hatte, als er noch Verkehrspolizist war.

»Was liegt an?« fragte ich ihn.

»Ein Riesenmist«, erwiderte er. »Dr. Kirk« – er wies mit dem Kinn auf einen großen, dünnen, blonden Mann, der eine weiße Jacke trug und aufgeregt auf einen Feuerwehrmann einredete – »hat gesagt, daß drei Personen drin sein müßten. Eine Krankenschwester, eine Hilfsschwester und eine Patientin.«

Ich betrachtete die lichterloh brennende Form dessen, was früher einmal eine Zahnarztpraxis und dann eine Ernährungsberatungsstelle gewesen war, bevor es seiner jetzigen Verwendung zugeführt wurde, und sagte: »Oh nein.«

»Ich habe auch gedacht: ›O nein‹«, sagte Millner. »Und bevor Sie fragen, nein, wir wissen nicht genau, ob irgend jemand rausgekommen ist. Unter uns gesagt, ich habe da meine Zweifel. Die hatten Gasheizung und gasbetriebene Sterilisierapparate für die medizinischen Instrumente. Der Brandmeister meint, daß die Außenwände mit irgendeiner petrochemischen Substanz getränkt worden sind, und dann haben cirka vier Molotowcocktails gleichzeitig getroffen. Die Person, die den Brand gemeldet hat, hat angegeben, daß sich drinnen jemand bewegt hat, aber es gab keine Möglichkeit –«

Und dann wich der Doktor, den ich aus den Augenwinkeln beobachtet hatte, ohne jede Vorwarnung ein Stückchen von dem Feuerwehrmann zurück, schielte zu dem nächststehenden Streifenpolizisten hinüber und rannte auf das Gebäude zu. »Verdammt!« schrie ich und setzte ihm nach. Millner drehte sich um, um festzustellen, was ich vorhatte, und kam dann hinter mir her; da er gut 30 Zentimeter größer ist als ich, brauchte er nicht lange, um mich zu überholen. Zwei Streifenpolizisten, die knapp hinter dem Ring aus Feuerwehrleuten und Ausrüstung postiert waren, schnitten dem Doktor den Weg ab, aber wir waren alle vier nötig, um ihn zu Boden zu werfen, und selbst das war nicht einfach.

Schließlich jedoch hörte er auf, sich zu wehren, und die Uniformierten ließen ihn los, und Millner und ich ließen ihn los, und der Doktor setzte sich auf, schüttelte den Kopf und betrachtete das Gebäude. »Das war blöd, nicht?« fragte er heiser.

»Das war blöd«, bestätigte ich.

»Sie sind schon tot, nicht?«

»Falls sie da drin sind, sind sie tot. Tut mir leid, Dr. Kirk.«

»Diese dumme Frau«, sagte er und wischte sich mit dem Handrücken über das Gesicht. »Diese dumme, *dumme,* verdammte Frau. Wenn sie mir die Wahrheit gesagt hätte, hätte sie einen einzigen Tag verloren. Mehr nicht. Bloß einen Tag. Klar hätte ich sie woanders hingeschickt, aber die hätten sie angenommen. Einen einzigen Tag. Und jetzt ...« Er schüttelte den Kopf. »Deshalb waren wir da drin, deshalb waren wir alle da drin. Nur ich bin rausgegangen. Ich bin rüber ins Krankenhaus, um ein Zimmer für sie vorbereiten zu lassen, um mich zu vergewissern, daß der OP frei war, bevor ich sie rüberbrachte. Deshalb ...«

Völlig unerwartet fing er an zu weinen, und ich saß da und hielt seine Hände und ließ ihn weinen, heiser, bitterlich, bis Millner den Rettungsdienst aufgetrieben hatte. Sie führten ihn weg. Es war nicht notwendig, den Krankenwagen zu benutzen; bis zum Krankenhaus waren es keine 500 Meter.

Ich ging zu Millner zurück, der unser Gespräch leise wiederaufnahm, als ob es nie unterbrochen worden wäre. »Es gab keine Möglichkeit, noch jemanden rauszuholen«, sagte er. »Sie haben es ja selbst gesehen. Drei Fenster, eine Tür, und überall schlugen Flammen heraus. Gitter vor den Fenstern zum Schutz gegen Einbrecher. Die Feuerwehr war, drei Minuten nachdem die Meldung eingegangen war, an Ort und Stelle, aber da rührte sich da drin schon nichts mehr. Das Haus war - na ja, Sie sehen es ja selbst. Sie haben es noch immer nicht geschafft, daß jemand reinkann. Kirk ist knapp vor Ihnen hier angekommen.«

»Captain, ich kann die Sache hier nicht übernehmen.«

»Ich weiß, daß Sie das nicht können, aber -«

»Die Sache, an der ich dran bin - die Fälle, die man mir übertragen hat. Sie wußten doch von der Leiche heute nachmittag - ich meine gestern nachmittag, oder?«

Er rieb sich den Nasenrücken. »Ja, ich weiß davon. Nein, Sie sind hierfür nicht vorgesehen. Aber heute nacht müssen wir so viele Leute vernehmen, so viele Aussagen schnell zu Protokoll nehmen, bevor die Erinnerung verblaßt, daß wir jeden brauchen. Jeden.«

Während er redete, sah ich jemanden vom Einbruchsdezernat heranstolpern und husten, als der Wind ihm eine Rauchwolke entgegentrieb.

»Captain, ich bräuchte schon für meinen Fall eine Sonderkommission.«

»Das weiß ich. Wir tun unser Bestes. Aber Deb, wir haben nun mal nicht genug Personal. Wir hatten doch schon eine Sonderkommission, und die hat nicht viel gebracht. Die sind allem nachgegangen, dem man nachgehen konnte, bis sie schließlich in einer Sackgasse steckengeblieben sind, und es gab einfach nichts mehr zu überprüfen, was nicht schon überprüft worden wäre.«

»Ich weiß nicht, ob ich erfolgreicher sein werde.«

»Sie kriegen Ihre Sonderkommission. Wahrscheinlich wird sie hauptsächlich aus Uniformierten bestehen.«

Und das hieß unqualifizierte Hilfe. Aber er hatte recht. Wir haben nicht genug Leute. Nach den offiziellen Richtlinien haben wir exakt die Sollzahl - fast genau ein Polizeibeamter auf 500 Bürger -, aber aus dem engeren Stadtbereich schwappen viele kriminelle Aktivitäten in die angrenzenden kleineren Städte hinüber. Die Folge ist, daß die Personaldecke bei uns allen zum Zerreißen gespannt ist.

Der Zivilschutz teilte mit, daß die High-School jetzt auf sei. Die evakuierten Leute wurden dorthin geführt und die Detectives marschierten mit. Wir redeten mit jedem einzelnen. Keiner von ihnen hatte irgendwas gesehen. Natürlich nicht.

Das Krankenhaus mußte nicht evakuiert werden, und das Feuer breitete sich nicht bis zur Tankstelle aus. Die Leute vom Gaswerk kamen und drehten die Hauptgasleitungen zum Gebäude ab, und nach einer Weile hatte die Feuerwehr das Feuer gelöscht. Als die Brandwachen das Gebäudeinnere untersuchen konnten - mittlerweile dämmerte es schon -, fanden sie wie erwartet drei Leichen. Und das war auch schon fast alles, was sie fanden. Die Gasleitungen hatten, bis sie abgestellt wurden, den Flammen Nahrung geliefert, und die Zerstörung war nahezu total.

Captain Millner sagte, ich sollte nicht vor Montag ins Büro kommen, außer ich würde ausdrücklich angefordert. Er meinte, daß ich ohnehin im Grunde nicht viel machen könnte, solange die Leiche aus dem Graben nicht identifiziert worden war, und daß ich zu viele Überstunden hatte.

Das habe ich doch schon mal irgendwo gehört.

Irgendwann am Samstag nachmittag rief mich Gonzales aus Denton an, um mir mitzuteilen, daß Grace Williamson definitiv nicht schwanger war und keinen Schmuck trug.

Also blieb Grace Williamson vermißt, blieb sie Dentons Problem. Und die Grace - falls sie wirklich Grace hieß -, die man am Nordwestrand von Fort Worth in einem Graben gefunden hatte, war noch immer nicht identifiziert. Ansonsten war, soweit wir feststellen konnten, nirgendwo im Staat eine Grace als vermißt gemeldet worden.

Also ging ich wieder ins Bett, wo ich gewesen war, seit ich um fast neun Uhr morgens nach Hause gekommen war, und schlief bis um sieben Uhr abends. Dann stand ich auf, ging in die Küche und machte Abendessen für Harry und mich. Hal würde bei einem Schulfreund übernachten, und Becky und Olead waren ausgegangen - kaum zu glauben, daß Olead noch vor zwei Jahren in einer psychiatrischen Klinik auf Schizophrenie behandelt worden war, die es vielleicht nie gegeben hatte, und noch schwerer zu glauben, daß er nur sechs Monate zuvor wegen Mordes vor Gericht gestanden hatte. Er hatte die Morde nicht begangen, und seine Ärztin bezweifelte heute, daß er je schizophren gewesen war.

Harry schlug vor, mich in ein Schnellrestaurant einzuladen, aber ich sagte, daß ich zu müde sei, um mich anzuziehen; ich wollte lieber Hamburger oder so was in der Art machen, was absolut keine Konzentration erforderte. Außerdem mußte ich *schnell* was essen. In letzter Zeit hatte ich die beunruhigende Neigung entwickelt, mich jedesmal zu übergeben, wenn ich Hunger bekam. Ich mußte wirklich mal deswegen zum Arzt gehen, wenn ich die Zeit dafür hatte. Ich erinnerte mich noch sehr gut an diese Symptome vom letzten Mal, als ich ein Magengeschwür hatte.

Wir aßen Hamburger mit Kartoffelchips und Cola und sahen fern, ich weiß bloß nicht mehr, was wir uns ansahen, bis um zehn Uhr die Nachrichten kamen und einen Bericht über den Bombenanschlag brachten – seit ich aufgestanden war, hatten sie in den Kurznachrichten immer wieder darüber gesprochen – und hinterher was über die Frau, die ich tot aufgefunden hatte. Offensichtlich hatte Captain Millner beschlossen, die Sache mit dem Fußkettchen an die Presse zu geben; entweder das, oder irgend jemand von der Gerichtsmedizin hatte es ausgeplaudert.

Sie hatte in den Wehen gelegen, so lautete die Meldung, und ich fragte mich, ob das stimmte, und wenn ja, wo sie diese Information herhatten.

Und ungefähr 30 Minuten später, als ich gerade wieder ins Bett gehen wollte, klingelte das Telefon.

Kapitel 4

Eine unbekannte, aber offiziell klingende Stimme – mit den typischen Geräuschen der Einsatzleitung im Hintergrund – sagte: »Gerade hat jemand angerufen und gesagt, daß er mit dem Detective sprechen wollte, der im Fall mit der Frauenleiche ermittelt. Ich habe Namen und Telefonnummer. Wollen Sie sie jetzt oder später?«

»Momentchen, ich muß mir eben einen Stift holen.« Ich machte Schreibbewegungen in Harrys Richtung, und er reichte mir einen Kuli und das Notizbuch von seinem Funkgerät.

Der Mann hieß Burt Freeman. Ich wählte die Nummer, die er angegeben hatte.

»Freeman.« Ein müde klingende Stimme. Ich fühlte sofort mit – auch ich war müde, obwohl ich mich angeblich den ganzen Tag ausgeruht hatte.

»Detective Deb Ralston am Apparat. Unsere Zentrale hat mir gesagt –«

»Ja ja, Sie bearbeiten den Fall in Summerfields, diese Frau?«

»Ja, Sir, das tue ich.«

»Tja also, ich bin der Meinung, daß es meine Cousine sein könnte.«

Seine Cousine hieß Grace Golden. Sie lebte von ihrem Mann getrennt und wohnte in einem kleinen Haus in Haltom City; sie war schwanger, und das Baby sollte Mitte September kommen. Sie trug gern Shorts und keine Schuhe. Ihr Wagen war eine alte Schrottlaube, aber sie war viel unterwegs. Er hatte gerade bei ihr zu Hause angerufen, und es war niemand da, und er hatte sie seit zwei Wochen nicht mehr gesehen. Er wußte nicht, ob sie ein Fußkettchen trug, aber er meinte, das würde zu ihr passen. Sie trug viel billiges Zeug, sagte er.

Ich nahm ihre Adresse auf und rief in Haltom City an, um sie überprüfen zu lassen. Eine Polizeistreife würde dort vorbeifahren und mir dann Bescheid geben.

Harry schaltete den Fernseher aus und sagte, wenn es nicht zu viele atmosphärische Störungen gäbe, würde er heute nacht versuchen, mit Chile zu sprechen. Ich sagte, daß ich Lust hätte, wieder ins Bett zu gehen. »Wieso gehst du nicht einfach wieder ins Bett?« sagte Harry.

»Ich glaube, das mache ich auch.«

»Finde ich ganz vernünftig. Mach das ruhig.«

Wir mußten beide lachen, und das Telefon klingelte erneut.

Als ich endlich ins Bett kam - gegen Viertel nach eins - hatte ich vier weitere Kandidatinnen. Grace war vielleicht (aber wahrscheinlich doch nicht) eine gewisse Grace Donohue, im achten Monat schwanger, die vor drei Wochen nach einem Streit mit ihrem Mann aus dem Haus gestürmt war. Er hatte gedacht, sie wäre bei einer Freundin untergekommen, und hatte sich nicht drum gekümmert, bei welcher. Sie hatte das schon häufiger gemacht und war immer zurückgekommen.

Sie war vielleicht (aber wahrscheinlich doch nicht) eine gewisse Grace Jordan, im achteinhalbten Monat schwanger, Single, die vor fünf Monaten von zu Hause weggegangen war, um angeblich nach Houston zu ziehen. Seitdem hatte sie sich nicht mehr bei ihren Eltern gemeldet, aber sie hatten angenommen, daß es ihr gut gehe, bis sie von dieser Sache gehört hatten ...

Sie war vielleicht (aber wahrscheinlich doch nicht) eine gewisse Grace Carstairs, die schwangere Witwe eines Bauarbeiters, der bei einem Arbeitsunfall ums Leben gekommen war, derzeitiger Aufenthaltsort unbekannt oder zumindest dem Vorarbeiter ihres Mannes unbekannt.

Sie war vielleicht (aber höchstwahrscheinlich doch nicht) eine gewisse Grace Sanchez, die vor acht Monaten mit einem Burschen vom Rummelplatz die Stadt verlassen hatte, und ihre Eltern dachten, daß sie, falls sie schwanger war, Angst hätte, nach Hause zu kommen und es ihnen zu sagen, und sie wußten, daß dieser entsetzliche Mann, mit dem sie nun herumzog, ein Mörder war oder so was ...

Bislang schien Grace Golden am wahrscheinlichsten.

Ich ging ins Bett.

Am Sonntag morgen fühlte ich mich irgendwie ausgeruhter, sogar so ausgeruht, daß mir ein Widerspruch in Captain Millners Überlegungen auffiel. Er hatte gesagt, daß ich nicht viel machen könnte, solange die Leiche nicht identifiziert worden war. Gut, aber wer sollte die Leiche denn identifizieren? Es war mein Fall.

Wenn ich nicht ins Büro fuhr und mich an die Arbeit machte, hatte ich ein schlechtes Gewissen, weil ich meine Arbeit vernachlässigte, auch wenn ich frei hatte, aber wenn ich hinfuhr, hatte ich ein schlechtes Gewissen, weil ich meine Familie vernachlässigte, die sich freut, wenn ich hin und wieder mal zu Hause bin. Ich würde mich also so oder so wie ein Schwein fühlen. Mich wie ein Schwein fühlend zog ich mir ein Kleid an und fuhr mit Hal zur Kirche. Das mache ich nicht oft, aber Hal wollte unbedingt, daß ich mitkomme, weil seine Pfadfindergruppe einen neuen Leiter hatte, den er mir vorstellen wollte.

Als ich von der Kirche nach Hause kam, war Harry im Garten und grillte. Ich fühlte mich noch immer wie ein Schwein, zog mich um, Jeans und T-Shirt, und ging dann hinaus, um ihm unter gebührend bewundernden Bemerkungen zuzusehen. Nach einer Weile ging ich ins Haus und machte einen Salat. Schließlich aßen wir um zwei Uhr zu Mittag - meine ältere Tochter Vicky, ihr Mann, der Anwalt, und ihr vier Monate alter Sohn Barry kamen zum Essen, wie natürlich auch Olead und Jeffrey - und endlich, um drei Uhr, mittlerweile fühlte ich mich wie ein vollgefressenes und schläfriges Schwein, zog ich einen Hosenanzug und mein Pistolenhalfter an und fuhr ins Büro, wobei ich eine Familie zurückließ, die sich ein Football-Spiel im Fernsehen ansah und mich höchstwahrscheinlich nicht vermissen würde, bis es an der Zeit war, daß sich jemand um den Abwasch kümmerte.

Ich rief Dr. Habib an und fragte, ob es ihm gelungen war, die Leiche zu identifizieren. »Es ist Sonntag nachmittag«, entgegnete er schläfrig.

»Ich weiß, daß es Sonntag nachmittag ist. Konnten Sie -«

»Es ist nicht Joanna Ross. Aber das hätte ich Ihnen von Anfang an sagen können.«

»Warum haben Sie es dann nicht getan?«

»Na ja, weil ich nicht sicher war. Haben Sie noch jemanden, mit dem ich die Leiche vergleichen könnte?«

»Noch nicht«, erwiderte ich. Fluchend wählte ich Phillip Ross' Telefonnummer. Er hob beim ersten Läuten ab; er hatte wohl wartend neben dem Telefon gesessen, und ich fühlte mich schweinischer denn je. Ich hätte schon längst bei ihm anrufen sollen. Und das hätte ich auch, wenn Habib mir früher Bescheid gesagt hätte.

Ich sagte ihm, daß es nicht Joanna sei, und er sagte: »Wo zum Teufel ist Joanna dann?«

Darauf hatte ich keine Antwort. Er wußte, daß ich keine hatte, und ich schaffte es, das Gespräch mit einem Minimum an Verlegenheit zu beenden und mich dem nächsten Tagesordnungspunkt zuzuwenden. Und das war die Liste der vermißten Graces.

Ich rief in Haltom City an. Sie hatten Grace Golden noch nicht gefunden. Sie hatten ihre Mutter erreichen können, die in Garland lebte, und sie war auf dem Weg hierher. Der Einsatzleiter sagte, daß er bei mir zu Hause angerufen hatte, um mich zu fragen, ob ich mich mit ihr vor dem Haus treffen wollte, und daß mein Mann ihm gesagt hatte, daß ich schon weg sei. Mrs. Murray würde gegen halb fünf ankommen. Ich sagte, daß ich mich vor Grace' Haus mit ihr treffen würde, und bat darum, daß jemand dafür sorgen sollte, daß Mrs. Murray nicht hineinging, bis ich dort war, damit ich mit ihr zusammen durchs Haus gehen konnte.

Halb fünf, und jetzt war es Viertel vor vier. Ich konnte noch eine Dreiviertelstunde arbeiten, bevor ich mich auf den Weg nach Haltom City machen mußte.

Ich rief bei Grace Donohue an; ihr Mann meldete sich gähnend und sagte, daß er im Grunde nicht glaubte, daß meine Grace seine Grace sei; er hatte bloß angerufen, weil die Nachbarn ihn so genervt hatten. »Wieso glauben Sie, daß sie es nicht ist?« wollte ich wissen.

»Ach, sie hat das doch schon zigmal gemacht, ist abgehauen und hat bei Freundinnen gewohnt, um mir Angst einzujagen. Diesmal kann sie meinetwegen bleiben, wo der Pfeffer wächst.«

»Wie ich höre, ist sie schwanger?«

»Jawohl, sie ist schwanger - und weiß der Teufel, ob das Balg von mir ist oder nicht.«

»Ah ja?«

»Ja. Na ja, sie hat gesagt, es wäre von mir, als sie versucht hat, mich dazu zu überreden, sie zu heiraten, aber vor mir hat sie sich mit Mack und Donnie rumgetrieben, und ...«

»Ja?«

»Na ja, sie war echt hübsch, bevor sie so dick geworden ist, also hat's mir nichts ausgemacht, sie zu heiraten, aber jetzt ist so fett –«

»Mr. Donohue«, sagte ich, »schwangere Frauen werden nun mal –«

»Nicht so«, sagte er. »Ich meine, sie wiegt jetzt an die 130 Kilo.«

»Oh«, sagte ich lahm. »Oh, ja also, in diesem Fall ist sie nicht –«

»Ihre tote Lady wiegt wohl keine 130 Kilo?«

»Nein, Mr. Donohue, das tut sie nicht«, erwiderte ich. »Danke für Ihre Hilfe.« Ich legte auf und strich Grace Donohue von meiner Liste.

Grace Jordan. War angeblich in Houston. Keine Arbeit, kein Geld – wahrscheinlich würde ich sie Montag ausfindig machen können, indem ich verschiedene soziale Institutionen anrief. Vorläufig malte ich ein großes Fragezeichen hinter ihren Namen und ging zu Grace Carstairs über.

Grace Carstairs war vom ehemaligen Chef ihres Mannes, oder besser vom Chef ihres verstorbenen Mannes, als vermißt gemeldet worden, oder zumindest als so gut wie vermißt. Sein Name war Danny Kelly. Hübscher irischer Name, dachte ich, und wählte die Telefonnummer, die man mir aufgeschrieben hatte. Eine Frau meldete sich. »Mrs. Kelly?« sagte ich.

»Ja?« Sie klang verschlafen.

»Detective Deb Ralston am Apparat. Ich würde gern mit Mr. Kelly sprechen.«

»Worum geht's denn?« Ihre Stimme nahm einen feindseligen, mißtrauischen Tonfall an.

»Er hat mich gestern abend angerufen –«

»Er hat *Sie* gestern abend angerufen? Weswegen?«

Ich hatte den Eindruck, als ob Danny Kelly ein allerliebstes Eheleben führte. »Mrs. Kelly, ich bin Polizeibeamtin. Mr. Kelly hat gestern abend auf dem Revier angerufen, im Zusammenhang mit einem Fall, an dem ich arbeite.«

»Sie hören sich aber nicht wie eine Polizeibeamtin an.«

»Mrs. Kelly, ich bin seit über 15 Jahren bei der Polizei. Ich möchte mit Mr. Kelly sprechen. Natürlich, wenn es Ihnen lieber ist, daß ich persönlich vorbeikomme ...« Ich kann sehr herrisch klingen, wenn ich will, und allmählich wollte ich. Anscheinend hatte ich Erfolg damit, denn ich hörte sie rufen: »Danny, geh mal ans andere Telefon. Da ist eine Frau dran, die behauptet, sie wäre ein Cop.«

Klicken und Knacken. Eine schläfrige Männerstimme sagte: »Ja?« Es war nichts davon zu hören, daß der andere Hörer aufgelegt wurde.

»Mr. Kelly?« sagte ich. »Detective Ralston am Apparat. Sie haben gestern abend wegen der Frau angerufen, die in Summerfields aufgefunden worden ist. Sie meinten, es könnte Grace Carstairs sein.«

»Ja. Und?«

»Ich muß Ihnen noch ein paar Fragen über sie stellen. Also, Sie haben gesagt, ihr Mann wäre bei einem Arbeitsunfall vor ungefähr drei Monaten ums Leben gekommen, ist das richtig?«

»Ja, das ist richtig.«

»Waren sie hier aus der Gegend?«

»Nee. Sie haben in einer Wohnung im Süden der Stadt gewohnt. Ich weiß nicht mehr genau wo, aber es war bloß eine möblierte Wohnung. Er wollte weiterziehen, sobald die Arbeit beendet war. Wissen Sie, viele Bauarbeiter sind richtige Zigeuner, die können nicht lange an einer Stelle bleiben, ohne daß sie kribbelig werden, Sie wissen schon.«

»Wissen Sie, wo sie herkam?« fragte ich.

»Äh, nicht genau, wenn sie nicht aus dem gleichen Ort kam wie er. Ich meine, vielleicht hat er sie in irgendeiner Stadt aufgegabelt, in der er gearbeitet hat, sie wissen schon. Er kam jedenfalls aus einem kleinen Städtchen in Louisiana.«

»Können Sie sich an den Namen erinnern?«

»Ja, Moment, da muß ich überlegen, der Name war echt komisch.« Ich konnte förmlich sehen, wie er am Telefon die Stirn runzelte. »De Ridder, so hieß sie, De Ridder. Komischer Name.«

»Und soweit Sie wissen, hat sie Fort Worth nach seinem Tod verlassen?«

»Ja, ich habe mir bloß gedacht, sie *könnte* ...«

»Ich verstehe. Nochmals danke für Ihren Anruf, Mr. Kelly. Vielleicht muß ich noch mal mit Ihnen sprechen. Ist das möglich?«

»Ja, klar. Bye.« Er legte auf; ich konnte förmlich sehen, wie die eifersüchtige Mrs. Kelly im Hintergrund schäumte.

Als nächstes rief ich die Einsatzleitung an und bat, die Polizei in De Ridder, Louisiana, anzurufen, um herauszufinden, ob Grace Carstairs von dort stammte, und falls ja, ob sie dort sicher wieder angekommen war.

Ich hatte noch dreißig Minuten übrig. Ich rief bei den Sanchez an und bekam noch etwas mehr von dem zu hören, was ich letzte Nacht zu hören bekommen hatte, aber bei all der Hysterie gelang es mir doch, ein paar Informationsbröckchen aufzuschnappen. Grace Sanchez hatte schwarzes Haar. Grace Sanchez war 1,50 groß. Und der Mann, mit dem Grace Sanchez durchgebrannt war, war kein Rummelplatz*arbeiter*; er war der *Besitzer* des Rummelplatzes.

Ich versicherte Mrs. Sanchez, daß die Leiche nicht die ihrer Tochter war. Mit dem Gedanken, daß Grace Sanchez wohl gut daran getan hatte, aus einem einengenden Elternhaus zu fliehen, legte ich auf und sah erneut auf meine Uhr. Dann sagte ich: »Ach zum Teufel« und fuhr raus nach Haltom City, zu dem kleinen Holzhaus, das Grace Golden bewohnte – die immer mehr wie die wahrscheinlichste Kandidatin für die Leiche im Graben aussah.

Es war gut, daß ich früher als geplant losgefahren war. Der Polizeibeamte von Haltom City war noch nicht da, aber Mrs. Murray kam ungefähr gleichzeitig mit mir an. Sie war eine würdevoll aussehende Frau und trug ein marineblaues Kleid mit weißem Gürtel und Schuhen. Die Schuhe erwiesen sich als unglückliche Wahl, da die nackte Erde ums Haus noch durch den Regen vom Vortag aufgeweicht war, aber ich nahm an, sie wollte der Polizei demonstrieren, daß zumindest *sie* eine ehrbare Bürgerin war, ganz gleich, welches Verhalten ihre Tochter an den Tag legte. Ich konnte ihre Motive verstehen.

Sie erzählte mir nicht, daß ich nicht wie eine Polizeibeamtin aussah; das war eine angenehme Abwechslung. Sie holte lediglich den Schlüssel hervor und ließ mich ins Haus. Ich zögerte; nach dem Gesetz war ich nicht dazu berechtigt. Texas hat einige nette neue Gerichtsbeschlüsse, und nach dem Gesetz ist es illegal, einen Tatort ohne Durchsuchungsbefehl zu durchsuchen. Außerdem hatte ich rechtlich keine ausreichende Begründung für die Annahme, daß es sich hier tatsächlich um einen Tatort handelte.

»Mrs. Ralston«, sagte Mrs. Murray ungeduldig. »Ich bezahle die Miete für diese Wohnung. Meine Tochter ist noch nie in der Lage gewesen, einen Arbeitsplatz zu behalten, und derzeit ist sie bestimmt nicht in der Verfassung dazu. Da ich die Miete zahle, habe ich das Recht, sie hereinzubitten. Kommen Sie.«

Vielleicht würde ein Gericht das akzeptieren, vielleicht aber auch nicht, doch im Augenblick hatte die Identifizierung der Leiche oberste Priorität. Ich trat ein, und mir bot sich ein Anblick dar, der nicht darauf schließen ließ, daß hier ein Gewaltverbrechen stattgefunden hatte, sondern eine große Party. Es gab eine Couch, zwei Klubsessel und einen kleinen Fernseher, der auf einer großen Stereoanlage stand. Auf dem Couchtisch befanden sich fünf Bierdosen und sechs Coladosen, und auf jeder anderen verfügbaren Stellfläche standen wahllos Dosen, Flaschen, Gläser und leere Teller. Die vertrocknete Hälfte eines Erdnußbuttersandwiches lag oben auf dem Fernseher, eine offene Tüte Kartoffelchips auf dem Couchtisch und daneben drei Schallplatten ohne Hülle. Eine offene Popcorn-Tüte und eine Lampe mit schiefem Schirm zierten ein Beistelltischchen.

Mrs. Murray seufzte. »Sie ist keine sonderlich gute Hausfrau«, bemerkte sie und führte mich in die Küche.

Auf dem Herd stand ein Backblech, an dem Schokoladenplätzchen klebten, auf einer Bratpfanne, die nach altem Fett roch. Auf dem Tisch befanden sich eine offene Packung Mehl, ein offenes Fläschchen Vanilleessenz, eine offene Dose Speiseöl, ein leerer Beutel Schokostreusel, eine offene Tüte Backpulver, zwei Eierschalen, ein weißer Plastikbehälter mit zehn Eiern, eine Schüssel, die eingetrockneten Plätzchenteig enthielt, und drei Löffel. Auf der Arbeitsplatte stand eine eingestöpselte Kaffeemaschine, die nach sehr abgestandenem Kaffee roch, ein eingestöpselter Handmixer, an dessen Teigquirl eine undefinierbare Masse (vermutlich Kuchenteig) klebte, eine Küchenmaschine (nicht eingestöpselt), mit irgendwas Vertrocknetem drin und eine große Schüssel mit braunem Salat, um den herum Fruchtfliegen schwärmten. Ich sah eine Schüssel mit Äpfeln, die vor sich hinfaulten, und daneben zwei schwarze Bananen. Auch da schwirrten die Fruchtfliegen. Im Spülbecken stand kaltes graues Wasser und ein kunterbuntes Durcheinander von Geschirr.

Im Schlafzimmer war ein Doppelbett, dessen Laken und Decken auf dem Boden lagen, eine alte Kommode, bei der alle drei Schubladen, aus denen Unterwäsche hing, halb aufstanden, ein türloser Schrank mit einer Kollektion nicht allzu sauberer Kleidungsstücke, und ein Fußboden, der aufgrund der vielen Klamotten, die wahllos herumlagen, praktisch unsichtbar war. In einer Ecke des Raumes stand ein neues Kinderbettchen mit sauberen gelben Laken. Darin befand sich ein ordentlich gefalteter Stapel mit Babysachen, viele davon noch in der Plastikverpackung, und darunter stand ein gelber Windeleimer.

Ich sah keine Zeitungen, nichts, was einen Hinweis darauf liefern könnte, wie lange sie schon fort war.

»Hat sie einen Wagen?« fragte ich.

»Ja, einen Plymouth Valiant, Baujahr 1975, hellblau.«

»Wo steht er meistens?«

»Draußen vor dem Haus«, sagte Mrs. Murray. »Genau da, wo Sie geparkt haben.«

Sie wurde nicht hysterisch. Sie sagte nicht: »Oh Gott, glauben Sie wirklich, es ist Grace?« Sie lieferte ruhig die erforderlichen Informationen.

»Wissen Sie das Kennzeichen?«

Sie nannte mir das Kennzeichen, und ich griff nach dem Telefon und hielt dann inne. »Ich werde mein Funkgerät im Wagen benutzen«, sagte ich. »Bitte fassen Sie nichts an, während ich draußen bin.«

»Ich komme einfach mit Ihnen raus«, sagte sie.

Und sie blieb neben dem Wagen stehen, während ich eine Suchmeldung nach Grace Goldens Valiant durchgab, ohne große Hoffnung, ihn zu finden. Die Wagen der anderen entführten schwangeren Frauen waren alle noch am Abend der Entführung gemeldet worden; sie hatten alle auf den Parkplätzen großer Einkaufszentren gestanden, von wo die Frauen verschleppt worden waren. Tagsüber ein unsichtbarer Standort, aber nachts furchtbar auffällig.

Bis vor wenigen Monaten wäre er auch sonntags auffällig gewesen, aber das Gesetz, nach dem Geschäfte sonntags geschlossen blieben, gibt es nicht mehr.

Aber die meisten Läden schließen sonntags um sechs, und es war fast sechs. Andererseits war sie nach Aussage ihres Vetters seit mindestens zwei Tagen weg. Falls der Wagen vor einem Einkaufszentrum stand, hätte er schon entdeckt und als verlassen gemeldet worden sein müssen. Das war bisher nicht der Fall.

Letztlich würde jemand im Haus Fotos machen und Fingerabdrücke nehmen müssen. Das war eine sinnlose Übung, da es keinerlei Grund zu der Annahme gab, daß sie von hier aus verschleppt worden war, aber zumindest konnten wir so vermutlich Grace' Fingerabdrücke bekommen, um sie mit denen der Leiche zu vergleichen. Und natürlich war es Routine. Man hält sich an die Routine, weil sie Routine ist und weil manchmal etwas dabei rauskommt, nie, weil diesmal ganz bestimmt etwas dabei rauskommt.

»Sie möchten vermutlich nicht, daß ich aufräume, oder?« fragte Mrs. Murray.

»Nein, noch nicht.« Ich fand es furchtbar, die Frage zu stellen, aber es mußte nun mal sein. »Sie wissen nicht zufällig den Namen ihres Zahnarztes?«

»Sie geht zu einem hier in der Nähe – warten Sie, gegenüber der katholischen Kirche. Er hat einen komischen Namen, Moment, wie heißt er noch gleich?« Wir gingen zurück ins Haus, und sie sah im Telefonbuch nach und nannte schließlich den Namen und die Telefonnummer.

Ich versprach, sie anzurufen, wenn wir etwas herausfanden, und sie stieg in ihren Wagen und fuhr davon. Kein Weinen, keine törichten Fragen, kein Flehen, ihr etwas zu verraten, was ich offenkundig nicht wußte. Eine äußerst vernünftige Frau. Ich fragte mich, was sie wohl beruflich machte, und fuhr dann wieder zurück in mein Büro.

Der Name des Zahnarztes war Stoermer. Ich rief die aufgeführte Nummer an, und natürlich lief ein Band, das mir die Öffnungszeiten der Praxis nannte. Wie ich gehofft hatte, kam am Ende der Aufzeichnung eine Telefonnummer, die man in Notfällen anrufen konnte. Ich wählte die Nummer, und es meldete sich eine spröde Frauenstimme, die hundertprozentig zu einem Auftragsservice gehörte und mir munter erklärte, daß der Doktor nicht zu erreichen sei und daß ich im Notfall Dr. Montgomery anrufen sollte.

»Sind Sie vom Auftragsservice?« fragte ich.

»Moment bitte.« Kurz darauf war sie wieder dran und bestätigt mir, daß sie tatsächlich vom Auftragsservice war.

»Ich bin von der Polizei«, erklärte ich ihr, »und wir müssen Dr. Stoermer dringend sprechen. Es geht um eine seiner Patientinnen.«

»Oh je«, sagte sie, »ich weiß wirklich nicht, wo Dr. Stoermer ist. Dieses Wochenende hat Dr. Montgomery Notdienst.«

»Hat Dr. Montgomery Zugang zu den Akten von Dr. Stoermer?«

»Also das weiß ich wirklich nicht, aber Dr. Montgomery –«

»Können Sie mir die Privatnummer von Dr. Montgomery geben?«

»Oh je, das darf ich wirklich nicht, aber –«

»Würden Sie bitte dafür sorgen, daß Dr. Montgomery mich anruft?« bat ich resigniert und nannte ihr die Nummer meines Büros.

Rund zehn Minuten später klingelte das Telefon. Dr. Montgomery war überaus kooperativ, aber er hatte keinen Zugang zu den Akten von Dr. Stoermer. Ihre Praxen lagen ungefähr zwei Meilen auseinander, und er und Dr. Stoermer machten immer abwechselnd Wochenenddienst. Außerdem mußte er mir leider sagen, daß Dr. Stoermer nach Las Vegas gefahren war und erst nachts um drei mit dem Flugzeug ankommen würde – vermutlich sehr mitgenommen. Danach würde er, wiederum vermutlich, ein paar Stunden schlafen, bevor er mit trüben Augen in seine Praxis trottete, um sich dem Termin um halb neun zu stellen.

Ich hatte daran gedacht, im Haus Fingerabdrücke nehmen zu lassen, aber ich hatte nicht daran gedacht, Mrs. Murray zu fragen, ob Grace je verhaftet worden war. Die Hände waren offenbar in einem so guten Zustand, daß noch Fingerabdrücke genommen werden konnten, und wenn das zutraf - und falls es die entsprechenden Abdrücke in der Kartei gab - ließ sich die Identitätsfrage sofort klären.

Ich würde Mrs. Murray anrufen und sie fragen, aber ich wußte, daß sie noch nicht wieder in Garland sein konnte.

Ich holte die Akten heraus, die ich für alle Mordfälle angelegt hatte. Heutzutage, wo alles auf Computer ist, haben wir nicht mehr automatisch für jeden Fall eine Akte, aber ich kann mich nicht daran gewöhnen, einen Fall ohne Blätter zu bearbeiten, die ich betrachten und nebeneinander hinlegen kann. Also lege ich mir immer selbst eine Akte an. Da kommen sämtliche Computerausdrucke rein, und alle meine persönlichen Notizen, die ich bei der Arbeit mache, so daß ein anderer, falls mir etwas passiert, die Sache übernehmen kann, ohne wieder von vorne anfangen zu müssen. Ich wünschte, Wayne Carlson hätte das gemacht, aber er war nicht lange im Sonderdezernat gewesen und offenbar nicht auf den Gedanken gekommen. Das einzige, was ich von ihm hatte, waren seine offiziellen Berichte. Wahrscheinlich folgte ich seinen Spuren - tatsächlich wußte ich, daß es so war, weil Captain Millner mir gesagt hatte, daß er eine Sonderkommission eingerichtet hatte. Aber die Sonderkommission war inzwischen wieder mit anderen Aufgaben beschäftigt. Seit zwei Monaten war niemand mehr als vermißt gemeldet worden, und jede Spur, die er aufgenommen hatte, war verfolgt worden, bis sie in einer Sackgasse endete.

Jetzt fing ich wieder von vorne an, und ich vermutete, daß ich meine eigenen Sackgassen finden würde.

Ein Teil des Problems war natürlich, daß wir gar nicht wissen konnten, ob Grace - falls sie Grace hieß, und wenn nicht, warum trug sie dann ein Fußkettchen mit dem Namen? - überhaupt in diese Serie hineinpaßte. Die anderen Frauen, so rief ich mir wieder ins Gedächtnis, waren nicht gefunden worden. Sie dagegen hatte man an einer Stelle liegengelassen, wo wir sie mit Sicherheit finden mußten. Wieso dieser Unterschied, falls dieselbe Person dahinter steckte?

Ich nahm mir die Berichte vor, verglich und überprüfte, und um neun Uhr war ich schließlich zu der Auffassung gelangt, daß nach allem, was ich bisher wußte, die einzige Gemeinsamkeit zwischen Joanna Ross, Darlene McGuire, Allie Garcia und Barbara Goldberg darin lag, daß sie schwanger waren. Darlene war 33 Jahre alt, 1,68 groß, hatte braune Augen und blondes Haar. Allie war 19 Jahre alt, 1,52 groß, hatte braune Augen und schwarzes Haar. Barbara war 23 Jahre alt, 1,63 groß, mit braunen Augen und braunem Haar. Joanna und Darlene sahen aus wie Angloamerikaner, Allie wie eine Mexikanerin (eine Maya, dem Bild nach zu urteilen) und Barbara wirkte semitisch. Joanna und Allie hatten langes Haar, Darlene eine krause Dauerwelle (was ich den Cockerspanielschnitt nenne) und Barbara ziemlich kurzes Haar, das an dem Tag, an dem sie verschwand, gerade frisch gestylt worden war. Joannas Wagen war an der Northeast Mall gefunden wurde, Allies am Tandy Center, Darlenes und Barbaras an der Hulen Mall. Sie waren nicht in derselben Kirche gewesen, hatten nicht in denselben Geschäften eingekauft oder denselben Frauenarzt gehabt, übrigens ebensowenig wie denselben Zahnarzt.

Wayne war gründlich gewesen, aber erfolglos.

Das Telefon klingelte, und eine entschuldigende Männerstimme mit dem Geräusch der Einsatzleitung im Hintergrund sagte: »Deb? Die haben den Valiant gefunden, nach dem Sie die Suchmeldung rausgegeben haben.«

»Wo?«

»Er ist hinter dem Steakhaus an der Northeast Mall geparkt. Da ist so eine Art kleine Nische, und –«

»Ich kenne die Art kleine Nische. Schon gut. In welchem Zustand ist er?«

»Tja, Türen und Fenster waren geschlossen, aber nicht verriegelt.«

»Sagen Sie der Streifenbesatzung, sie sollen warten. Ich bin unterwegs.«

Dort ist die Polizei von North Richland Hills zuständig, überlegte ich, während ich rausfuhr. Ich hasse es, daß der städtische Großraum in so viele kleine Untergemeinden aufgeteilt ist, aber so ist es nun mal, und man muß sie alle auswendig können, weil man nämlich, außer bei heißen Verfolgungsjagden, keine Stadtgrenze überschreiten darf, ohne die jeweils zuständige Polizei um Unterstützung zu bitten.

Vielleicht war es auch Richland Hills. Ich war etwas unsicher. Ich wußte bloß mit Sicherheit, daß es nicht Fort Worth Stadt war, und außerhalb der Stadtgrenzen von Fort Worth habe ich keinerlei Befugnisse - absolut keine.

Ich hielt an der Rückseite des Einkaufszentrums, ohne auf die Uniformabzeichen der beiden jungen Männer zu achten, die neben dem parkenden Valiant standen. Ich stellte mich vor und richtete meine Aufmerksamkeit auf den Wagen. Er war, wie ich erwartet hatte, eiskalt - also seit Stunden, wahrscheinlich seit Tagen nicht gefahren worden.

Ich hatte *nicht* das Recht - noch nicht -, die Wagentüren zu öffnen, und das war mir sehr wohl bewußt. Außerdem wollte ich die Türen nicht anfassen, weil die geringe Möglichkeit bestand, falls sie von hier entführt worden war, daß derjenige, der es getan hatte, die Wagentüren berührt hatte, obwohl wir an den Autos der anderen Opfer keine verwertbaren Fingerabdrücke gefunden hatten. Also untersuchte ich die Außenseite des Wagens, ohne irgendwas zu berühren, und sah, natürlich, nichts Ungewöhnliches, bis auf jede Menge Schmutz und etliche Aufkleber von Rockmusiksendern.

Ohne irgendwas zu berühren, sah ich, so gut es ging, durch die offenen Fenster ins Wageninnere und konnte nichts entdecken bis auf etliche Dutzend Limo- und Bierdosen, etliche Dutzend Verpackungen von Hamburgern und Kentucky Fried Chicken, ein paar Kleidungsstücke und -

Moment mal. Moment mal. Ein schwarzes Wildleder-Portemonnaie lag vorne im Wagen im rechten Fußraum, und auf dem Rand war etwas verschmiert, was wie Sahneeis aussah.

Es gibt nicht gerade viele Frauen, die losziehen und ihre Portemonnaies in unverschlossenen Wagen liegenlassen, noch nicht mal solche, die so unordentlich sind, wie Grace Golden es offenbar war.

Das reichte. Ich bat die Beamten von Hurst - wie sich herausgestellt hatte, war Hurst für die Northeast Mall zuständig -, einen ihrer Detectives zu verständigen und einen Durchsuchungsbefehl für das Wageninnere zu besorgen, und ich bat um die Erlaubnis, eins von unseren Laborteams rauskommen zu lassen und die Durchsuchung durchzuführen.

Um zehn Uhr war Detective Ronnie Fugate von der Polizei in Hurst mitsamt dem Durchsuchungsbefehl vor Ort; Bob Castle und Irene Loukas vom Fort-Worth-Erkennungsdienst standen bereit. Bob und Irene verteilten Fingerabdruckpulver auf Autotüren und

Fenstern und machten Fotos von außen, dann öffneten Ronnie und ich die Wagentüren, und ein blauer Pick-up hielt neben uns an. Eine Männerstimme rief: »He, was ist denn hier los?«

»Polizeiliche Ermittlungen«, entgegnete Ronnie. »Bitte fahren Sie weiter.«

Eine barfüßige, Shorts tragende, ausgesprochen schwangere, junge, blonde Frau kletterte vom Beifahrersitz des Wagens und fragte: »Was zum Teufel macht ihr da mit meinem Auto?«

»Sie hatte beschlossen, übers Wochenende nach Galveston zu fahren«, erkärte ich Harry, »und ihr Freund hat gesagt, er würde sich hinter dem Einkaufszentrum mit ihr treffen. Offenbar arbeitet er da und wollte gleich nach der Arbeit los. Sie hat niemandem erzählt, daß sie wegfuhr, weil sie meinte, es ginge niemanden was an. Sie hat ihr Portemonnaie im Wagen liegenlassen, weil sie sich ein neues kaufen wollte, nachdem sie einen Milchshake darauf verschüttet hatte.

»Also, wer ist denn dann die Leiche?« fragte Harry.

»Harry, du kannst wirklich unmögliche Fragen stellen«, sagte ich und mußte aufstoßen. »Wenn ich nicht bald was zu essen bekomme, wird mir schlecht.«

»Wenn du dir nicht endlich ein neues Fläschchen Tagamet besorgst, trete ich dir in den Hintern. Willst du etwa wieder ein Magengeschwür kriegen?«

»Wahrscheinlich habe ich schon eins.«

Kapitel 5

Als ich am Montag morgen zur Arbeit kam, saß Dutch van Flagg mit dem großen blonden Doktor – wie man mir gesagt hatte, hieß er Kirk – im Büro des Sonderdezernats. »Nein«, sagte der Doktor gerade, »nein, normalerweise ist nachts oder am Wochenende niemand da. Das habe ich Ihnen doch schon erklärt.«

»Erklären Sie's mir noch mal.«

Der Doktor fuhr sich mit den Händen durchs Haar. »Okay. Aber könnten wir dann einen Kassettenrecorder anmachen? Das wird allmählich langweilig.«

»Später«, sagte Dutch. »Jetzt will ich erst mal nur sichergehen, daß wir alles richtig verstanden haben.«

Kirk zuckte die Achseln. »Okay«, sagte er, »die Patientin, die im Gebäude war, ist am späten Freitagnachmittag gekommen.«

»Wieso das?« sagte Dutch. »Machen Sie keine Termine?«

»Manchmal, na ja, normalerweise, aber manchmal kann ich noch jemanden dazwischennehmen, und sie hat gesagt, sie wäre wirklich in der Klemme. Sie mußte Montag morgen geschäftlich verreisen und wäre dann sechs Wochen unterwegs, und sie hatte – wie sie sagte – gerade erst festgestellt, daß sie schwanger war.«

»Glauben Sie das?« fiel Dutch ihm ins Wort.

Kirk verzog das Gesicht. »Wahrscheinlich wollte sie es bis dahin nicht wahrhaben und hatte endlich eingesehen, daß sie sich nichts mehr vormachen konnte. Menschen sind so. Ich habe erlebt, daß Frauen ihre Schwangerschaft verleugnet haben, bis sie in den Entbindungssaal kamen. Eine hat behauptet, das Baby sei nicht von ihr, weil sie unmöglich schwanger sein könne. Kein Witz. Ich wünschte, es wäre einer. Jedenfalls hat sie mich angefleht, rasch etwas zu unternehmen. Nun, sie war kein Kind mehr, sie war erwachsen genug, um zu wissen, was sie wollte, und schließlich habe ich ihr gesagt, wenn sie den ganzen Tag noch nichts gegessen hätte, könnten wir am Abend noch einen Eingriff vornehmen, aber daß sie wahrscheinlich noch bis Sonntag ziemlich wacklig auf den Beinen wäre und besser in ein Krankenhaus gehen sollte, um sich vernünftig auszuruhen. Sie hat gesagt, daß sie Krankenhäuser nicht ausstehen könne und daß sie zusätzlich zahlen würde, wenn sie sich bei mir in der Praxis ausruhen dürfte. Ich habe das mit Hazel besprochen - das ist - das war - meine Krankenschwester, und dann habe ich ihr gesagt, daß ich ihr für meine Dienste nichts extra berechnen würde, aber daß ich sie bitten müßte, die Überstunden für die Krankenschwester und die Hilfsschwester zu bezahlen. Sie hat gesagt, das wäre kein Problem. Ich habe sie noch mal darauf hingewiesen, daß wir ernste Probleme bekommen würden, falls sie an dem Tag schon etwas gegessen hatte, und sie schwor, dem wäre nicht so.«

»Haben Sie Ihre Leute dabehalten, weil sie mit Komplikationen gerechnet haben?«

Kirk nickte. »Das war möglich. Das ist immer möglich. Kein vernünftiger Mensch nimmt so einen Eingriff vor, wenn er ganz allein ist. Und wie der Zufall es wollte - ja. Es gab Komplikationen.«

»Welcher Art?« fragte Dutch.

Kirk zögerte. Schließlich sagte er langsam. »Zunächst einmal blutete sie ungewöhnlich stark, und dann fing sie auch noch an, sich heftig zu übergeben. Ich wünschte, sie wäre nicht zu mir gekommen. Ich mache keinen Abbruch, wenn die Patientin über den dritten Monat ist - ich finde einfach, es ist nicht sicher, zumindest nicht, wenn man nicht in einem Krankenhaus ist, wo einem ein voller Mitarbeiterstab zur Seite steht. Und man kann es anhand der Untersuchung zwar in etwa abschätzen, aber das ist nicht hundertprozentig. Während des Eingriffs mußte ich feststellen, daß sie mindestens einen Monat weiter war, als sie angegeben hatte. Das ist ein Riesenunterschied. Und außerdem war es erstunken und erlogen, daß sie nichts gegessen hatte. Wenn sie gleich erbrochen hätte, als ich mit der Anästhesie anfing, hätte ich den Eingriff abbrechen können, das hat sie aber nicht, sie hat gewartet, bis ich halb fertig war, und sich *dann* übergeben. Da stand ich dann, nach sechs Uhr abends mit ...« Seine Hände gestikulierten hilflos in der Luft.

»Mit einem Notfall. Was haben Sie dann gemacht?« fragte Dutch.

»Die Krankenschwester angewiesen, ihr eine Spritze Compazine zu geben. Abgesaugt, damit die Atemwege frei blieben. Und den

Eingriff zu Ende gebracht. Man kann nicht einfach mittendrin aufhören. Dann habe ich die Blutung unter Kontrolle gebracht und mich vergewissert, daß Kreislauf und Atmung stabil waren, und bin gegangen, um –«

»Gegangen?« fragte Dutch leise. In seiner Stimme lag offene Feindseligkeit.

»Gegangen. Ich mußte –«

»Darauf kommen wir später zurück. Sie sind also gegangen. Konnten Sie denn nicht sehen, wie weit sie war? Sind Sie denn kein Arzt?«

»Natürlich bin ich Arzt. Ich habe ihr geglaubt und gedacht, daß der Unterschied vielleicht daher kam, daß sie aufgeschwemmt war oder dergleichen - so was kann vorkommen - oder daß sie vielleicht Zwillinge hatte oder so - ich will jetzt nicht in medizinisches Fachchinesisch verfallen, das Sie ohnehin nicht verstehen würden. Und ich bin nicht gegangen, um mich im Country Club zu amüsieren; und auch nicht, um einen draufzumachen, Mr. Detective Van Flagg. Ich bin rüber ins Krankenhaus gegangen, um Visite zu machen - das gehört zu meiner Arbeit. Ich habe Patientinnen, die dort liegen. Dann habe ich in der Cafeteria des Krankenhauses einen Happen gegessen und anschließend Hazel und Daphne ihr Abendessen gebracht, damit sie essen konnten, während ich wieder nach Rountree gesehen habe.«

»Wer –«

Kirk seufzte. »Hazel und Daphne sind die Krankenschwester und die Hilfsschwester, okay? Das habe ich Ihnen jetzt bestimmt schon sechsmal erzählt. Würden Sie es sich bitte jetzt merken? Okay, und dann bin ich eine Weile bei Rountree geblieben, und ihre Reaktionen gefielen mir nicht, deshalb bin ich zurück ins Krankenhaus und habe ein Zimmer für sie herrichten und den OP vorbereiten lassen, für den Fall, daß ich ihn brauchen würde, und während ich noch dort war, ist die Bombe hochgegangen. Während ich meine Arbeit als Arzt machte und versuchte, meine Patientin angemessen zu versorgen.«

»Aber Sie sind weggegangen und haben eine blutende Patientin zurückgelassen, die im Koma lag –«

»Sie blutete nicht, und sie lag nicht im Koma, und Hazel ist eine - Hazel war eine sehr gute Krankenschwester, und ich war nur 500 Meter weit weg.« Plötzlich hielt er inne und sah mich an: »Kennen wir uns?«

»Sie ist Polizeibeamtin«, sagte Dutch.

»Sie sieht aber nicht wie eine Polizeibeamtin aus.«

»Ich bin Polizeibeamtin«, sagte ich und widerstand dem Drang, ihn danach zu fragen, wie eine Polizeibeamtin seiner Meinung nach aussehen müßte. »Wir haben uns gestern nacht schon gesprochen.«

»Ach ja«, sagte er und blickte leicht verlegen.

»Reden Sie weiter, Dr. Kirk, ich will Sie nicht unterbrechen.«

»Also ich wußte, daß Hazel und Daphne mit allen Eventualitäten fertig werden könnten, zumindest lange genug, um mich zu benachrichtigen und zurückzuholen.«

»Okay«, sagte Dutch, »falls nötig, kommen wir später noch mal darauf zurück. Sie haben ein paar Telefonanrufe erwähnt.«

»Ich habe gesagt, daß Hazel, während ich das erste Mal drüben im Krankenhaus war, von einer Frau angerufen worden ist, die angab, meine Frau zu sein, und die ihr gesagt hat, ich hätte ihr die Erlaubnis gegeben, nach Hause zu gehen.«

»Bloß Hazel? Daphne nicht?«

Kirk seufzte erneut. Das machte er ziemlich häufig; das Seufzen war nicht unbewußt. Es wirkte fast so, als ob er ohne Worte damit etwas ausdrücken wollte. »Sie *kannte* Hazel noch nicht mal. Sie hat gesagt: ›Der Doktor hat gesagt, die Schwestern können jetzt nach Hause gehen.‹ Und dann aufgelegt. Also hat Hazel bei Ruthie angerufen –«

»Ruthie?«

»Meine Frau. Und Ruthie hat Hazel natürlich gesagt, daß sie nicht angerufen hatte. Als ich zurückkam, hat Hazel mir davon erzählt. Aber – sehen Sie – wir kriegen hin und wieder seltsame Anrufe. Und ich habe das nicht wichtig genommen. Nicht zu dem Zeitpunkt.«

»Wer also hat denn dann angerufen?«

»Detective Van Flagg, ich habe Ihnen schon erzählt –«

»Sie haben mir erzählt, daß Sie Ihre Frau nicht gebeten haben, diesen Anruf zu tätigen. Das weiß ich. Ihre Frau hat mir bestätigt, daß sie es nicht war. Wer dann?«

»Wie zum Teufel soll ich das wissen? Ich habe Ihnen doch gerade gesagt, daß wir gelegentlich seltsame Anrufe hatten. Hören Sie, schließlich sind *meine* Mitarbeiterinnen getötet worden, und *mein* Eigentum zerstört –«

»Und Ihre Patientin getötet?«

Kirk war offensichtlich mittlerweile so wütend, daß er gleich aus der Haut fahren würde, und brüllte: »Jawohl! Und meine Patientin! Und Sie führen sich auf wie –«

»Ach, was soll's,« sagte Dutch. »Gehen Sie in das Zimmer gegenüber und sagen Sie der Sekretärin, daß ich gesagt habe, sie soll Ihre Aussage aufnehmen. Wenn sie die geschrieben hat, bringen Sie sie mir.«

Kirk stürmte auf den Flur. »Was ist denn?« fragte ich Dutch. »Ich hatte den Eindruck, daß du ihn schikanierst.«

Dutch lehnte sich zurück und legte die Füße auf seinen Schreibtisch. »Gegen zehn Uhr gestern nacht - sagt er - hat jemand in der Praxis angerufen. Diese Person hat mit Hazel Chapman gesprochen, der Krankenschwester, und behauptet, Dr. Kirks Frau zu sein und daß Dr. Kirk gesagt hätte, die Schwestern könnten jetzt gehen - so hat sie es ausgedrückt, keine Namen, bloß ›die Schwestern‹. Kirk sagt, seine Frau habe nicht angerufen und er habe niemanden sonst mit einem solchen Anruf beauftragt. Ich vermute mal, daß die Anruferin nicht gewußt hat, daß eine Patientin im Gebäude war, und sie hat nicht gewußt, daß eine Hilfsschwester dort war - sie hat einfach geglaubt, daß dort Krankenschwestern dabei waren, Inventur zu machen oder so was, und wenn die erst raus waren, würde das Gebäude menschenleer sein, so wie üblich nachts oder an den Wochenenden.«

»Dutch, das klingt ja so, als ob du glaubst, daß das eine Brandstiftung auf Bestellung war, ein Versicherungsbetrug. Du meinst doch wohl nicht –«

Dutch warf einen Blick auf die Tür. »Ach, eigentlich glaube ich das nicht.«

»Und warum nimmst du ihn dann so in die Mangel? Dutch, ich habe ihn letzte Nacht gesehen, und –«

»Ach, weiß ich doch. Aber ich habe nun mal was gegen Abtreibungen.«

»Ich auch, aber sie sind legal, ob es dir nun gefällt oder nicht. Und du kannst nicht einfach einen Mann unter Druck setzen, bloß weil du was gegen die Arbeit hast, die er tut.«

»Das ist es nicht allein. Zum Beispiel das Gebäude, die Lage. Es - ich weiß nicht, es sieht so schäbig aus.«

Dr. Kirk war noch nicht ganz weg. Er stand in der Tür und sagte: »Wollen Sie wissen, warum ich dieses Gebäude gekauft habe? Mich für diese Lage entschieden habe?«

Dutch sah ihn an. »Möchten Sie es mir sagen?«

Kirk kam wieder ins Zimmer und setzte sich schwerfällig. »Allerdings. Ich möchte es Ihnen sagen. Sie haben was gegen Abtreibungen. Ich habe es gehört. Das ist ein berechtigter Standpunkt. Viele Menschen haben was gegen Abtreibungen. Aber sie sind jetzt legal, und es gibt jede Menge saubere schicke Kliniken für Frauen aus der Mittel- und Oberschicht. Aber die Frauen aus der Unterschicht – die in solchen Gegenden leben, wie die, in der meine Praxis lag – können sich solche sauberen schicken Kliniken nicht leisten. Sie rufen noch nicht mal dort an und fragen, weil sie sich ganz sicher sind, daß sie es sich nicht leisten können. Die spielen noch immer nette kleine Spielchen mit Kleiderbügeln und Stricknadeln. Sind Sie je in einer Notaufnahme gewesen und haben miterlebt, wie eine verblutende Frau reingebracht wird mit einem Kleiderbügel zwischen den Beinen? Oder wie grünlicher Eiter auf ihre Binde sickert, bei einer Körpertemperatur von fast 42 Grad? Ich habe mir einfach gedacht, wenn die Reichen Kliniken dafür haben, sollten die Armen sie auch haben. Deshalb habe ich mich ganz bewußt für diese Lage entschieden, und ich habe mich bewußt für dieses Gebäude entschieden, damit auch arme Frauen zu mir kommen. Damit man gleich sehen konnte, daß ich bezahlbar bin. Damit sie keine Angst hatten, zu mir zu kommen. Wissen Sie was, Mr. Van Flagg? Ich habe auch was gegen Abtreibungen. Ich nehme sie nicht gerne vor. Ich bin Arzt. Ich möchte Menschen helfen. Ich möchte Leben retten. Aber, Mr. Van Flagg, ich habe auch etwas gegen Ungerechtigkeit. Und so wie ich es sehe, rette ich wirklich Leben. Vielleicht nicht gerade die Leben, die Sie gern retten würden – vielleicht sind es dreckige wertlose Frauen, die in verwaschenen karierten Hemden rumlaufen und in verwaschenen gestreiften Röcken und Plastiksandalen, die Mundgeruch haben, weil sie nie zum Zahnarzt gehen, und strähnige Haare, weil sie nie zum Friseur gehen, aber, Mr. Van Flagg, sie sind Menschen, und ich glaube nicht, daß ich das Recht habe, sie wertlos zu nennen. Es sind Menschenleben. Und deshalb tut es mir leid, daß Sie finden, meine Praxis hätte schäbig ausgesehen. Ich habe eine Entscheidung getroffen. Vielleicht war es die falsche Entscheidung. Wenn ja, dann ist das eine Sache zwischen mir und dem Allmächtigen. Aber es war meine Entscheidung, und ich habe sie getroffen, und ich trage die Verantwortung dafür. Und jetzt gehe ich und rede mir Ihrer Sekretärin.«

Wir hörten, wie seine Schuhe hart auf den gefliesten Boden knallten, als er über den Flur ging.

»Tja«, sagte Dutch, »so habe ich das noch nie betrachtet. Was dem einen recht ist, ist dem anderen ...«

»Zu teuer«, schloß ich, als er mit verwirrtem Gesichtsausdruck innehielt. »Dutch, war er sicher, daß dieser Anruf von einer Frau kam?«

»Das hat er gesagt. Er hat gesagt, Hazel habe Mrs. Kirk nicht gut gekannt, aber gemeint, daß die Stimme ihr irgendwie bekannt vorgekommen sei, und zwar so bekannt, daß sie immerhin Mrs. Kirk angerufen hat, um sich zu vergewissern.«

Also war mindestens eine Frau an der Tat beteiligt. Das war nicht völlig überraschend; es hatte schon andere Bombenattentate auf Abtreibungskliniken gegeben, bei denen Frauen beteiligt waren. Der eigentliche Anschlag wurde meist von Männern ausgeführt, weil mehr Männer als Frauen gelernt haben, eine Bombe zu bauen, aber dennoch ...

Ich war mir nicht hundertprozentig sicher, ob dieses Verbrechen nicht ausschließlich von Frauen begangen worden war. Es war vielleicht unwahrscheinlich, aber es war nicht unmöglich.

Ich war froh, daß das nicht mein Fall war. Meiner war schon schwierig genug. Ich ließ Dutch mit seinem allein und wandte mich wieder meiner eigenen Arbeit zu.

Mittlerweile hatte ich Waynes Notizen gründlich genug durchgesehen, um festzustellen, daß er im Hinblick auf die vermißten Frauen alles Erdenkliche getan hatte. Aber ich hatte jetzt auch noch den Fall von Freitag abend, und mußte wieder ganz von vorne anfangen, mit einer hochschwangeren Frau, tot im Graben, ohne Identität und ohne erkennbares Motiv.

Ich rief im Büro der Gerichtsmedizin an und fragte, ob Dr. Habibs Autopsiebericht – Obduktion, verbesserte ich mich; er mag den Ausdruck Autopsie nicht – fertig sei, und wenn ja, wann ich ihn haben könnte. Rose Sprague, die Sekretärin, sagte, daß sie gerade dabei sei, ihn in den Computer einzugeben und daß er in einer halben Stunde fertig wäre. Ob ich nicht rüberkommen wollte und ihn abholen.

Ich wollte.

Ich saß mit einer Cola in einer Snackbar am Camp Bowie Boulevard, um zu lesen und nachzudenken; das neue, größere und funktionalere Polizeigebäude ist genauso ein Tollhaus wie es das alte war, wenn man versucht, ein ruhiges Plätzchen zum Nachdenken zu finden.

Das Opfer war eine weiße Frau gewesen, Alter ungefähr zwanzig, Primipara. Das bedeutete, so erinnerte mich, daß sie ihr erstes Kind erwartete. Größe 1,58 – meine Größe –, Gewicht 70 Kilo. Normales Gewicht, so schrieb Habib in Klammern, lag vermutlich um 55 Kilo – mein Gewicht. Sie hatte meine Statur gehabt. Eine kleine Frau. Braunes Haar, Augenfarbe unbekannt. Sie war gesund und gut genährt gewesen, aber nicht viel in der Sonne, und sie hatte nicht genug Bewegung gehabt.

Todesursache war ein brutaler Schlag auf die rechte Schläfe mit einem kleinen, harten, aber nicht spitzen Gegenstand; der Tod war praktisch auf der Stelle eingetreten.

Zum Zeitpunkt des Todes hatte das Opfer entweder in den Wehen gelegen oder kurz davor gestanden.

Das hatten sie auch in den Nachrichten gemeldet; es stimmte also.

Zahlreiche Prellungen und Abschürfungen an den Füßen; offenbar war das Opfer kurz zuvor eine längere Strecke barfuß gelaufen, und am letzten Tag ihres Lebens hatte sie einen üblen Sonnenbrand bekommen.

Keinerlei Anzeichen eines Kampfes an den Händen. Sie hatte nicht versucht, sich zu wehren; wahrscheinlich wußte sie, daß es sinnlos war.

Also, wenn sie eine längere Strecke zu Fuß gegangen war, dann hatte sie versucht, vor etwas oder jemandem zu fliehen, das oder der nicht allzu weit von der Stelle entfernt war, an der sie gestorben war – jedenfalls zu Fuß erreichbar, und was zum Donnerwetter ist »eine längere Strecke zu Fuß«? Das hängt vom Gesundheitszustand ab, von der Energie, davon, wie weit eine Person normalerweise gewohnt ist zu gehen. Aber sie hatte nicht genug Bewegung gehabt, schrieb Habib, also konnte sie nicht übermäßig weit gegangen sein, besonders wenn die Wehen tatsächlich schon eingesetzt hatten. Wie war die Umgebung – ich holte eine Karte von Fort Worth hervor. Also, vom Fundort aus Richtung Osten war fast alles Watauga. Nach Westen und Süden hin war Stadtgebiet von Fort Worth, und auch nach Norden hin war noch ein kleines Stückchen Stadtgebiet von Fort Worth, bis zu der Stelle, wo die Beach Street auf die Alta Vista Road trifft. Dort beginnt das Gebiet des Sheriffs von Tarrant County, das wiederum nach einer Weile in Keller übergeht.

Ich ging zurück ins Büro und rief die Kollegen in Watauga und Keller an, dann das Büro des Sheriffs und schließlich unsere Einsatzleitung.

Watauga und Keller sagten natürlich völlig wahrheitsgemäß, daß sie knapp an Personal seien, aber unter den gegebenen Umständen ...

Den Ermittlungsbeamten des Sheriffs juckte es in den Fingern, endlich auch an dem Fall mitzuarbeiten. Sie hatten sich übergangen gefühlt.

Und der Einsatzleiter, mit dem ich sprach, sagte, daß er mir ein paar Streifenpolizisten besorgen würde.

Von Haus zu Haus. In diesem Gebiet gibt es viele kleine Neubausiedlungen und ein paar große wie Summerfields; es gibt etliche frei stehende Häuser, Milchfarmen, Gemüsefarmen, Wohnwagen von Leuten, die einfach rauswollten auf ein Stückchen Land und eine Kuh haben, einen Garten und eine Handvoll Kinder.

Es waren nicht viele Leute zu Hause, und keiner von den denen, die zu Hause waren, wußte etwas über eine gewisse Grace, die schwanger war und vermißt wurde. Sie bestätigten uns, daß sie im Fernsehen einiges darüber mitbekommen hatten, aber sie wußten sonst nichts, und nein, niemand hatte vor ungefähr zwei Wochen eine schwangere Frau in Shorts und ohne Schuhe spazierengehen sehen, oder falls doch, so konnten sie sich nicht mehr erinnern, und überhaupt, wie sollten sie sich denn an etwas erinnern, das schon zwei Wochen her war?

Ich fand die Frage völlig berechtigt.

Einen Hinweis bekam ich allerdings. Ein Schnellrestaurant namens »Golden Burger« am Denton Highway hatte einen vernünftigen und aufgeweckten stellvertretenden Geschäftsführer, der mir erzählte, daß er sich vage an eine Frau erinnerte, die vor ungefähr anderthalb Wochen dagewesen war, barfuß und in Shorts, und auf die die Beschreibung paßte. Sie hatte gefragt, ob sie das Telefon benutzen könne. Als man ihr sagte, wo das Münztelefon war, hatte sie gesagt, daß sie kein Geld habe. Sie hatten sie das Geschäftstelefon benutzen lassen. Sie hatte versucht, jemanden anzurufen; entweder war besetzt, oder die betreffende Person war nicht da. Sie hatte eine andere Nummer versucht - und zwar als R-Gespräch -, aber mit demselben Ergebnis, und dann war sie gegangen.

Der stellvertretende Geschäftsführer, ein Mann namens Don Coles, erinnerte sich deshalb an sie, weil sie so müde und aufgeregt gewirkt hatte. Er hatte sie gefragt, ob er sie irgendwohin bringen könne, und sie hatte gesagt: »Ich weiß nicht wohin.«

Er wußte nicht, wo sie danach hingegangen war. Er wußte allerdings, daß sie verängstigt und verwirrt gewirkt hatte und daß er überlegt hatte, ob er die Polizei rufen sollte. Aber Don Coles, der ganze 19 Jahre alt ist, kam zu dem Schluß, daß sie schließlich erwachsen war; sie konnte um Hilfe bitten, wenn sie welche brauchte. Und er hatte anderes im Kopf und seitdem auch gar nicht mehr an sie gedacht, bis ich ihn danach fragte. Und nein, er konnte mir unmöglich sagen, an welchem Tag das wohl gewesen war.

Es war nicht weit bis zu mir nach Hause, deshalb kaufte ich mir zwei Golden Burger zum Mitnehmen und fuhr heim.

Falls sie gewußt hatte, daß jemand hinter ihr her war, so überlegte ich, warum hatte sie dann nicht einfach die Polizei angerufen? Das hätte doch jeder getan. Vielleicht hatte Coles also doch nicht die richtige Frau gesehen – bloß, wie viele schwangere Frauen laufen im September noch barfuß rum?

Tja, ich wußte es nicht. Vielleicht jede Menge. Vielleicht waren lange Spaziergänge ohne Schuhwerk der neueste Schrei in der Schwangerschaftsgymnastik. Da ich selbst nie schwanger gewesen war, hatte ich nur begrenzte Kenntnisse auf diesem Gebiet. Ich konnte natürlich Vicky fragen, aber Vicky hatte wieder angefangen zu arbeiten und hatte es wahrscheinlich nicht gern, wenn man sie in der Firma anrief.

Also rief ich sie natürlich doch an. Sie ist Sekretärin bei einer Wirtschaftsprüfungsgesellschaft im Stadtzentrum, und die Wirtschaftsprüfungsgesellschaft teilte mir mit, daß Vicky zum Mittagessen war.

Ich hätte es mir denken können. Es war die passende Uhrzeit – mein Magen rief es mir laut und beleidigt ins Gedächtnis.

Ich aß und grübelte.

Ich kann ehrlich nicht behaupten, daß ich eine Theorie entwickelte. Die Theorie gelangte irgendwie in meinen Kopf, wie . . .

Ich weiß noch, wie ich, kurz nachdem ich in den Polizeidienst eingetreten war, einen alten Detective an seinem Schreibtisch sitzen sah. Er hatte den Bericht über einen Einbruch vor sich liegen und hielt eine Plastiktüte mit einem gefälschten Scheck des Ladens, in den eingebrochen worden war, in der Hand. Zwei Stunden saß er so da, las den Bericht immer und immer wieder und betrachtete den Scheck. Dann stand er auf, ging zur Tür raus und kam eine Stunde später mit Billy Joe Martin zurück. Nachdem Billy Joe gestanden hatte, fragte ich ihn, wie er darauf gekommen war. »Ich weiß es nicht«, erwiderte er. »Wenn er nicht gesungen hätte, hätte ich ihn laufen lassen müssen. Ich hatte nichts gegen ihn in der Hand. Es war einfach so, daß ich von jetzt auf gleich plötzlich wußte, wer's gewesen war.«

So war denn auch meine Theorie entstanden. Und das Problem lag darin, daß ich nicht wußte, ob es eine begründete Theorie war, die auf meiner Erfahrung bei der Polizei basierte, oder ob sie sich aufgrund meiner ureigenen psychischen Ausstattung bei mir im Kopf breitgemacht hatte.

Ich aß ein Eis. Und ich brütete vor mich hin.

Harry, der, wie ich vielleicht schon erwähnt habe, Testpilot bei Bell Helicopter ist und manchmal ganz ungewöhnliche Arbeitszeiten hat - wenngleich nicht so ungewöhnlich wie meine - kam hereinspaziert, sah die Hamburgerverpackungen und fragte: »Hast du mir einen verwahrt?«

»Natürlich nicht«, sagte ich. »Wie hätte ich denn wissen sollen, daß du nach Hause kommst?«

»Auf dieselbe Art, wie ich es von dir gewußt habe.«

»Und die wäre?«

»Ich bin in unsere Einfahrt eingebogen und habe deinen Wagen gesehen. Wie läuft's?«

»Beschissen«, erwiderte ich, was ich häufig tue, und er entgegnete, was er ebenso häufig tut: »Tja, es gibt nur einen Detective in der Familie, und so wahr ich hier stehe, ich bin es nicht.« Er schlenderte in die Küche, öffnete die Kühlschranktür, holte ein Stück Käse raus und betrachtete es nachdenklich.

»Ich würde bloß gern wissen *warum*«, sagte ich. »Auch wenn ich nicht weiß, wer sie ist, würde ich bloß gern wissen, warum sie sie umgebracht haben.« Ich hatte die Beine angezogen, den Kopf auf die Knie gelegt, und hörte wie Harry zur mir herüberkam. »Ich glaube, sie haben sie umgebracht, weil sie abgehauen ist«, fuhr ich fort. »Sie haben natürlich versucht, sie zurückzuholen, aber vielleicht hat sie zuviel Krach geschlagen und sie konnten sie nicht zum Schweigen bringen und sie auch nicht wieder ins Auto bugsieren, und deshalb mußten sie sie töten.«

»Hä?« sagte Harry, und ich setzte mich auf und sah ihn an.

»Ich kann mir nur nicht erklären, wieso sie bisher von niemandem zu Hause vermißt wird. Ich weiß nicht - wenn sie sie jetzt nicht umgebracht hätten, hätten sie es wahrscheinlich später getan, aber sie haben sie gerade dort – gerade dann – getötet, weil sie abgehauen war und sie sie nicht zum Schweigen bringen oder wieder zurückschaffen konnten. Klingt das einigermaßen plausibel, Harry?«

»Täte es vielleicht, wenn ich wüßte, wovon du sprichst.« Offenbar stand mir der Kummer ins Gesicht geschrieben, denn er ging um mich herum und fing an, mir den Rücken zu massieren. »Debbie, Debbie, Debbie«, sagte er, und vor lauter Rückenmassage vergaß ich, ihn daran zu erinnern, daß niemand mich Debbie nennen darf. »Natürlich klingt es plausibel. Wenn du es plausibel findest, dann ist es plausibel. Oder?«

»Ich weiß nicht. Ich muß dauernd daran denken – vielleicht sehe ich es so, weil ich so *empfinde*; vielleicht ist das gar nicht der wirkliche Grund. Aber ich muß dauernd daran denken, was jetzt in allen Zeitungen steht . . .«

Harry sagte nichts; er massierte mir einfach noch ein Weilchen den Rücken. Dann sagte er schließlich: »Na, was steht denn jetzt in allen Zeitungen?« Er ging um mich herum, nahm die Titelseite, die auf der Couch lag, in die Hand und warf einen Blick darauf: »Flugzeugentführungen. Bombenanschläge. Kidnapping. Mord. Der dritte Weltkrieg vor der Tür. Was du willst. Was meinst du mit ›was jetzt in allen Zeitungen steht‹?«

»Das alles und noch etwas mehr. Babys, Harry. Fällt dir nichts auf? Diese Frauen hatten nur eines gemeinsam. Sie waren alle schwanger. Jetzt überleg doch mal. Vor 16 Jahren, als wir alles versucht haben, um Hal zu bekommen, der ganze Papierkrieg und der ganze –«

»Ja, ja, und sie haben gesagt, wir hätten ihn nicht bekommen, wenn wir nicht schon zwei Babys von ethnischen Minderheiten gehabt hätten, die es offensichtlich bei uns gut hatten. Und wir mußten uns ans Außenministerium wenden und –«

»Genau, und das war vor 16 Jahren. Harry, es gibt einfach keine Babys mehr. Leute, die so verzweifelt sind, wie wir es damals waren, können heute einfach keine Babys bekommen, von nirgendwoher. Eine Zeitlang gab es die vietnamesischen Babys, aber auch diese Quelle ist versiegt, und jetzt –«

»Stimmt, und da hat es doch einen Ring gegeben, der angeblich mexikanische Babys ins Land geschmuggelt hat«, sagte Harry nachdenklich. »Die Leute haben fünf- oder zehntausend Dollar bezahlt und dann doch keine –«

»Doch keine Babys bekommen«, fiel ich ein. »Also – Harry, ich habe in der Zeitung gelesen, daß wenn Babys verfügbar *sind*, ich meine Babys aus dem Ausland, allein schon die legale Abwicklung inzwischen fünf- oder sechstausend Dollar kostet, und dann muß man damit rechnen, daß das Baby krank und unterernährt ist – es gibt Leute, die ganz wild darauf sind, 10 000 Dollar für ein gesundes weißes amerikanisches Baby zu bezahlen. Sie würden sich glücklich schätzen, wenn sie die Gelegenheit hätten. Und ich muß einfach dauernd daran denken, daß Leute bereit sind, alles zu beschaffen, selbst wenn sie dafür töten müssen – und selbst wenn es sich dabei um ein Baby handelt –, wenn andere Leute bereit sind, 10 000 Dollar dafür zu bezahlen. Aber ich bin mir noch nicht sicher, ob ich recht habe. Ich bin emotional zu stark involviert, um klar denken zu können. Ich sollte diesen Fall nicht bearbeiten. Sie sollten mich statt dessen auf die Bombensache ansetzen.«

»Und dann wärst du emotional noch involvierter. Du hast gerade davon gesprochen, was vor 16 Jahren war – da fällt mir noch was ein. In der Zeitung wurde von einem Mädchen berichtet, das an einer illegalen Abtreibung gestorben ist, und ich weiß noch, daß du tagelang geweint hast. Du hast dauernd gesagt: ›Aber sie hätte es nicht tun müssen – wenn sie das Baby nicht gewollt hat, hätte sie es doch einfach mir geben können.‹ Ich habe dir immer wieder klargemacht, daß sie dich doch gar nicht kannte und daß ihr Problem nicht darin lag, daß sie das Baby nicht wollte, sondern daß sie nicht schwanger sein wollte.«

»Dann war ich eben nicht sonderlich logisch.«

»Du bist selten logisch, wenn es um Babys geht.«

»Deshalb sollte ich auch nicht an diesem Fall arbeiten.«

»Oder an der Bombengeschichte«, sagte Harry. »Aber seit wann könnt ihr euch eure Fälle aussuchen?«

»Können wir ja nicht. Das ist das Problem. Aber verstehst du nun, warum ich unsicher bin, ob ich meiner eigenen Meinung trauen kann –«

»Oh, ich glaube, du liegst richtig«, fiel Harry mir ins Wort. »Ich wünschte, ich täte es nicht, aber ich tue es. Weißt du noch vor ein paar Jahren, als ein Baby aus einem Krankenhaus in der Stadt entführt wurde?«

Natürlich wußte ich das noch. Ich hatte an dem Fall gearbeitet. Ebenso wie die Texas Rangers und das FBI und einige private

Detekteien (die unentgeltlich gearbeitet hatten, um das Baby zu finden), und zig andere Stellen. »Ja, ich weiß noch.«

»So ist das, wenn ein Baby entführt wird. Aber diesmal waren es keine Babys; es waren – sind – erwachsene Frauen. So was macht ein paar Tage lang Schlagzeilen, klar, aber dann –«

»Dann ist die Publicity vorbei«, sagte ich. »Und das Interesse und die Betroffenheit lassen nach – und falls das Baby auf dem schwarzen Markt verkauft wird, wird niemand je erfahren, ob das Kind, das vermißt wird, ein Mädchen oder ein Junge ist, und falls die Mutter nie wieder auftaucht, wird niemand es überhaupt je erfahren ...« Ich stockte.

»Niemand wird es je erfahren«, wiederholte Harry. »Genauso ist es. Deb, vielleicht irrst du dich. Aber ich glaube nicht.«

»Nein, ich jetzt auch nicht mehr«, sagte ich. »Ich glaube, ich weiß, was mit den entführten Opfern passiert – ich glaube, sie werden irgendwo eingesperrt, bis ihre Babys geboren sind, und dann werden die Babys verkauft und die Frauen getötet. Ich muß einfach immer daran denken ...« Ich stockte. »Das sage ich oft, nicht?«

»Allerdings«, sagte Harry.

»Aber ich muß einfach immer daran denken, vier Frauen, die uns bekannt sind, werden vermißt, plus die eine, die fast entwischt wäre – das macht für die Art von Verstand, von der wir hier reden, insgesamt 40000 Dollar oder mehr bar auf die Hand; für 40000 Dollar kann man jede Menge Ketten und Vorhängeschlösser und jede Menge billiges, nahrhaftes Essen und eine Hebamme und vielleicht sogar einen Arzt kaufen, und dann bleibt noch immer genug übrig, um es zu verprassen.«

»Und wir reden nur von Fort Worth«, sagte Harry.

»Stimmt. Das sind nur die Frauen, die in Fort Worth vermißt werden. Ich habe weder Dallas, noch Denton, noch die kleineren Städte im Umkreis überprüft, geschweige – aber sie müssen sie irgendwo hier in der Nähe versteckt halten, Harry, weil Grace – wer immer sie war – zu Fuß bis zu diesem Graben gelaufen ist.«

»Wahrscheinlich hast du recht damit, daß sie sie irgendwo hier in der Nähe versteckt halten«, stimmte Harry zu, »außer, sie stammte vielleicht von hier und konnte gleich fliehen, als sie entführt wurde. Aber ich glaube, ich schließe mich der ersten Überlegung an.«

»Das heißt nicht, daß sie sie nicht vielleicht von anderen Orten entführen und sie dann hierherbringen«, fiel ich ein. »Und es heißt nicht ...« Ich nahm den Telefonhörer und rief die Hubschrauberstaffel an und bat darum, daß mich ein Polzeihubschrauber am nächstgelegenen Flugplatz abholen sollte, dem kleinen gleich neben der Beach Street, wo Harry sein Privatflugzeug stehen hat, und ich flog mit dem Hubschrauber und einem geliehenen Fernglas los.

Der Pilot war ein Vietnamveteran, ungefähr so alt wie Harry und ich; er war fast schon so lange bei der Polizei wie ich und die ganze Zeit bei der Hubschrauberstaffel gewesen. »Deb«, sagte er, »wenn Sie mir sagen, wonach Sie suchen, würde ich Ihnen gern dabei helfen.«

»Ich weiß nicht, wonach ich suche«, erwiderte ich. »Ich will alles im Umkreis von fünfzehn Meilen von der Kreuzung Beach Street und Saginaw-Watauga Road – ich meine Great Western Parkway. Langsam und niedrig.«

Er zuckte die Achseln. »Alles klar. Aber ich würde wirklich gern wissen, wonach Sie suchen.«

Wie ich ihm gesagt hatte, ich wußte es nicht. Und er wußte es nicht, und auch wenn wir genau draufgeguckt hätten – was wir, wie sich später herausstellte, tatsächlich taten – hätten wir es nicht erkannt. Also landete er den Hubschrauber schließlich wieder dort, wo ich meinen Wagen stehengelassen hatte, und ließ mich raus, und er flog weiter zur »Scheune«, wie er es nannte, um den Hubschrauber für die nächste Schicht dort abzustellen und selbst nach Hause zu fahren.

Es war vier Uhr vorbei, und ich war völlig ausgehungert, und ich hatte nicht die leiseste Idee, was ich als nächstes tun sollte.

Kapitel 6

Das stimmte natürlich nicht ganz. Ich hatte schon ein paar Ideen; sie kamen mir bislang nur nicht sonderlich gut vor. Jedenfalls rief ich die Einsatzleitung an und bat darum, beim Texas Crime Information Center ausführliche Informationen über sämtliche Vermißtenmeldungen einzuholen, ob die Fälle nun aufgeklärt waren oder nicht, die in den letzten sechs Monaten über schwangere Frauen eingegangen waren. Und ich sagte dem Einsatzleiter, daß eventuelle Antwortschreiben auf meinen Schreibtisch gelegt werden sollten.

Meine sonstigen Ideen waren noch zu unausgereift, zu flüchtig, um sie zu greifen und in die Tat umzusetzen, und überhaupt hatte ich dienstfrei und erinnerte mich nur ungern daran, daß Captain Millner mich in der letzten Zeit diverse Male getadelt hatte, weil ich zu viele Überstunden machte. Nicht, daß er etwas dagegen hatte, daß ich die Stadt Geld kostete, so betonte er; er befürchtete aber, daß ich mich überanstrengte, und ein übermüdeter Cop ist ein leistungsunfähiger Cop. Und nur allzuoft auch ein gefährdeter.

Zumindest hatte er endlich aufgehört, sich den Kopf darüber zu zerbrechen, ob eine Frau ins Sonderdezernat gehörte. Eine ganze Weile war ihm nicht wohl dabei gewesen; tatsächlich hatte er mich überhaupt nur deshalb ins Sonderdezernat versetzt, weil er Angst hatte, daß ich eine Klage einreichen würde, wenn er es nicht täte. Das hätte ich bestimmt nicht getan. Auf so einen Gedanken komme ich erst gar nicht.

Tatsache blieb jedoch, daß ich dienstfrei hatte, und wenn ich nicht wollte, daß ich von meinem Captain unfreundliche Dinge zu hören bekam, sollte ich es lieber bis halb acht Uhr am nächsten Morgen dabei belassen – außer natürlich, ich wurde angerufen.

Also fuhr ich nach Hause, wo Hal in der Küche an der Frühstückstheke stand und sich ein Sandwich mit Erdnußbutter und

Gelee machte. »Hi, Mom«, sagte er und strebte Richtung Hintertür.

»Hal«, rief ich ihm nach.

»Ja?«

»Hast du nicht was vergessen?«

»Was? Ach, du meinst zum Beispiel das Gelee?«

»Zum Beispiel das Gelee«, sagte ich. »Und zum Beispiel die Erdnußbutter. Und zum Beispiel das Brot. Und zum Beispiel deine Hausaufgaben.«

»Meine Hausaufgaben habe ich in der Schule gemacht«, sagte er. »Wir hatten nicht viel auf.« Er schraubte den Deckel auf das Gelee und stellte es zurück in den Kühlschrank. Er schraubte den Deckel auf die Erdnußbutter und stellte sie zurück in die Speisekammer. Er nahm den kleinen verdrehte Verschluß von der Cellophanhülle für das Brot und verschloß damit die Hülle und legte das Brot oben auf die Mikrowelle, wo wir zur Zeit unser Brot aufbewahren. »Die Theke sieht irgendwie krümelig aus, nicht?« sagte er ernst.

»Ja, allerdings.«

Er nahm ein Spültuch und fing an, die Theke abzuwischen. »He, Mom«, sagte er eifrig scheuernd, »wie lange braucht eine Frau, um ein Baby zu bekommen?«

»Das dauert bei verschiedenen Leuten unterschiedlich lange – wieso?«

»Ja?« Er starrte mich verblüfft an. »Ich dachte, es würde immer gleich lang dauern.«

»Ich weiß nicht, ob wir über dasselbe reden«, sagte ich matt. »Wie wär's, wenn du mir etwas genauer erklärst, was du wissen willst.«

»Also, Sammy hat mir erzählt, daß seine Tante ein Baby hat, das zwei Wochen alt ist, und ein Baby, das acht Monate alt ist, und ich habe gesagt, daß ich nicht glaube, daß das geht, weil ich glaube, daß Vicky so ungefähr ein Jahr schwanger war, und er hat gesagt, wer ist Vicky, und ich habe gesagt, meine Schwester, und er hat gesagt, tja, dann müßte Vicky eine Kuh sein, weil nur Kühe ein Jahr lang schwanger sind, und ich hab' ihm eine geknallt.«

»Vicky war nicht ein Jahr lang schwanger. Vicky war neun Monate schwanger, und das ist der normale Zeitraum, und du solltest nicht anderen Leute eine knallen.«

»Na ja, ich habe ihm nicht feste eine geknallt. Ich meine, er hat bloß gelacht, als ich ihm eine geknallt habe. Aber, Mom, seine

Tante kann doch nicht ein Baby haben, das zwei Wochen alt ist, und ein Baby, das acht Monate ist, oder?«

»Wohl kaum«, sagte ich. »Warte mal. Wenn sie ein Baby bekommen hat und gleich danach wieder schwanger geworden ist, und das zweite sehr früh gekommen ist, dann könnte es wohl gehen, aber ganz knapp.«

»Ist ein Baby von acht Pfund früh? Weil Sammy gesagt hat, daß das Baby gut acht Pfund gewogen hat. Oder so. Vielleicht waren es auch knapp sieben.«

»Zwischen gut acht und knapp sieben besteht ein gewisser Unterschied, Hal.«

»Ach, ich weiß es nicht mehr. Es war irgendwas um den Dreh.«

»Ein Baby von acht Pfund ist keine Frühgeburt. Wahrscheinlich auch eins von knapp sieben nicht. Das ist sehr interessant ... Hal, weißt du, wie Sammys Tante heißt?«

»Nee. Er nennt sie Tante Chrissie.«

»Könntest du das vielleicht rauskriegen? Wohnt sie hier in der Gegend?«

»Nee. Ich meine, ich könnte es rauskriegen, aber sie wohnt in Kanada.«

»Sie wohnt in Kanada.«

»Ja. Und sie ist eine Pflegemutter oder so was. Was ist eine Pflegemutter?«

»Das bedeutet, daß die Babys nicht ihre eigenen sind. Und das bedeutet, daß Sammy dich auf den Arm genommen hat. Denk nicht mehr drüber nach.«

»Du meinst, sie hat sie adoptiert?«

»Nein, eine Pflegemutter kümmert sich um Kinder, wenn deren richtige Eltern das nicht können, aber die richtigen Eltern können die Kinder später wahrscheinlich zurückbekommen.«

»Oh. Ich glaube, ich werde Sammy noch eine knallen. Und diesmal feste.«

»Es wäre mir lieber, wenn du Sammy keine knallen würdest.«

»Wieso? Meinst du, er haut zurück?«

»Hal, du bist eine Pfeife«, sagte ich, und er lachte und trollte sich von dannen, während ich darüber nachdachte, ob *er* vielleicht *mich* auf den Arm genommen hatte. Schließlich ist er schon fast sechzehn.

Ich war nicht wirklich in Sorge, daß er und Sammy sich schlagen könnten; sie sind seit Jahren die dicksten Freunde. Aber er hatte mir etwas zum Nachdenken gegeben – ja, er hatte mir tatsächlich etwas zum Nachdenken gegeben, und ich dachte intensiv darüber nach, bis sechs Uhr, als Harry nach Hause kam, mich daran erinnerte, daß Montag war, und mich fragte, ob ich Lust hätte, Bingo zu spielen.

Da Hal mich um Viertel vor sechs angerufen und gefragt hatte, ob er mit Sammy Rollschuhlaufen gehen dürfte, wenn er versprach, um halb zehn zu Hause zu sein und dann direkt ins Bett zu gehen, sagte ich, daß ich wohl mit Harry Bingo spielen würde. Und natürlich mit den anderen Mitgliedern des Elk Clubs.

Also saß ich schließlich in der rauchgeschwängerten Halle der eleganten alten Villa, die zur Elks Lodge von Fort Worth umfunktioniert worden ist, und spielte Bingo, während Harry herumtigerte und Bingokarten verkaufte und hin und wieder mal einen Blick über meine Schulter warf, um festzustellen, ob ich gewann. Natürlich gewann ich nicht. Ich gewinne nie beim Bingo. Aber in der Pause ging ich ganz brav mit den anderen Elks-Frauen herum und verkaufte Süßigkeiten und Hot dogs und Popcorn und Nachos und Cola und Bier und Kaffee an die Bingospieler und rechnete soviel Wechselgeld im Kopf aus, daß mir schwindelig wurde, und dann ging ich auf die Toilette und mußte mich übergeben. Ich suchte in meiner Handtasche nach Antiacida und fand keine, also verließ ich die Toilette und kaufte mir eine sehr große Cola und drei Tüten Kartoffelchips, um meinen Magen zu beruhigen – ich habe nie behauptet, daß ich vernünftig bin –, und schließlich konnte ich irgendwann nach zehn Uhr nach Hause, um mir den Rauch aus den Haaren zu waschen. Als ich ankam, saß Hal natürlich im Wohnzimmer vor dem Fernseher.

Ich wurde nicht um zwei Uhr früh rausgeklingelt. Auch nicht um drei oder um vier oder überhaupt. Ich stand um Viertel nach sechs auf und ging in die Küche und machte Hafergrütze zum Frühstück, die natürlich keiner aß – wieso mache ich eigentlich Hafergrütze? –, und dann fuhr ich ins Büro, wobei ich unterwegs anhielt, um mir ein Brötchen mit Wurst zu kaufen, weil ich nämlich auch keine Hafergrütze mag.

Auf meinem Schreibtisch lagen mehrere Computerausdrucke.

In Garland vermißte man seit Juli Lucy Waters, im achten Monat schwanger. In Plano vermißte man seit August Katherine Irving, Ende des siebten Monats. In Denton vermißte man seit Juli Elise Tarcher, im achten Monat schwanger. In McKinney vermißte man seit August Ruth Lewis, im achten Monat schwanger. In Sherman vermißte man seit dem 3. September Mary Grace Hammond, im achten Monat schwanger. In Dallas vermißte man seit Juni Edwina Foherty, im achten Monat, und seit August Carley McLain, Ende des achten Monats, und man fragte sich, was los war.

Ich blieb zunächst bei Sherman hängen. Mary *Grace* Hammond? 3. September? War Mary oder Grace ihr Rufname gewesen?

Ich rief in Sherman an und sprach mit dem stellvertretenden Leiter der dortigen Polizei. Er sagte, daß er zwar meinte, es zu wissen, mir aber nichts Falsches erzählen wollte und deshalb lieber im Bericht nachsehen und mich zurückrufen würde. Er sagte, er würde sich so schnell wie möglich wieder bei mir melden, weil Entführungen in Sherman nicht gerade an der Tagesordnung waren und niemand sonderlich glücklich darüber war.

Das Muster. Man hätte das Muster schon vor langer Zeit entdecken müssen, aber das hatte niemand getan, weil er es ausgedehnt hatte, weil er in verschiedenen Städten zugeschlagen hatte. Das hätte eigentlich nichts zur Sache tun dürfen, nicht soviel zumindest. Wenigstens hätten uns die Zeitungsmeldungen auffallen müssen, wenn schon nichts anderes, aber ... Warum nach Entschuldigungen suchen? Wir hatten Mist gebaut, weil wir getrennt gearbeitet hatten, wir Cops im Norden und Nordosten von Texas; wir hatten unsere Informationen nicht verglichen, wie wir es hätten tun sollen und es auch normalerweise tun.

Aber das konnte kaum der einzige Grund sein. Sieben Frauen in der weiteren Umgebung und vier in Fort Worth. Die vier in Fort Worth hatten alle Ehemänner, sehr besorgte Ehemänner, aber von den verbleibenden sieben waren vier nicht als entführt, sondern lediglich als vermißt gemeldet, mit der implizierten Möglichkeit, daß sie freiwillig verschwunden waren. So war Lucy beispielsweise erst 16 Jahre alt und hatte einen heftigen Streit mit ihren Eltern gehabt; daß sie weggelaufen war, klang absolut plausibel. Katherine hatte einen Mann und einen guten Arbeitsplatz, aber sie hatte ihren guten Arbeitsplatz verloren und war darüber furchtbar empört gewesen; sie hatte das Baby von vornherein nicht sonderlich gewollt, meinte ihr Mann, der noch hinzufügte, daß sie ihn in letzter Zeit offenbar auch nicht mehr sonderlich wollte. Außerdem war ihr Wagen bisher nicht gefunden worden. In Plano war man von einem möglichen Selbstmord mit fehlender Leiche ausgegangen.

Und die anderen – tja, es ging so weiter.

Nach dem, was ich dem Computerausdruck entnehmen konnte, sah es nicht danach aus, daß intensiv nach Mary Grace Hammond gesucht wurde.

Sie war unverheiratet, sie war zwanzig, und sie hatte ein Vorstrafenregister.

Aber Chief Ellis hatte von einer Entführung gesprochen, und er hatte verärgert geklungen. Also nahmen sie es wenigstens einigermaßen ernst.

Das Telefon auf meinem Schreibtisch klingelte. »Ellis, Sherman«, sagte eine prägnante Stimme. »Ich hatte recht. Ihre Freunde nannten sie Grace. Zu Hause war sie immer noch Mary Grace, aber auch nur da.«

»Lassen Sie hören. Alles, was Sie haben. Ich glaube, wir haben sie hier.«

»Lebend?«

Doch dann beantwortete er seine Frage selbst. »Nein, sonst würden Sie nicht so fragen. Okay. Sie war 20 Jahre alt, im Juli geworden. Sie hatte ein kleines Vorstrafenregister – hauptsächlich Trunkenheit und Erregung öffentlichen Ärgernisses, nichts Ernstes, keine Prostitution oder dergleichen. Sie hat bei einer Tante gewohnt. Ihr Freund – sie wollten heiraten – ist vor einer Weile wegen Einbruchs verhaftet worden und sitzt jetzt in Huntsville seine Strafe ab; sie hatten die Hochzeit bis zu seiner Rückkehr verschoben. Klar.«

»Klar«, stimmte ich zu. »Ist er der Vater?«

»Vermutlich. Zumindest waren beide übereinstimmend der Meinung, daß er es ist, und ich will da nicht widersprechen. Jedenfalls war sie häuslicher geworden und hat in einer Tagesstätte gearbeitet, bis der Arzt ihr vor zwei Monaten gesagt hat, daß sie viel liegen und sich etwas mehr schonen sollte. Sie hatte ein paar gesundheitliche Probleme.«

»Bevor wir weiterreden«, schlug ich vor, »sollten wir versuchen, festzustellen, ob wir beide dieselbe Grace haben. Größe?«

»1,58. Wog ungefähr 67 Kilo, als sie verschwand – davor lag ihr Gewicht bei 57 Kilo, aber Sie wissen ja, wie das geht.«

»Das paßt. Haar- und Augenfarbe?«

»Braun und blau.«

»Das Haar war braun. Augenfarbe war nicht mehr festzustellen.«

»So schlimm?«

»So schlimm«, entgegnete ich, und er sagte: »Scheiße.«

Und dann fügte er hinzu: »Okay, ich kann Ihnen noch ein paar Anhaltspunkte geben. Sie hat einen Ehering getragen – sie waren zwar nicht verheiratet, aber sie, na ja, sie war ein bißchen schüchtern, verstehen Sie, und sie fand, das sähe besser aus. Ansonsten kein Schmuck bis auf ein Fußkettchen.«

»Bingo«, sagte ich. »Stand ihr Name drauf?«

»Wo drauf?«

»Auf dem Fußkettchen.«

»Oh«, sagte er, »tja, irgendwie schon. Nicht der ganze Name. Bloß ›Grace‹. Hatte ihr Freund ihr geschenkt.«

»Habt ihr Fingerabdrücke von ihr?«

»Wir haben Fingerabdrücke von ihr.«

»Könnten Sie sie herbringen, oder soll ich sie lieber abholen kommen?«

»Habt ihr die Leiche immer noch? Ist sie noch nicht beerdigt worden oder so?«

»Wir haben die Leiche immer noch.«

»Ich bringe Ihnen die Abdrücke. Ich würde sie mir gerne ansehen. Ich glaube, ich könnte sie wiedererkennen.«

Das bezweifelte ich – ich bezweifelte, daß sie überhaupt noch jemand wiedererkennen würde – aber ich sagte, das wäre eine gute Idee, und er brauchte ungefähr zwei Stunden, um von Sherman herzukommen, was hieß, daß er ziemlich schnell gefahren sein mußte. Aber natürlich ist die Wahrscheinlichkeit, einen Strafzettel zu bekommen, wesentlich geringer, wenn man einen Streifenwagen fährt.

Wir gaben die Karte mit den Fingerabdrücken bei unserem Erkennungsdienst ab, dem es gelungen war, von drei Fingern lesbare Abdrücke zu nehmen, und dann gingen Chief Ellis und ich hinüber ins Leichenschauhaus. Dr. Habib schien außer Haus zu sein, und es gab keinen Grund, die anderen Pathologen hinzuzuholen; wir baten einen Mitarbeiter vom Leichenschauhaus, uns die Leiche zu zeigen. Ellis betrachtete sie und sagte: »Tja, hundertprozentig kann ich es nicht sagen, aber sie sieht mir verdammt nach Mary Grace aus. Und ich habe sie gekannt, seit sie sechs Jahre alt war.«

»Hatte sie schon so früh Ärger mit der Polizei?«

»Nein, nein. Ich wohne gleich neben ihrer Tante.«

»Oh«, sagte ich. Mehr gab es wohl auch nicht zu sagen.

Er wandte sich ab und murmelte: »Ich hätte nie gedacht, daß die hübsche Kleine mal so enden würde«, und ich folgte ihm nach draußen und schloß die Tür und überließ den Leichenwärter seiner Aufgabe, die Leiche wieder wegzubringen.

Wir begegneten Dr. Habib auf dem Gang.

»Ich dachte, Sie wären irgendwo unterwegs«, sagte ich zu ihm.

»Ich war nur mal kurz raus, um einen Joghurt zu essen«, sagte er. »Selbst Gerichtsmediziner müssen hin und wieder was essen.«

»Dr. Habib, das ist der stellvertretende Leiter der Polizei in Sherman, Chief Ellis«, sagte ich. »Anscheinend haben wir Grace identifiziert.«

»Wie denn das?« Er klang skeptisch. Ich nahm es ihm nicht übel.

»Bob sieht sich gerade ihre Fingerabdrücke an, aber das Fußkettchen und alles andere paßt.

»Sagen Sie mir Bescheid, wenn Sie sicher sind.«

Das war eine überflüssige Bitte. Natürlich würden wir ihm Bescheid sagen, wenn wir sicher waren. Er brauchte diese Information, um seine Berichte abzuschließen, ganz zu schweigen von der Sterbeurkunde.

Wieder zurück im Präsidium gingen wir schnurstracks zum Erkennungsdienst, wo Bob Castle uns das mitteilte, dessen wir uns ohnehin schon ziemlich sicher waren. Unsere Grace war Mary Grace Hammond, 20 Jahre alt, aus Sherman, Texas. Sie war seit über drei Wochen vermißt worden, bevor sie tot aufgefunden wurde – und mittlerweile hatte Dr. Habib uns gesagt, daß sie kaum länger als eine Woche tot gewesen sein konnte, als sie gefunden wurde.

Ergo war sie irgendwo lebendig festgehalten worden. Und dieser Ort lag so nah an meinem Haus, daß er von dort zu Fuß zu erreichen war.

Ich rief Dr. Habib an und nannte ihm den Namen, und dann setzten Ellis und ich uns hin und sprachen über den Fall und über Grace. Er legte mir alles vor, was Sherman darüber hatte; ein paar Dinge kamen mir seltsam vor. Ich wies ihn darauf hin, und er stimmte zu, daß sie seltsam waren, und irgendwie, ohne daß ich selbst recht wußte wieso, fiel die Entscheidung, daß ich Mittwoch morgen nach Sherman fahren würde, um mit Clara Hammond zu sprechen. Sie war die Tante – eigentlich Großtante –, bei der Mary Grace Hammond aufgewachsen war.

Mir blieb noch immer ein Teil des Dienstagnachmittags, und ich hatte noch immer die nebulöse Idee, die ich am Montag verfolgt hatte. Ich sah im Telefonbuch nach und rief dann beim Standesamt von Tarrant County an, um eine Auskunft zu bekommen. Die erste Person, mit der ich sprach, sagte, sie könne mir auf keinen Fall weiterhelfen, und verwies mich an einen gewissen John Christmas, der mir einigermaßen erstaunt mitteilte, daß er keinerlei Informationen darüber hatte, wie viele Babys pro Jahr in Tarrant County geboren werden.

»Wieso nicht?« fragte ich. »Führt das Standesamt denn keine Statistiken mehr darüber? Früher hat es das aber.«

»Früher, so fürchte ist, ist genau das entscheidende Wort«, erwiderte er. »Jede Stadt führt ihre eigenen Bevölkerungsstatistiken. Wir haben hier nur Unterlagen über die nicht eingemeindeten Orte in Tarrant County.«

»Ah ja?« sagte ich. »Seit wann denn das?«

»Oh, meine Güte, das ist schon lange so. Seit 1972, glaube ich.«

»1972?« Na schön, zugegeben, daß ich eine Geburtsurkunde gebraucht hatte, lag schon länger zurück.

»Höchstwahrscheinlich«, fuhr er fort, »können Ihnen die Standesbeamten von Fort Worth weiterhelfen.« Er nannte mir die Nummer, und ich rief dort an. Dort sagte man mir, daß pro Jahr in Fort Worth ungefähr 10 000 Geburten gemeldet werden.

Diese Zahl bezieht sich nur auf das Stadtgebiet von Fort Worth. Dabei unberücksichtigt sind die nicht eingemeindeten Ortschaften, oder die kleineren Städte wie Richland Hills und North Richland Hills und White Settlement und Teile von Arlington, die in das Gebiet von Tarrant County fallen, und . . .

Ich bedankte mich, legte auf und kramte meine Kopfschmerztabletten aus der Schreibtischschublade. Ich hatte plötzlich den Eindruck, daß ich eine brauchte.

Dann rief ich Captain Millner an und fragte ihn, ob er mir schon die Streifenbeamten besorgt hatte, die mir helfen sollten. Er sagte, daß sie sich morgen zum Dienst melden würden. Ich erklärte ihm, daß ich morgen früh nach Sherman fahren würde, und dann erzählte ich ihm, mit welcher Arbeit die Beamten anfangen sollten.

»Deb, Sie sind verrückt.«

Das sagt er hin und wieder zu mir, wenn ich meine genialen Einfälle habe. Clint Barrington hat das auch immer zu mir gesagt. Manchmal bekomme ich angesichts der Ergebnisse meiner Einfälle das Gefühl, daß sie vielleicht doch recht haben könnten. Aber meistens kommt bei diesen verrückten Einfällen was heraus. Na ja, sozusagen. Na ja, manchmal liefern sie mir ein paar nützliche Informationen.

Dieser hier, das mußte ich zugeben, war schon ein dicker Hund. Und ich wußte noch nicht einmal genau, was ich mit den ganzen Informationen anfangen sollte, wenn ich sie erst beisammen hatte.

Ein entsprechendes Computerprogramm wäre eine große Hilfe. Roddy Anderson, einer der Computerspezialisten in der Stadtverwaltung, ist ein alter Freund von mir. Forsch raffte ich mich auf und ging zu Fuß zum Rathaus, das etwa sechs Blocks entfernt liegt, um mit Roddy zu reden, der sagte: »Deb, du bist verrückt.«

»Ja, aber kannst du das hinkriegen?«

Roddy und ich sind zusammen zur Schule gegangen. Wir kennen uns viel länger, als ich zugeben möchte. Deshalb meint er, er hätte das Recht, mir mir zu reden, als wäre er mein Bruder, und genau das tat er jetzt. »Ja natürlich kann ich das hinkriegen, aber das ist mal wieder so eine spleenige Idee von dir. Was denkst du dir eigentlich dabei? Ich dachte, du wärst ein Cop und keine Statistikerin. Und wer soll deiner Meinung nach all die Informationen eingeben, damit ich sie sortieren kann?«

Ich erklärte ihm, daß ich mir drei Streifenbeamten ausgeliehen hatte, und er sagte: »Ach du Scheiße! Und wer zeigt ihnen, wie das geht?«

»Tja, wenn du es *mir* beibringen würdest, könnte ich –«

Er fluchte erneut und erklärte mir, daß er das Programm sehr benutzerfreundlich gestalten würde, und er würde sehen, was sich machen ließe, im Hinblick auf verfügbare Terminals und Rechner, aber, so fragte er, hatte ich überhaupt eine Vorstellung davon, wie lange das Ganze dauern würde? Ich erwiderte, daß ich hoffte, der Einfall mit dem Computer würde alles beschleunigen, und er sagte: »Oh, das wird er, das wird er, bloß du mußt erst sämtliche Daten *eingeben*. Deb, 20 000 –«

Ich wies ihn darauf hin, daß es keine 20 000 sein würden, und er sagte, »Wenn es allein für Fort Worth 10 000 sind, macht das für den Rest des Großraums mindestens noch mal 10 000.«

»Roddy, das war für ein ganzes Jahr«, widersprach ich. »Ich will nur, warte mal, März bis September, sieben Monate. Eigentlich nicht ganz sieben Monate.«

»Na, ist ja ein Kinderspiel, du brauchst also nur 12 000 statt 20 000. Das macht die ganzen Eingaben natürlich ungeheuer simpel.«

»Du mußt dich nicht gleich aufführen wie ein Dobermann.«

»Wie ein *was*?«

»Wie ein Dobermann. Die sehen auch immer so - so - entsetzt aus, irgendwie.«

»Wie kommst du denn jetzt auf Dobermänner?«

Den Dobermann-Ausdruck auf Pats Gesicht zu erklären hätte zu weit geführt. »Egal, ich glaube, ich bin zu müde«, sagte ich. »Also, kriegst du es nun hin?«

»Ja, Deb. Okay, wollen mal sehen. Wie viele Daten willst du genau pro Eintrag?«

»Name der Mutter. Name des Vaters. Geburtsdatum. Geburtsort. Name des Gynäkologen oder der Hebamme. Das ist doch eigentlich nicht viel, oder?«

»Nein. Und du würdest sie gern unter all diesen Rubriken sortieren können?«

»Ja.«

»Okay, dann mache ich das Programm folgendermaßen«, sagte er. »Wie schon gesagt, ich mache es so benutzerfreundlich wie möglich. Das brauchst du doch, richtig?«

»Ich glaube ja.«

»Dann baue ich einen Prompt ein. Die Einträge werden numeriert. Und bei jedem Eintrag wird das Programm nach jeder dieser Informationen fragen und erst zur nächsten übergehen, wenn es entweder einen Namen oder ein ›unbekannt‹ in dieser Rubrik bekommen hat. Auf diese Art können deine Leute nichts durcheinanderbringen oder übersehen. Ganz im Ernst, wenn das alles ist, sind die Daten wahrscheinlich schneller eingegeben als beschafft. Ich weiß bloß nicht, was du dann damit anfangen willst, Deb.«

»Roddy, ich weiß auch nicht, was ich dann damit anfangen will. Ich weiß nicht, ob ich überhaupt was damit anfangen kann. Vielleicht verschwende ich nur jede Menge Zeit und Geld. Aber ich muß es versuchen.«

»Ich weiß, Deb. Ich weiß, daß du es versuchen mußt.« Er nahm sich ein großes Blatt Papier, das so ähnlich aussah wie Millimeterpapier, und kritzelte etwas darauf. »∅∅∅1.∅∅∅1«, konnte ich noch erkennen, bevor er zu mir herübersah und gereizt sagte: »Geh jetzt. Ich muß nachdenken.«

Also ging ich. Obwohl mir Captain Millner die Erlaubnis gegeben hatte, sah es die Stadt in letzter Zeit ganz und gar nicht gern, wenn die Polizei Überstunden machte, außer sie waren absolut unvermeidlich. Selbst wenn wir freiwillig umsonst arbeiteten, keine Überstundenbezahlung, kein Abfeiern, nichts in den Akten, sah die Stadt das immer noch nicht gerne. Und man wußte, daß die Lieutenants und Captains nach vier Uhr nachmittags durchs Haus wanderten und alle Mitarbeiter der Tagesschicht rausscheuchten.

Ich fuhr nach Hause, aß zu Abend und brachte Hal dann zu einem Pfadfindertreffen, wobei ich mir wünschte, er hätte sich für eine Pfadfindergruppe entschieden, die nicht so weit weg war und einer Kirche angehörte, in der ich mich wohler fühlte. Was störte ihn denn eigentlich an den *Elks,* fragte ich mich.

Aber er hatte mir entschlossen klargemacht, daß die ihm einfach nicht gefiel. Und das ich das nun mal akzeptieren mußte.

Clara Hammond bewegte sich langsam, wie es zu einer Frau paßte, die, wie sie mir stolz erzählte, 83 Jahre alt war. Sie war eine große Frau, nicht bloß dick, sondern stattlich. Sie wäre auch stattlich gewesen, wenn sie nicht dick gewesen wäre. Sie trug eine Dreistärkenbrille mit Goldrand, und ihre Zähne hatten den allzu gleichmäßigen perligen Glanz alter Gebisse, doch in ihrem Haar war noch immer ebensoviel Schwarz wie Grau. Sie trug Stützstrümpfe, und ihre geschwollenen Knöchel waren mit elastischen Bandagen umwickelt. Sie stützte sich schwer auf einen schwarzen Holzstock. Aber ganz offensichtlich war sie nur körperlich alt.

Ihr Haus war noch älter als sie. Als ich in die kleine, vollgestopfte Diele trat, fiel mein Blick auf eine dunkle Treppe, die nach oben führte. Rechts und links von mir waren Türen; die Tür zu meiner Rechten stand offen, und in dem Spalt klemmte ein aufgeschlagenes voluminöses Wörterbuch, während überall in der Diele unterschiedlich hohe Bücherstapel herumlagen. Durch die offene Tür konnte ich vier Bücherwände ausmachen und weitere Stapel mit Büchern auf dem Boden.

Sie führte mich durch die rechte Tür, in einen Raum voller wackeliger viktorianischer Möbel. Die Arm- und Rückenlehnen von Sesseln und Sofas waren säuberlich mit Möbelschonern überzogen, und auf jeder verfügbaren Stellfläche standen kleine gerahmte Fotografien, die meisten davon schwarzweiß; zartes chinesisches Porzellan stand dicht gedrängt. »Setzen Sie sich«, sagte sie, und ich setzte mich.

Ich hatte eine Großtante gehabt, deren Haus ganz wie dieses ausgesehen hatte. Das erzählte ich ihr. Sie lächelte nicht; sie brummte vor sich hin und sagte dann: »Ich nehme an, alle Häuser von alten Damen sehen irgendwann gleich aus.«

Meine Großtante, so sagte ich ihr, hatte allerdings nicht *ganz* so viele Bücher.

Wieder brummte sie. »Sind Sie hergekommen, um mit mir über mein Haus und meine Bücher zu sprechen oder über meine Großnichte?«

Ich erwiderte, daß ich über Grace sprechen wollte, und sie sagte: »Dann lassen Sie uns auch über Mary Grace sprechen. Was möchten Sie wissen?«

»Sind Sie –«

»Von Ihrem Tod in Kenntnis gesetzt worden? Ja, Sergeant – Verzeihung, *Chief* – Ellis, hat es mir gestern abend gesagt. Etwas anderes hatte ich nicht erwartet. Sie wäre nicht drei Wochen weggeblieben, ohne nach Hause zu kommen oder zumindest anzurufen, um mich um Geld zu bitten. Ich wußte, daß sie tot ist.«

»Sie hat bei Ihnen gewohnt –«

»Seit dem Tod ihrer Mutter, da war sie sechs Jahre alt. Und es wäre leicht für mich zu sagen, Mary Grace war so, wie sie war, weil sie einen Schuft zum Vater hatte, aber das kann ich nicht behaupten. Die Wahrheit ist, daß Mary Grace so ist – war, wie sie war, weil sie selbst bestimmte Entscheidungen getroffen hat. Aber das ist ja wohl meistens so, oder?«

Ich pflichtete ihr bei, daß das meistens so ist, und Clara Hammond seufzte. »Das möchten Sie aber nicht wissen. Sie möchten etwas über den 3. September wissen. Also gut. Es fing schon früher an, sagen wir, in der letzten Augustwoche. Mary Grace war ganz aus dem Häuschen. Sie hatte ihren Freund angerufen, und die beiden hatten eine Weile miteinander geredet, und dann kam sie herein und erzählte mir, daß sie beschlossen hatte, das Baby zur Adoption freizugeben. Das war natürlich die richtige Entscheidung, und ich hatte ihr das auch schon gesagt, aber – sie war aufgekratzt. Das konnte man sehen. Sie war wirklich ganz aus dem Häuschen – habe ich das schon erwähnt? Egal. Sie war aufgekratzt. Und sie ist ein paarmal hier zu Hause angerufen worden, und dann ist sie am 3. September früh am Morgen fort und hat gesagt, sie käme später wieder.«

»Ist sie gefahren oder zu Fuß gegangen?«

»Sie ist zu Fuß gegangen. Sherman ist eine kleine Stadt. Es gibt kaum einen Ort, den man nicht zu Fuß erreichen kann.«

Ich sagte, das sei mir schon aufgefallen, und Miss Hammond sagte: »Nun, was möchten Sie noch von mir hören? Sie ist fortgegangen und nicht wiedergekommen, das ist alles. Sie ist einfach – nicht wiedergekommen.«

»Hat die Polizei hier ihr Zimmer untersucht?«

»Wozu? Sie ist ja nicht aus dem Haus verschwunden.«

»Nein, aber vielleicht hat sie etwas aufgeschrieben. Würde es Ihnen etwas ausmachen, wenn ich ...«

Miss Hammond seufzte erneut. »Ms. Ralston«, sagte sie, »sehen Sie sich all diese Bilder an. Wie waren eine sehr große Familie, früher einmal. Aber – es geschieht soviel. Man kann kaum sagen, wie es geschieht. Bloß daß die sehr große Familie immer kleiner und kleiner und kleiner wurde, und dann, eines Tages, war niemand mehr übrig außer Mary Grace und mir. Jetzt ist niemand mehr übrig außer mir, und ich bin 83. Gehen Sie sich Mary Grace' Zimmer ansehen. Die Treppe hinauf und dann rechts. Sehen Sie sich ruhig alles an, und nehmen Sie mit, was Ihnen helfen könnte. Es ist ohnehin nicht mehr wichtig.«

Kapitel 7

Grace' Zimmer war ein Sammelsurium von alten Möbeln. Keine Antiquitäten, bloß alte Möbel. Ich hatte das Gefühl, daß die alte Frau und das Mädchen alles, was in diesem Haus von Wert gewesen war, schon längst verkauft hatten, um ihren Lebensunterhalt zu bestreiten. Ein schmales Bett mit Metallrahmen stand mitten im Zimmer, das Kopfende unter einem offenen Fenster. Das Bett war ungemacht, die Tagesdecke war zurückgeschlagen und ließ ein blaues Federbett und blaue Laken sehen. Erstaunlicherweise war das Zimmer trotz der Enge, die zu viele Möbel in einem zu kleinen Raum verursachen, eigentlich recht sauber. Und Grace hatte es offensichtlich selbst sauber halten müssen; ich nahm an, daß Clara Hammond die Treppe schon seit Jahren nicht mehr hinaufsteigen konnte.

Eine Kieferntruhe links neben dem Bett diente als Nachttisch. Darauf lag ein kleiner Tischläufer, der mit Vergißmeinnicht mit grünen Stengeln bestickt war - wie lang war es her, daß ich einen bestickten Tischläufer gesehen hatte? Eine alte Lampe stand da, ein Digitalwecker, daneben ordentlich aufgereiht ein paar Liebesromane, und ein Satz Spielkarten in einer Plastikschachtel, die als Buchstütze diente. Rechts vom Bett stand eine Kommode mit sechs Schubladen und einem runden Spiegel, der von einem hübsch geschnitzten Ständer gehalten wurde. Auch auf der Kommode lag ein kleiner Läufer; an den Stellen, die nicht vom Läufer abgedeckt wurden, konnte ich sehen, daß das Furnier von dem darunterliegenden Holz abblätterte. Mehr oder weniger ordentlich darauf arrangiert waren eine Haarbürste, ein Kamm, ein Satz Lockenwickler, eine Tube Haargel, eine Lockenbrennschere, eine Lockenbürste und diverse Kosmetika, die auf einem verspiegelten Tablett standen. Eine Schachtel mit gelben Papiertaschentüchern und eine Plastikdose mit bunten Wattebäuschen umrahmten eine

Packung Q-Tips, die sie offenbar benutzt hatte, um Lidschatten aufzutragen.

Halb hinter der offenen Zimmertür versteckt war ein kleiner wackeliger Schreibtisch. Darauf befanden sich Briefumschläge, ein Notizbuch, Papier, eine weitere Lampe, eine Dose mit Stiften und ein Telefon. Auf der linken Seite waren drei Schubladen, aber keine in der Mitte.

Mit dem diffus schlechten Gewissen der Schnüfflerin, das mich immer beschleicht, wenn ich anfange, das Zimmer eines Opfers zu durchsuchen - wenn ich das Zimmer eines Tatverdächtigen durchsuche, habe ich derlei Skrupel nicht -, sah ich die Papiere in und auf dem Schreibtisch systematisch durch. Sie hatte ein rotes Adreßbuch; das steckte ich ein. Es gab keinen Tischkalender, aber sie hatte einen Wandkalender von irgendeiner Tankstelle an die Wand über dem Schreibtisch gehängt und offenbar Daten und Uhrzeiten dort eingetragen. Auch den würde ich brauchen.

Auf dem Schreibtisch lag kein loser Zettel herum, kein Notizblock - den meisten Frauen ist es unmöglich, irgendeine Form von sozialem Leben zu führen, ohne etwas dieser Art gleich neben dem Telefon zu haben. Ich sah ein paar Filzschreiber; sie hatte zweifellos damit geschrieben und nicht auf den Kalender, denn alle Einträge dort waren mit Bleistift vorgenommen worden.

Ein Packen Briefe von ihrem Freund im Gefängnis. Die würde ich mitnehmen; vielleicht hatte sie ihm irgendwas gesagt, und falls ja, könnte er darauf geantwortet haben. Ich durfte nicht vergessen, Miss Hammond zu fragen, ob irgendwelche Briefe von ihm eingetroffen waren, seit Grace vermißt wurde - höchstwahrscheinlich gab es welche, und die würde ich ganz bestimmt brauchen, weil sie wahrscheinlich auf jenen Telefonanruf eingehen würden, den sie getätigt hatte, und auf eventuelle letzte Briefe, die sie ihm geschrieben hatte.

Nichts in den Schubladen, außer ziemlich harmlosem Lektürestoff, einer ungeöffneten Schachtel mit billigem Briefpapier und einem Heftchen Briefmarken. Nichts Schriftliches. Keine Namen, keine Daten, keine Telefonnummern.

Sie hatte noch nicht einmal einen Plattenspieler besessen.

In der Kommode fand ich lediglich Kleidungsstücke, Kosmetika und Souvenirs.

Ich räumte die Sachen vom Deckel der Kieferntruhe und öffnete sie. Nichts drin, außer weiteren Kleidungsstücken - das meiste davon wohl ausrangiert, keine Umstandskleidung – und weiteren Souvenirs. Ich wandte meine Aufmerksamkeit dem sehr kleinen Schrank zu und fand wieder nichts bis auf Kleidung und Schuhe. Grace hatte keinerlei Vorkehrungen für die bevorstehende Ankunft ihres Babys getroffen; ich fragte mich, ob sie nicht schon, bevor sie es ihrer Tante erzählt hatte, zu dem Schluß gekommen war, daß sie es nicht lange behalten würde. Falls sie überhaupt irgendwelche Pläne gehabt hatte, es zu behalten, dann hatte sie ziemlich lange gewartet, um sich um die entsprechende Ausstattung zu kümmern – außer, natürlich, es fand sich noch etwas in den anderen Zimmern.

Für die ich bislang noch keine Durchsuchungsgenehmigung hatte.

Ich ging wieder die Treppe hinunter und fragte zuerst nach den Briefen, und ohne ein Wort zu sagen, stand Miss Hammond auf, ging auf ihren Stock gestützt quer durch den Raum, öffnete die Schublade einer Anrichte und holte drei Briefe heraus. Sie reichte sie mir und machte sich wieder auf den Weg zurück zu ihrem Sessel.

»Miss Hammond«, fragte ich, »besteht vielleicht die Möglichkeit, daß Grace einige Sachen – Briefe, Papiere, irgendwas in der Art – in einem anderen Zimmer des Hauses aufbewahrt hat?«

»Das ist möglich«, antwortete sie, »aber ich glaube es eigentlich nicht. Suchen Sie nur, wo Sie wollen. Außer in dem Schlafzimmer im Erdgeschoß. Das ist meins, und wenn sie dort etwas aufbewahrt hätte, wüßte ich es. Ich glaube nicht, daß sie viel im Lesezimmer war, aber suchen Sie ruhig, wo Sie wollen. Ich habe keinerlei Geheimnisse in diesem Haus, und falls Grace welche hatte, nun, sie ist tot.«

Im Grunde wußte ich nicht, wonach ich eigentlich suchte. Aber es schien fast so, als ob Grace, anders als viele, wenn nicht die meisten, der anderen Frauen, freiwillig gegangen war, offenbar in der Annahme, daß sie Vorkehrungen für die Adoption traf. Kein sonderlich intelligentes Mädchen, nahm ich an, und bestimmt nicht gebildet; vermutlich war ihr noch nicht einmal klar gewesen, daß es nicht richtig war, Geld – mit wieviel sie auch immer gerechnet hatte – als Gegenleistung für ein Baby nehmen zu wollen –, dessen Ankunft ihr im Augenblick gelinde gesagt ungelegen kam.

Mit ziemlicher Sicherheit hatte sie nicht mit einer der anderen vermißten Frauen gesprochen. Es war höchst unwahrscheinlich, daß sie irgendwelche Mitglieder des Ringes kannte. Hatte sie dann vielleicht eine der Frauen kennengelernt, die ein Baby gekauft hatten? Sie kennengelernt und ihre Spur zurückverfolgt, in der Hoffnung, etwas von dem Kaufpreis abzubekommen, von dem ihre neue Freundin ihr erzählt hatte?

Das klang wenig plausibel, aber andererseits traf das auf jeden Einfall zu, den ich bis jetzt gehabt hatte.

Falls sie wirklich eine derartige Information besessen hatte, war die natürlich am ehesten in ihrer Handtasche. Und ihre Handtasche, falls sie überhaupt noch existierte, war vermutlich an jenem unbekannten Ort, wo sie festgehalten worden war. Aber ich mußte danach suchen. Und das tat ich auch.

Ich will nicht ausschließen, daß mir irgendeine Kleinigkeit entging, etwas, das gezielt versteckt worden war, weil ich nicht das ganze Haus auseinander nehmen wollte, wie ich es bei einer Drogenrazzia getan hätte. Und ich stellte die Sachen wieder zurück an ihren Platz, soweit ich mich daran erinnerte, weil ich nicht wollte, daß Clara Hammond hinter mir herräumen mußte. Daher war die Suchaktion nicht so gründlich, wie ich sie unter anderen Umständen durchgeführt hätte.

Andererseits hatte Grace nichts Illegales versteckt. Grace hatte keinen Grund gehabt, *irgendwas* zu verstecken. Sie hatte nicht damit gerechnet, daß jemand nach etwas suchen würde. Also ging ich davon aus, daß nichts da war, das in irgendeinem Zusammenhang zu ihrer Ermordung stand und von mir übersehen wurde.

Und ich fand tatsächlich nichts. Absolut nichts.

An diesem Punkt standen mir mehrere Möglichkeiten offen. Ich konnte zurück nach Fort Worth fahren und jede Menge Ferngespräche mit Sherman führen. Oder ich konnte mir ein Motel suchen und die örtlichen Telefonleitungen belasten. Oder ich konnte zum Polizeirevier von Sherman fahren und versuchen, meinen Fall dort zu bearbeiten, mitten unter den anderen arbeitenden Beamten. Die hätte das natürlich nicht gestört, aber mich vielleicht.

Oder ich konnte genau das tun, was ich dann schließlich tat, nämlich, mich im Wohnzimmer - wenn man es so nennen will - von Clara Hammonds Haus hinzusetzen und Grace' Liebesbriefe durchzusehen, ihr Adreßbuch und ihren Kalender.

Als ich fertig war, hatte ich die Namen und Adressen all ihrer Freundinnen, und ich wußte, daß 90 Prozent von ihnen entweder nicht zu Hause waren oder nicht ans Telefon gingen. Höchstwahrscheinlich waren sie bei der Arbeit.

Ein Name war darunter, den ich kannte – was mich ziemlich in Erstaunen versetzte –, aber der konnte auch noch warten, bis ich wieder in Fort Worth war.

Aus den Briefen und Kalendereintragungen wußte ich, wann sämtliche Arzttermine von Grace gewesen waren, und ich wußte einiges darüber, was Grace und Tim Richards miteinander im Bett machten. Aber noch immer hatte ich keine Ahnung, wie Grace von diesem Haus zu dem Graben am Nordostrand von Fort Worth gekommen war.

»Miss Hammond«, fragte ich, »wissen Sie, ob Grace irgend jemanden gekannt hat, der ein kleines Baby hatte?«

Miss Hammond lachte auf. »Ms. Ralston«, sagte sie, »Grace hat in einer Kindertagesstätte gearbeitet. Grace hat im *Babyzimmer* der Tagesstätte gearbeitet. Man könnte wohl sagen, daß Grace abgesehen von ihren Schulfreundinnen niemanden kannte, der kein kleines Baby hatte.«

Ich schrieb mir den Namen der Tagesstätte auf – Lambie Pie, was ich furchtbar niedlich fand – und die Adresse und fuhr dorthin. Unterwegs hielt ich kurz an, um mir eine Cola und eine Tüte Kartoffelchips zu kaufen, um meinen Magen zu beruhigen. Ich muß wirklich demnächst mal zum Arzt, sagte ich zu mir.

Die Leiterin, Besitzerin, oder was auch immer, war zunächst ganz und gar nicht bereit, mir die Namen der Frauen zu nennen, die die Tagesstätte frequentierten. Aber wir erörterten die Sachlage, und nach langem Hin und Her war sie schließlich bereit, unter Vorbehalt zuzugeben, daß eigentlich nur zwei Babys jünger waren als sechs Monate und daß sie mir wohl die entsprechenden Namen nennen durfte, wenn ich sie unbedingt wissen wollte.

Ich sah mir die Babys an. Ich sehe mir immer gern Babys an, selbst wenn es in Ausübung meines Berufes geschieht.

Eins des Babys war schwarz; es konnte nichts mit diesem Fall zu tun haben, weil alle entführten Frauen ausnahmslos weiß gewesen waren, aber ich blieb trotzdem bei der Kleinen stehen und redete ein bißchen mit ihr. Sie krähte fröhlich und bewunderte weiter ihre Hände, die sie offensichtlich gerade entdeckt hatte.

Das andere Baby war weiß. Er war ein kleines Püppchen mit blauen Augen und kastanienbraunem Haar, gerade drei Monate alt. Sein Name war Christopher Talliaferro, was »Tolliwer« ausgesprochen wurde, und Mrs. Lamb sagte, daß seine Mutter jeden Augenblick kommen mußte, falls ich warten wollte, und daß sie eine sehr sympathische Frau sei und bestimmt gerne mit mir reden würde, aber daß Grace eigentlich bloß ein paar Tage mit Chris zu tun gehabt hatte, weil sie, nur ein oder zwei Wochen nachdem Ms. Tolliwer ihn zum erstenmal in die Kinderkrippe brachte, gekündigt hatte, und ...

Ich sagte, daß ich im Wagen warten würde; ich wollte ihr keinesfalls im Wege stehen, wenn sie die Babys fertigmachte, bevor sie von ihren Eltern abgeholt wurden.

Sie sagte, ich könne Ms. Tolliwer gar nicht verpassen; sie fahre einen knallroten Camaro.

Ich wartete, und ungefähr 15 Minuten später fuhr Mrs. - oder Miss - oder Ms. - oder was auch immer - Talliaferro in ihrem knallroten Camaro vor. Sie stieg in einem schicken Erfolgreiche-Geschäftsfrau-Kostüm, von dem man nicht meinen sollte, daß man in einem Kaff wie Sherman, Texas, dafür Verwendung hatte, aus ihrem Wagen, und zu meiner Enttäuschung stellte ich fest, daß sie kastanienbraunes Haar und blaue Augen hatte. Adoptivkinder - besonders welche vom Schwarzmarkt - sehen ihren Eltern meist nicht so ähnlich.

Ich stieg aus dem Wagen. »Mrs. Talliaferro?«

Sie wandte sich um. »Ja? Wer sind Sie? Kennen wir uns?«

Aber das war Neugier, nicht Angst. Ich zeigte ihr meinen Ausweis und sagte: »Ich bin Detective Ralston, von der Polizei von Fort Worth. Ich untersuche den Mord an einer Frau, die hier gearbeitet hat, und ich versuche, mit jedem zu sprechen, der Kontakt zu ihr hatte. Hätten Sie einen Augenblick Zeit?«

»Tja, also, ich denke ja. Mord? Wer ist denn ermordet worden?« Sie blickte mich an, und ich sah lebhaftes Interesse, keine Angst. Überhaupt keine Angst. Falls sie gerade ein Schwarzmarkt-Baby gekauft hatte, sollte sie eigentlich Angst haben, wenn die Polizei sie anspricht.

»Grace Hammond. Sie hat früher -«

»Ach ja, sie hat im Babyzimmer gearbeitet. Die Gute, sie ist so dick geworden; ich weiß genau, wie sie sich gefühlt hat. Ich war auch ein richtiger *Ballon*, bevor Chris kam. Wie kann ich Ihnen helfen? Ermordet? Sie ist *ermordet* worden? Mein Gott, das war doch nicht etwa sie, die man da im Graben gefunden hat, war das *Grace*? Das ist ja *schrecklich*! Meine Güte, wenn ich das Rory erzähle, der fällt aus allen Wolken!« Sie legte die Hand vor den Mund. »Verzeihen Sie. Ich rede die ganze Zeit. Was möchten Sie wissen?«

Mittlerweile wollte ich gar nichts mehr wissen; sie hatte bereits jede erdenkliche Frage beantwortet. Aber ich überlegte kurz und fragte dann lahm: »Haben Sie sie gesehen, seit sie in der Kinderkrippe aufgehört hat?«

»Oh, nein, hätte ich das, hätte ich bestimmt ein paar Worte mit ihr gewechselt, sie war so lieb zu Chris und –«

»Als Sie sie das letzte Mal gesehen haben, hat sie da vielleicht erwähnt, daß sie die Absicht hatte, nach Fort Worth zu gehen?«

»Oh, nein, sie hat mir einfach Chris übergeben, mit seinen Sachen zum Wechseln, und –«

»Danke, Mrs. Talliaferro, das war's schon.«

Ich ging. Schnell. Bevor sie mit einem weiteren Sprech-Marathon loslegen konnte.

Immer wenn ich in Sherman bin, versuche ich, mir die Zeit zu nehmen, bei Ashburn's ein Eis zu essen. Das ist Shermans erste Eisdiele am Platze, und dort gibt es mit das beste Eis, das ich je gegessen habe. Dort fuhr ich nun hin und wollte noch ein wenig nachdenken, während ich wartete; ich verstand gar nicht, warum ich derart hungrig war, aber ein Becher Eis würde mich wohl aufrecht halten, bis ich wieder in Fort Worth war.

Ich setzte mich mit meinem Eis und sah auf die Uhr. Kein Wunder, daß ich so hungrig war; es war halb sieben, und ich hatte mir keine Zeit fürs Mittagessen genommen. Ich hatte sogar regelrecht vergessen, zu Mittag zu essen, und außerdem hatte ich mein geplantes Gespräch mit Chief Ellis noch nicht geführt.

Ich dachte so etwas in der Art wie: »Ach, zum Teufel«, rief Harry an und fragte ihn, ob er eine Nacht ohne mich zurechtkäme. Er fragte mich traurig, ob ich ihn für einen absoluten Trottel hielte, und teilte mir mit, daß er mit Becky und Hal in einem Schnellrestaurant zu Abend gegessen hatte und daß er Hal Geld gegeben hatte, damit er in der Schule frühstücken konnte. Das ist nichts Ungewöhnliches. Hal frühstückt mindestens die Hälfte der Zeit in der Schule.

Ich rief Captain Millner an, der – wie ich erwartet hatte – noch im Büro war und leicht ungeduldig auf meinen Bericht wartete. Ich sagte ihm, daß ich über Nacht in Sherman bleiben würde. Er sagte, ich sollte unbedingt alle Quittungen verwahren, und fragte mich, ob ich etwas Bestimmtes verfolge. »Ich glaube nicht«, entgegnete ich.

»Warum bleiben Sie dann über Nacht in Sherman?«

»Weil ich hier noch nicht alles erledigt habe.«

Er sagte, das sei wohl in Ordnung.

Ich rief das Polizeirevier in Sherman an. Chief Ellis war nicht da, aber er hatte eine Nachricht für mich hinterlassen; ich sollte zu ihm nach Hause kommen, falls ich nicht schon wieder auf dem Weg nach Fort Worth war.

Ich hatte so das Gefühl, daß er mir anbieten würde, dort zu übernachten, ganz züchtig natürlich, bei ihm und seiner Frau. Ich wollte das nicht - in Häusern, die ich nicht kenne, fühle ich mich unwohl -, deshalb nahm ich mir vorsichtshalber ein Zimmer im Holiday Inn, bevor ich zu ihm fuhr. Einer Einladung zum Abendessen konnte ich nicht ausweichen, aber das war in Ordnung; Mrs. Ellis war eine intelligente, fröhliche Frau, groß und dünn, aber obendrein noch eine gute Köchin, die über die Fälle ihres Mannes auf dem laufenden war.

Ich sagte ihm, daß ich vermutlich einiges wiederholen würde, was seine Leute bereits bearbeitet hatten, und er sagte, das mache nichts. Dann fügte er hinzu: »Eigentlich glaube ich das auch gar nicht. Schließlich hatten wir keinerlei Vorstellung, warum sie verschwunden war. Und Sie haben eine.«

Ich verriet ihm nicht, daß dem eigentlich überhaupt nicht so war. Ich verriet ihm nicht, daß ich vorläufig kaum mehr tat, als einer Ahnung zu folgen. Aber Ahnung oder nicht, es sah immer besser aus.

Nach dem Abendessen gelang es mir, mich zu verabschieden und ins Holiday Inn zurückzufahren, wo ich mich mit Grace' Telefonbuch hinsetzte und wieder versuchte, die Leute anzurufen, die Grace gekannt hatte.

Diesmal hatte ich bei den meisten Nummern Erfolg. Ich hatte mir zurechtgelegt, was ich sagen wollte: Ich untersuchte Grace' Tod - wir nahmen an, daß es vermutlich ein irrer Massenmörder gewesen war, aber wir mußten alle Eventualitäten in Erwägung ziehen - es bestand die Möglichkeit des Selbstmordes - war sie wegen des Babys verzweifelt gewesen - wissen Sie, wie sie auf die Babys anderer reagiert hat - haben Sie selbst ein Baby? Das war das erste, was ich im Grunde wissen wollte.

Die meisten, mit denen ich sprach, hatten keine Babys. Bei den zwei, die welche hatten, fragte ich weiter: Hatten Sie den Eindruck, daß Grace der Gedanke an die Geburt angst machte? Hat Grace Sie im Krankenhaus besucht?

Grace hatte offenbar sehr gern Besuche im Krankenhaus gemacht. Und ja, sie hatte ihre Freundinnen im Krankenhaus besucht. Wodurch ich erfuhr, daß ihre Freundinnen im Krankenhaus gewesen waren, was das zweite war, was ich im Grunde wissen wollte.

In dem Telefonbuch waren vier Namen von Frauen, die anscheinend nicht mehr in Sherman wohnten. Claudia Reynolds, Carolyn Sullivan, Jackie Patten und Sue Hudson. Neben Claudias und Sues Telefonnummer standen neue Adressen; Claudia war nach Denton gezogen und Sue nach Fort Worth. Ich schlug jede Vorsicht und den Gedanken an die Telefonrechnung in den Wind – die Rechnung würde zusammen mit der übrigen Motelrechnung von meiner Visacard abgebucht werden, aber letztlich würde die Stadt Fort Worth sie bezahlen – und rief sie an, um erneut dieselbe Masche abzuziehen.

Claudia hatte kein Baby. Sue sagte: »Na hören Sie mal, ›ein Baby‹, ich bin doch noch nicht mal verheiratet.« Dann kicherte sie. »Na ja, ich weiß, die meisten finden das heute nicht mehr nötig, aber als ich noch klein war, habe ich meine Mutter gefragt, ob man ein Baby bekommen könnte, ohne verheiratet zu sein, und sie hat gesagt, ja, aber das ist nicht anständig. Tja, so gesehen bin ich wohl anständig, okay? Tut mir leid, daß ich Ihnen nicht weiterhelfen kann, Mrs. Ralston.«

Bei den beiden anderen Nummern konnte ich weniger in Erfahrung bringen; eine Stimme vom Band verkündete lediglich: »Kein Anschluß unter dieser Nummer.«

Ich dachte mir, daß ich im Moment nicht mehr erreichen konnte, und beschloß, bis morgen zu warten und Ellis zu bitten, mit mir zusammenzuarbeiten – wir würden mit den Nachbarn sprechen und versuchen herauszufinden, wo diese Leute hingezogen waren.

Und dann nahm ich die Zeitung zur Hand, die ich auf dem Weg in mein Zimmer gekauft hatte, machte eine Cola auf und setzte mich hin, um zu lesen. Bei der Lektüre der Titelgeschichte erstarrte ich:

»Bilderbuch-Selbstmord« war doch Mord

Houston (AP) – Zwei Detectives ist es nach über fünf Jahren gelungen, die Behörden davon zu überzeugen, daß eine Frau aus Louisiana sich nicht selbst getötet hat, sondern daß ihr ohne ihr Wissen von drei Personen, die ihr Baby verkaufen wollten, eine Überdosis Barbiturate verabreicht wurde.

Ich las die Geschichte durch und gratulierte im Geiste den beiden Detectives aus Houston für ihre Entschlossenheit, ihren Scharfsinn und ihre Hartnäckigkeit, und dann lehnte ich mich zurück und ließ die Zeitung sinken. Nein, das hatte natürlich nichts mit meinem Fall zu tun. Das war ein Fall aus Houston, und die Tatverdächtigen schienen ursprünglich von New Orleans aus zu arbeiten. Aber er bestätigte mir, daß ich recht damit hatte - wie schon Harry eingeräumt hatte -, daß alles, wofür Menschen bereit sind, viel Geld zu bezahlen, von jemand anderem beschafft wird, auch wenn er dafür töten muß.

Meine Theorie sah immer besser aus. Nein, das durfte ich nicht sagen. Sie war mies; die Vorstellung, daß solche Menschen irgendwo herumliefen, war zutiefst deprimierend. Aber die Theorie sah immer überzeugender aus.

Ich ging schlafen und träumte von toten Frauen, die noch im Tode versuchten, ihre Babys zu schützen ...

Ich schlief alles andere als gut. Aber das geht mir schließlich in fremden Betten immer so.

Kapitel 8

Ellis war mit mir einer Meinung, daß wir herausfinden sollten, wo Carolyn Sullivan und Jackie Patten hingezogen waren. Mir war reichlich spät in den Sinn gekommen, daß eine Frau, die zuvor nicht schwanger gewesen ist und plötzlich mit einem Baby auftaucht, von Freunden und Bekannten mit Fragen bombardiert wird, die schwer zu beantworten sind, wenn sie ihnen keine Adoptionspapiere zeigen kann. Es wäre einfacher, wegzuziehen und dann später mit der fröhlichen Behauptung wieder aufzutauchen: »Ach, ihr habt das bloß nicht gemerkt - ich bin nicht besonders dick geworden.«

Aber wenn ein raffinierter Anwalt mit in der Sache drinsteckte, wäre es vielleicht nicht sonderlich schwer, an Adoptionspapiere zu kommen.

Glücklicherweise standen in Grace' Adreßbüchlein nicht nur Telefonnummern, sondern auch Adressen. Carolyn Sullivan wohnte auf der Crockett Street; wir beschlossen, es zuerst bei ihr zu versuchen, und zwar lediglich aus dem Grund, weil es näher war. Außerdem war es, so stellten wir fest, einfacher: Carolyn Sullivan hatte bei ihren Eltern gewohnt - oder fast bei ihren Eltern. Sie hatten den Dachboden zu einer kleinen Wohnung für sie ausgebaut, und sie hatte einen eigenen Telefonanschluß gehabt. Ihre Mutter war zu Hause. Carolyn war nach Denison gezogen. Nein, Carolyn war nicht verheiratet, und sie hatte keine Kinder, und Mrs. Sullivan konnte sich nicht erklären, wieso wir das fragten. Und nein, Carolyn und Grace waren ohnehin nicht besonders eng befreundet, sie waren bloß auf der High-School in derselben Klasse gewesen - bevor Grace von der Schule abging -, und Carolyn war Klassensprecherin gewesen, und wahrscheinlich hatte Grace sie anrufen müssen, weil sie ...

Wir fuhren weiter und versuchten, Jackie Patten zu finden.

Es war ein kleines Holzhaus mit einer Veranda davor und einem umzäunten Garten dahinter. Vorne stand ein Dattelpflaumenbaum, dessen Früchte verführerisch unschuldig aussahen. Ich lachte. »Ich habe mal im September in eine reingebissen und konnte danach zwei Stunden nicht sprechen.«

Ellis grinste und blickte nach oben in den Baum. »Das kenne ich. Vor dem ersten Frost sind die ungenießbar.«

»Und auch danach, wenn Sie mich fragen«, sagte ich. Wir warfen einen Blick in den Garten, sahen eine Hundehütte, einen Grill und einen Picknicktisch. Komisch, daß die Pattens diese Sachen bei ihrem Auszug nicht mitgenommen hatten, falls sie nicht zum Haus gehörten. Aber sie hatten sie zweifellos nicht mitgenommen, und sie waren zweifellos ausgezogen - vor dem Haus wucherte das Unkraut, und an einen Pfosten der Veranda war ein Schild genagelt, auf dem ZU VERMIETEN stand - ohne Angabe einer Telefonnummer.

Wir gingen zu dem Haus rechter Hand, aber es war niemand da.

In dem Haus linker Hand wohnte ein alter Mann, der, wie er uns erzählte, früher bei der Eisenbahn gearbeitet hatte. Er trug noch immer Eisenbahnerstiefel, und quer über seine rundliche Mittelpartie hing eine Uhrkette. Sein rotbackiges Gesicht strahlte, seine blauen Augen funkelten, und seine spärlichen weißen Haare wehten im Luftzug, den ein elektrischer Ventilator erzeugte. Ja, so sagte er uns, er kannte die Pattens - Jackie und Nick. Sie hatten ein paar Jahre dort gewohnt, mit einem großen Hund namens Roger, bloß Roger war letzten Winter gestorben, und er nahm an, daß sie die Hundehütte deshalb dagelassen hatten. Ja, sie hatten so um März oder April rum ein Baby adoptiert, meinte er; jedenfalls war es im Frühjahr.

Nein, er wußte nicht, wo sie hingezogen waren; wahrscheinlich würde er zu Weihnachten eine Karte von ihnen bekommen, aber ansonsten ...

Das Haus gehörte Polly Kittles. Nein, er wußte ihre Adresse nicht. Nein, er wußte ihre Telefonnummer nicht. Sie ging in die Baptistenkirche und war früher mit seiner Frau, Gott hab' sie selig, befreundet und er kannte sie vom Sehen, aber mehr wußte er nicht.

Und er hoffte bloß, daß die Pattens nicht in Schwierigkeiten steckten, das waren friedliche Leute, blieben viel für sich, wie man so sagt, aber die arme Ms. Patten, sie war so unglücklich, sie hatte drei Fehlgeburten gehabt, und sie war so oft im Krankenhaus gewesen, und ...

Ellis und ich sahen einander an, und ich erklärte dem pensionierten Eisenbahner, daß die Pattens nicht in Schwierigkeiten steckten. Wir müßten uns nur mit ihnen unterhalten, mehr nicht.

Wir gingen in ein 7-Eleven und sahen unter Kittles im Telefonbuch nach. Der einzige Eintrag, den wir fanden, war ein George Kittles; Ellis meinte, das könnte der richtige sein, und wir wählten die Nummer. Polly Kittles war zu Hause und sagte, sie würde gerne mit uns sprechen.

Polly Kittles wohnte in einem Haus, das sich nicht sehr von dem unterschied, das sie an die Pattens vermietet hatte. Es hatte einen stahlblauen Teppichboden, ein ramponiertes braunes Sofa und zwei Fernsehsessel von unbestimmbarer Farbe, unbestimmbar aufgrund der gehäkelten Decken, die über sie gebreitet waren. Sie hatte einen kleinen Küchentisch vor das große Wohnzimmerfenster geschoben, und ein Teil der Klimaanlage ragte auf den Tisch, der ansonsten mit Zeitschriften, Briefen, Rechnungen und etliche Monate alten Postsendungen überhäuft war. Zwei große schwarze Katzen strichen im Wohnzimmer herum; sie waren fast doppelt so groß wie meine Katze, und ich fragte, was sie für eine Rasse seien. »Och, das sind einfach Katzen«, sagte sie und streichelte eine von ihnen.

Sie schnurrte nicht, und sie miaute nicht. Sie schlenderte einfach lässig von dannen, dicht gefolgt von der anderen.

»So, was kann ich denn nun für Sie tun?« fragte sie und schob dann noch den unvermeidlichen Kommentar hinterher: »Sie sehen aber gar nicht wie eine Polizistin aus.«

Ich konnte mich nicht mehr länger beherrschen. »Wie«, fragte ich, »sieht denn eine Polizistin aus?«

»Ach, Sie wissen schon«, sagte sie vage, war aber glücklicherweise nicht beleidigt. »Sie wollten etwas über die Pattens wissen, haben Sie gesagt?«

»Das stimmt, Ms. Kittles«, antwortete Ellis. »Wissen Sie, die beiden waren mit Mary Grace Hammond bekannt, und wir versuchen, mit all ihren Freunden zu sprechen – Sie wissen doch, daß Mary Grace nach Fort Worth gegangen und dort ermordet worden ist, oder?«

Das brachte sie richtig ins Plaudern; es dauerte einige Minuten, bis Ellis sie wieder zurück zu den Pattens bringen konnte. Ich blieb still. Zwischen Fort Worth und den kleinen Städten im Norden und Süden besteht ein großer Unterschied, und ich dachte mir, daß Ellis sein Volk wesentlich besser kannte als ich. Außerdem war ich so übermüdet, daß ich, wenn ich nicht aufpaßte, bestimmt jemanden verärgern würde, und auf diese Art verliert man leicht einen kooperativen Zeugen.

Aber es brachte nicht viel. Alles in allem erfuhren wir lediglich, daß Mrs. Kittles nicht wußte, wo die Pattens hingezogen waren. Es hatte ihr leid getan, sie zu verlieren; sie waren gute Mieter gewesen, und seither hatte sie das Haus nicht mehr vermietet. Sie hatten ihr gesagt, daß Nick eine gute Arbeitsstelle angeboten bekommen habe und daß sie sofort ausziehen müßten, sie hätten noch keine neue Anschrift und würden ihr Bescheid geben, sobald sie eine hatten – nein, er hatte nicht erwähnt, in welche Stadt, aber – nein, sie hatten ihr die neue Anschrift nicht mitgeteilt ...

Kaution? Ja, sie schuldete ihnen 75 Dollar Kaution, und sie hatte sie sogar selbst daran erinnert, und Nick hatte gesagt: »Spenden Sie sie dem Roten Kreuz.«

Ja, *selbstverständlich* hatte sie das getan. Und sie hatte die Quittung verwahrt, damit sie sie ihnen schicken konnte, sobald sie die neue Adresse wußte. Und nein, sie hatte doch schon gesagt, daß sie nicht wußte, in welche Stadt ...

Arbeit? Tja, er hatte in einer Wurstfabrik gearbeitet, seit er aus der Armee entlassen wurde, aber da hatte er natürlich aufgehört.

Wir riefen in der Wurstfabrik an.

Er hatte nicht einfach bloß aufgehört, er hatte sogar aufgehört, ohne zu kündigen, und ja, wenn die Polizei mit jemandem aus der Personalabteilung sprechen wollte, wären sie gern bereit, uns behilflich zu sein.

Wir trafen uns mit einer Dorothy Gordon von der Personalabteilung, die sich zuerst vorschriftsmäßig unsere Ausweise zeigen ließ, bevor sie einen Ordner hervorholte, auf dem ein blaues Etikett mit der maschinengeschriebenen Aufschrift »PATTEN, Nicholas T.« klebte.

»Wie ich Ihnen schon am Telefon gesagt habe«, sagte Dorothy Gordon, die mich nicht darauf hingewiesen hatte, daß ich nicht wie eine Polizistin aussah, »hat Mr. Patten praktisch ohne zu kündigen bei uns aufgehört. Er hat seinem Vorgesetzten erklärt, er habe eine viel bessere Stelle in Arlington angeboten bekommen und würde sofort gehen; er hat sich dafür entschuldigt, daß er so abrupt ging, aber er hat gesagt, eine der Bedingungen für das Angebot lautete, daß er sofort dort anfing.«

»Haben Sie eine Nachsendeadresse, Ms. Gordon?« fragte ich.

»Mrs., aber nennen Sie mich einfach Dorothy. Nein, er hat uns keine dagelassen. Er hat gesagt, er habe noch keine Adresse und würde uns schreiben, sobald er eine habe. Er hatte natürlich noch Lohn zu bekommen, und tatsächlich . . . Ja. Wir haben den Scheck an seine alte Anschrift geschickt, und der ist zurückgekommen, mit dem Stempel EMPFÄNGER UNBEKANNT VERZOGEN. Das ist wirklich kaum zu erklären, wissen Sie; er hat fünf Jahre bei uns gearbeitet, und er war ein sehr zuverlässiger Mitarbeiter; er hat sogar, warten Sie, nein, er hat sogar in der ganzen Zeit keinen einzigen Tag krank gefeiert.«

»Wann ist er gegangen, Dorothy?« fragte ich.

»Hmm, da muß ich nachsehen . . . September . . . ja, es war der 3. September.«

Der 3. September. Derselbe Tag, an dem Grace verschwand. Das könnte Zufall sein, oder es könnte – etwas anderes sein als bloßer Zufall. Und natürlich waren sie vielleicht gar nicht nach Arlington gezogen. Das könnte durchaus ein Ablenkungsmanöver für den neugierigen Boß gewesen sein.

Ich fragte, ob die Firma eine Kreditgenossenschaft habe, und erfuhr, daß dem so war.

Wir bekamen noch andere möglicherweise hilfreiche Informationen – hauptsächlich Namen und Adressen von Verwandten – und gingen.

»Von der Kreditgenossenschaft werden wir überhaupt nichts erfahren«, sagte Ellis, und ich stimmte ihm zu. Aber mittlerweile hoffte ich, genug in der Hand zu haben, um eine richterliche Verfügung zu bekommen, daß uns die Akten offengelegt werden mußten.

Der Richter sagte, das hätte ich nicht.

Es gab also keine Möglichkeit festzustellen, ob die Pattens ein Sparkonto gehabt hatten, und wenn ja, ob dort in letzter Zeit größere Beträge abgehoben worden waren. Es gab also keine Möglichkeit, das festzustellen . . .

Wir fuhren zur Kreditgenossenschaft, in der Hoffnung, vielleicht doch etwas in Erfahrung zu bringen. Ohne zu lügen, vermittelte Ellis einer Angestellten dort behutsam und geschickt den Eindruck, daß die Pattens als vermißt gemeldet worden waren, und sie kam uns so weit entgegen, daß sie uns vorsichtig mitteilte, sie sei sicher, den Pattens ginge es gut, da sie kürzlich in Arlington etliche Schecks ausgestellt hatten.

Arlington. Okay, das war ein Anfang. Vielleicht waren sie wirklich nach Arlington gezogen.

Ich hatte so ziemlich alles getan, was ich in Sherman tun konnte. Ich setzte Ellis vor seinem Büro ab, hielt kurz bei einem McDonald's an, um mir einen Hamburger zu kaufen, und fuhr dann nach Hause. Während der Fahrt dachte ich über den einen Namen aus Grace' Adreßbuch nach, den ich gekannt hatte. Dr. Frank Kirk. Der eine Abtreibungspraxis in Fort Worth, Texas, betrieb. Ich hatte das dringende Bedürfnis, mich noch mal mit Dr. Frank Kirk zu unterhalten.

Im Büro des Sonderdezernats saßen drei Streifenpolizisten, die ich noch nie gesehen hatte, und fingerten mürrisch an den neu installierten Computerterminals herum. Man sagte mir, daß es im letzten Jahr in Tarrant County 17 672 amtlich registrierte Geburten gegeben hatte. Das Material stammte von nicht weniger als 30 verschiedenen Meldeämtern. Doch 13 552 Geburten waren auf Ämtern erfaßt worden, die eigene Computerbänder hatten, so daß unsere Computerleute lediglich diese Bänder in ein Programm einlesen mußten, das Roddy entwickelt hatte. Damit blieben nur noch 6000, die manuell eingegeben werden mußten. Was längst nicht so schlimm war, wie wir erwartet hatten.

Dennoch schienen meine ausgeliehenen Streifenpolizisten nicht gerade einen Narren an mir gefressen zu haben.

Ich drückte mich an den Streifenpolizisten vorbei an meinen nahezu unzugänglichen Schreibtisch und sah nach, ob irgendwelche Nachrichten für mich da waren. De Ridder, Louisiana, teilte mit, Grace Carstairs sei zu Hause und bei bester Gesundheit und ob ich mit ihr sprechen müßte?

Mittlerweile hatte ich fast vergessen, je nach Grace Carstairs gesucht zu haben.

Mrs. Murray bedankte sich für meine Hilfe und war über die Rücksichtslosigkeit ihrer Tochter empört.

Das war nett von Mrs. Murray.

Frank Kirk bat um 8:01 um meinen Rückruf.

Frank Kirk bat um 9:20 um meinen Rückruf.

Frank Kirk bat um 13:26 um meinen Rückruf.

Das war interessant, fand ich und rief die Nummer an, die er hinterlassen hatte und die sich als die des kleinen Privatkrankenhauses in der Nähe seiner Praxis entpuppte. Frank Kirk operiere gerade, sagte man mir am Empfang. Ich bat, ihm die Nachricht zu hinterlassen, daß ich mich gegen zwanzig nach vier mit ihm im Krankenhaus treffen wolle.

»Also, was hat er gewollt?« fragte Captain Millner. Er war unbemerkt hereingekommen, während ich telefonierte.

Ich zuckte die Achseln. »Ich sage Ihnen Bescheid, wenn ich Bescheid weiß.«

Millner sah zu den Streifenpolizisten hinüber. »Was soll das Ganze?« fragte er eher resigniert als neugierig.

Ich sagte ihm, es sei ein Angelausflug, und er nickte. Es ist eine Tatsache, daß Detectives manchmal Angelausflüge machen, und für gewöhnlich wissen sie nicht, wonach sie angeln, bis sie sehen, was da an die Oberfläche gelangt.

Die Bänder waren eingegeben worden, während ich in Sherman war, so erfuhr ich, und cirka ein Viertel aller manuellen Eingaben war bereits erledigt. Ich rief Roddy an und fragte ihn, ob er das, was schon drin war, sortieren könne, und er sagte, er könnte, wenn ich die Ausdrucke abholen käme. Eigentlich wollte ich nicht mit einem Stapel Computerausdrucke durch halb Fort Worth spazieren, besonders angesichts ihres Formats, aber andererseits wollte ich die Informationen. Ich sagte Roddy, daß ich die Ausdrucke holen kommen würde.

Und ich war nicht sonderlich überrascht, als ich bei der Durchsicht der Namen der Eltern fast augenblicklich ins Schwarze traf.

Jackie Patten, die, wie jeder beschwor, mit dem wir gesprochen hatten, nie ein Kind hatte austragen können – die, wie man uns gesagt hatte, schließlich aufgegeben und im letzten März ein Baby adoptiert hatte – hatte nach der Bevölkerungsstatistik von Tarrant County ein Baby geboren.

Jacqueline Marie Patten und Nicholas Timothy Patten waren am 7. März Eltern eines 3635 g schweren Jungen geworden. Das Baby war von einer Hebamme namens Rachel Strada auf die Welt geholt worden.

Arlington – offensichtlich waren sie nach Arlington gezogen. Wahrscheinlich konnten wir sie über die Rechnungen der Stadtwerke ausfindig machen, außer sie waren in eine Wohnung gezogen, bei der die Nebenkosten über die Vermieter liefen.

Aber es hatte wenig Zweck, die entsprechenden Stellen jetzt anzurufen; es war nach vier, und Captain Millner wanderte über die Gänge und rief: »Tagschicht, raus hier!«

* * *

Wir saßen im Aufenthaltsraum der Ärzte. Kirk hatte eine Tasse Kaffee vor sich, und ich trank eine Cola. »Es war der Name«, sagte er. »Als er heute morgen in der Zeitung stand, fiel es mir wieder ein. Damals - ach, irgendwann im Frühjahr, März, April vielleicht, hat eine Mary Grace Hammond bei mir angerufen und einen Termin vereinbart. Sie hat nicht abgesagt, und sie ist auch nicht gekommen. Eine Woche später hat sie wieder angerufen, mit demselben Ergebnis, und eine Woche danach noch einmal. Sie rief dann noch mal an; Hazel hat mich gefragt, ob ich den Termin machen wollte oder nicht, und ich habe gesagt, klar würde ich sie mir ansehen, wenn sie käme. Und diesmal kam sie dann.«

»Und?«

»Tja - ich behandle Patientinnen, nicht bloß Unterleiber, wenn Sie verstehen, was ich meine.«

Ich nickte. Ich verstand haargenau, was er meinte. Jede Frau, die schon reichlich Erfahrung mit Militärärzten gesammelt hat, weiß genau, was er meint.

»Ich bin mit ihr in mein Büro gegangen«, fuhr er fort, »und habe mich mit ihr zusammengesetzt. Okay, zunächst einmal war mir schon beim ersten Hinsehen klar, daß sie Mitte des vierten, vielleicht sogar im fünften Monat war, und es ist mir egal, wie das Gesetz lautet, mit fünf Monaten hat man einen potentiell lebensfähigen Fötus, und es ist verdammt noch mal zu spät, um noch an Abtreibung zu denken. Ich habe verflucht hart dafür gekämpft, Fünfmonatsföten zu *retten*. Ein paarmal habe ich's geschafft. Nicht oft. Aber - egal, außerdem war sie ein Kind, verhielt sich noch kindlicher, als man es ihrem Alter nach erwartet hätte. Und sie war - unentschlossen. Sie wußte nicht, was sie wollte. Sie wollte eine Abtreibung, dann wollte sie doch keine Abtreibung, sie wollte das Baby nicht bekommen, dann wollte sie das Baby doch bekommen, aber sie wußte nicht, wie sie es versorgen sollte. Ich habe ihr gesagt, daß sie nicht mich brauchte, sondern einen Psychologen oder Psychiater, der ihr helfen würde, sich über ihre Gefühle klarzuwerden, und ich habe ihr angeboten, ihr jemanden zu empfehlen, der nicht sehr teuer ist. Ich habe ihr gesagt, daß sie, so wie sie redete und sich verhielt, nicht in der Lage sein würde, das emotionale Trauma zu verkraften, falls sie jemanden fände, der eine Abtreibung vornähme, und lassen Sie sich nichts vormachen, es gibt dieses emotionale Trauma. Also ist sie gegangen und nicht wiedergekommen. Das ist das letzte, was ich von ihr gehört habe.«

»Und das wollten Sie mir erzählen?«

»Nicht nur das. Sie – hat mich gefragt, ob ich jemanden finden könnte, der ihr Baby kaufen würde. Ich habe ihr gesagt, daß das illegal ist; ich habe ihr gesagt, daß ich vielleicht einen Anwalt einschalten könnte und wir jemanden finden könnten, der ihre Arztrechnungen im Gegenzug für eine Adoption übernehmen würde, aber mehr wäre nicht möglich. Und sie hat mir erzählt, daß eine ihrer Freundinnen für 10000 Dollar ein Baby gekauft hat – daß sie jahrelang dafür gespart hatte – und sie, ich meine Grace, hat gesagt, daß ihr 10000 Dollar wirklich helfen würden. Ich habe versucht, sie zur Vernunft zu bringen. Als das nicht funktionierte, habe ich sie gefragt, ob sie wüßte, wo ihre Freundin das Baby gekauft hat, und sie hat gesagt, sie könnte sich nicht mehr erinnern, aber sie wollte sich erkundigen und es mir dann schreiben.«

»Und hat sie?«

Er schüttelte den Kopf. »Ich habe nie wieder von ihr gehört. Ein paarmal habe ich noch daran gedacht. Aber dann kamen diese ganzen Geschichten über verkaufte mexikanische Babys in die Zeitungen, und ich habe mir überlegt, daß sie wohl davon geredet hatte, und ich habe einfach – na ja, ich habe es wohl einfach vergessen, bis jetzt.«

Halb zu mir selbst sagte ich: »Ich habe mir so was gedacht. Die meisten von den anderen, wenn nicht alle, sind entführt worden, aber Grace – die arme Kleine – ist absichtlich hineingetappt.«

»Unwissenheit ist heilbar«, sagte Kirk. »Dummheit nicht. Es tut mir leid, ich muß nach einer Patientin sehen.«

»Falls Sie noch etwas hören –«

»Rufe ich Sie an. Ja. Aber rechnen Sie nicht damit.«

Ich fuhr nach Hause und machte Hackbraten mit grünen Bohnen und Ofenkartoffeln und Salat für meine liebe Familie, und ich ging sehr früh mit dem Gedanken zu Bett, daß ich nach der Arbeit am Donnerstag – morgen, ich wußte schon fast nicht mehr, welchen Tag wir hatten – unbedingt Lebensmittel einkaufen mußte, vorausgesetzt, ich konnte meinen Magen davon überzeugen, sich lange genug zusammenzureißen.

Das erinnerte mich an etwas anderes. Ich kroch aus dem Bett und stopfte das Tagametfläschchen in meine Handtasche, damit ich nicht vergaß, die Apotheke anzurufen, um es auffüllen zu lassen.

Am Donnerstag morgen rief ich in Arlington an und wurde mit Detective Kathy Stein verbunden, die mir versicherte, daß ich nicht extra nach Arlington kommen mußte; sie würde versuchen, die Pattens für mich aufzutreiben. Das war eine große Hilfe; nun konnte ich mich auf die Suche nach Rachel Strada machen.

Und da stand ich plötzlich wieder vor einer Wand.

Es gab keine Rachel Strada im Telefonbuch - ich sah in dem von Fort Worth, Arlington, Hurst, den umliegenden Städten nach - ich sah einfach überall nach, doch nirgends eine Rachel Strada. Ich rief die Auskunft an, und auch die hatten keine Rachel Strada.

Ich fluchte - leise - und schnappte mir erneut das Telefonbuch, um die Medizinische Gesellschaft von Tarrant County anzurufen.

Und da stand ich plötzlich wieder vor einer Wand. Die Sekretärin teilte mir traurigerweise mit, daß die Medizinische Gesellschaft von Tarrant County überhaupt keine Informationen zu Hebammen habe. Keine einzige.

Allerdings verriet sie mir widerstrebend die Telefonnummer der Ärztekammer des Staates Texas in Austin. Vielleicht könne man mir dort weiterhelfen, sagte sie nicht sonderlich hilfsbereit.

Ich rief die Ärztekammer des Staates Texas in Austin an. Die Sekretärin, mit der ich sprach, sagte, bei Hebammen kenne sie sich nicht gut aus, weil die nicht durch diese Zulassungsbehörde gingen, sie wußte aber, daß sie eigentlich keine Zulassung brauchen, keine richtige, und daß ich wohl besser mit dem Anwalt, Mr. Martinez, sprechen sollte. Sie stellte mich durch.

Mr. Martinez erklärte mir, daß Hebammen keine richtige Zulassung brauchen, aber eine Art Diplom. Sie legen beim Gesundheitsamt (dem Gesundheitsamt des Staates Texas, nicht bei denen der Counties, wie er auf Nachfrage erklärte) eine Prüfung ab, und wenn sie die bestanden haben, bekommen sie ein Diplom, in dem bestätigt wird, daß sie die Prüfung erfolgreich absolviert haben.

»Müssen sie die vielleicht jährlich wiederholen oder so?« fragte ich.

»Hm, das weiß ich nicht«, entgegnete Mr. Martinez und verwies mich auf die *Vernon's Texas Statutes 45121.* Zivilrecht, fügte er hinzu.

Ich schlug nicht in den *Vernon's Texas Statutes* nach. Dort würde ich nicht das erfahren, was ich wissen mußte, nämlich ob irgendeine Behörde - des Bundes, des Staates oder der Kommunalverwaltung - eine Anschriftenkartei der Hebammen führte.

Mr. Martinez erwähnte noch etwas Interessantes. Er sagte, daß Texas viele Laienhebammen habe - keine medizinisch ausgebildeten Leute -, und solange sie die Prüfung bestanden und nicht anfingen, ärztlich zu praktizieren, machte sich niemand Gedanken darüber, was sie da trieben.

Ich hatte immer geglaubt, Babys auf die Welt zu holen wäre ärztliches Praktizieren. Offensichtlich ist der Staat Texas, zumindest derzeit, da anderer Meinung als ich.

Ich rief das Gesundheitsamt des Staates Texas an. Die Sekretärin sagte, oh, da müßte ich mit Mrs. Dubs sprechen, und sie würde mich durchstellen. Sie stellte mich durch. Mrs. Dubs' Sekretärin sagte, da müßte ich mit Miss Jones sprechen.

Wieder eine Wand. Miss Jones war an diesem Tag nicht im Hause, und ihre Sekretärin war krank, und ansonsten kam niemand in Frage, der mir weiterhelfen könnte, es tat ihnen leid, aber so war es nun mal, und sie würden dafür sorgen, daß mich morgen jemand zurückrief. Morgen ganz bestimmt, hundertprozentig.

Ich sagte »Ach zum Teufel« und sagte Gary Hollister, der, wie ich schon erwähnt habe, zumindest offiziell mein Vorgesetzter ist, daß ich mir einen halben Tag frei nehmen würde. Ich sagte, daß ich der Meinung sei, ich hätte es verdient. Gary sagte, das sei eine prima Idee, denn sonst bekäme er Schwierigkeiten, wenn er meine ganzen Überstunden einreichen müßte.

Ich eilte zur Apotheke, wo mir der Apotheker freundlich mitteilte, daß er mein Tagametfläschchen unmöglich auf das alte Rezept auffüllen könnte. »Wieso nicht?« wollte ich wissen. »Hier steht doch ausdrücklich, drei Nachfüllungen.«

»Mrs. Ralston«, sagte er, »das Rezept ist aus dem Jahre 1981, und seitdem haben Sie nichts nachfüllen lassen. Bloß weil Sie 1981 ein Magengeschwür hatten, heißt das noch lange nicht, daß Sie auch heute ein Magengeschwür haben.«

»Aber -«

»Ich mache Ihnen einen Vorschlag. Ich rufe Ihren Arzt an, und wenn *der* sagt, ich soll nachfüllen, dann mache ich es? Okay? Aber es wird ein Weilchen dauern.«

Überzeugt, daß mein Arzt die Nachfüllung gutheißen würde, ging ich in die Drugstore-Abteilung, blätterte heimlich in einer Ausgabe von *Mad* und fing einen kleinen Liebesroman an, und schließlich kam der Apotheker wieder und sagte: »Mrs. Ralston, es tut mir leid, aber Ihr Arzt meint, daß er keine Nachfüllung befürworten kann, ohne sie zuvor gesehen zu haben.«

Wüste Beschimpfungen schossen mir durch den Kopf, aber ich blieb still. Ich kaufte den kleinen Liebesroman, eine Tüte M&M-Schokoerdnüsse, und ein neues Antiacidum, das angeblich speziell für Frauen entwickelt worden war, und dann stieg ich wieder in mein Auto und fuhr nach Hause, wo ich Antiacida in mich hineinschüttete. Das letzte Mal, als ich ein Magengeschwür hatte, wußte ich nichts davon und nahm arglos ein Aspirin – Patienten mit Magengeschwür sollten Aspirin meiden –, und eh ich wußte, wie mir geschah, wurde ich vom Rettungsdienst ins Krankenhaus geschafft, weil sie der festen Überzeugung waren, daß ich einen Herzinfarkt hatte.

Ich habe ihnen gesagt, daß es mein Magen war, aber sie haben mir nicht geglaubt.

Jedenfalls halfen die Antiacida, und ich ließ mich aufs Bett fallen, um den Liebesroman zu lesen, aber dann schlief ich ein und wurde erst wach, als Hal nach Hause kam. Ich zwang ihn, mit mir zum Supermarkt zu fahren. Ich wollte zu Sack-and-Save, und wenn ich dorthin fahre, nehme ich Hal als hauptamtlichen Tütenträger mit. Er sitzt dann immer hinten im Wagen und singt zum Fenster hinaus, während ich fahre.

Als ich vom Denton Highway abbog, wurde es schon dunkel, da ich auch noch andere Einkäufe erledigt hatte. Ich nahm die Ausfahrt Beach Street. Wir waren fast an der Stelle, wo sich die Beach Street zur Brücke über den Fossil Creek verengt, als plötzlich – wie aus dem Nichts – eine junge Frau quer über die Straße auf meinen Wagen zugerannt kam. Ich konnte ihr Gesicht nicht erkennen – sie trug einen dünnen Schal, und das Haar fiel ihr über die Augen, und sie hatte zuviel Make-up drauf; sie wollte wohl wie Madonna aussehen – aber sie fuchtelte mit den Armen und schrie, und natürlich kurbelte ich rasch das Seitenfenster runter, um zu verstehen, was sie sagte.

»Ihre Motorhaube fliegt gleich auf!« rief sie. »Anscheinend stimmt da was nicht – Sie sollten lieber aussteigen und mal nachsehen ...«

Ich warf einen Blick auf die Motorhaube. Sie schien mir ganz in Ordnung, aber natürlich wurde es schon dunkel, und vielleicht hatte sie etwas gesehen, was ich nicht sehen konnte. Sie packte den Türgriff und zog die Tür auf und bedrängte mich erneut, auszusteigen und nachzusehen - ich mußte aus dem Wagen steigen ...

Sie war allzu versessen darauf, mich aus dem Wagen zu bekommen. Viel zu versessen.

Ich griff hastig nach der Tür, knallte sie zu, drückte die Verriegelung runter und griff nach hinten und verriegelte Hals Tür, bevor sie Zeit hatte, es dort zu versuchen.

Ihr hübsches Gesicht, das ich noch immer nicht genau erkennen konnte unter dieser überdicken Schicht von - ja, *verschmiertem*, absichtlich verschmiertem Make-up -, war verzerrt, als sie versuchte, in den Wagen zu greifen, um an die Verriegelung zu gelangen. Ich fing an, das Fenster hochzukurbeln, nahm meinen Fuß von der Bremse und wollte gerade aufs Gas treten, als ich aus den Augenwinkeln den Mann mit Kapuze rechts aus dem Graben auftauchen sah, mit einem langen Rohr in der Hand - nein, das war kein Rohr - »Runter, Hal!« schrie ich.

»Was?« Er war verwirrt; er hatte noch nicht kapiert, was los war. Aber wie sollte er auch? Er war noch keine 16. In seiner Welt versuchen Menschen nicht, andere Menschen umzubringen. Noch nicht.

»Runter, *sofort*!« Ich versuchte, direkt auf den Mann zuzusteuern, gab Gas - ich mußte ihn aufhalten, aber ich hielt ihn nicht auf. Ich mußte ihn aufhalten, aber Feuerwerkskörper sind in Fort Worth verboten, und kein Feuerwerkskörper ist so laut wie der, der meine Windschutzscheibe zertrümmerte - und ich konnte nicht mehr sehen, in welche Richtung der Wagen fuhr, weil er irgendwie nicht mehr so reagierte, wie ich wollte ...

»Hal, bist du okay?« schrie ich.

Ich konnte nicht sagen, ob er verletzt war oder nicht. Er weinte oder schrie, ich wußte es nicht, und ich konnte nicht anhalten, um nachzusehen, weil der Mann mit der Schrotflinte noch immer irgendwo da draußen war. Ich fuhr blind, steuerte mit der linken Hand, während meine rechte nach der Pistole im Seitenfach meiner Handtasche tastete, aber der Wagen schleuderte noch immer; ich war ein paarmal von der Straße abgekommen, und der Randstreifen hatte nicht dieselbe Höhe wie die Straße, so daß wir jedesmal, wenn wir wieder auf die Straße kamen, erneut ins Schleudern gerieten. Glücklicherweise hatte ich splitterfreies Glas, so daß der Wagen nicht voller Glassplitter war, sondern voller kleiner, etwa rechteckiger Glasstückchen, aber trotzdem blinzelte ich noch immer, um Glas aus dem Gesicht zu bekommen, und steuerte blind, steuerte mit der linken Hand, während die rechte die Pistole in Anschlag brachte, um zu schießen, falls ich jemanden sehen könnte, ich konnte bloß niemanden sehen ...

Und ich krachte gegen einen kleinen Baum, zu klein, als daß ich ihn hätte sehen können, so rasch ich mich auch bemühte, wieder zu sehen, und nun konnte ich den Wagen überhaupt nicht mehr bewegen – ich war gegen einen Baum gefahren, und irgendwo da draußen machte ein Mann mit einer Schrotflinte Jagd auf mich, wie Harry Rehe jagt, und mein Sohn saß auf dem Rücksitz ...

Blind schluchzend erwiderte ich das Feuer und warf dann die Pistole auf den Sitz, so lange, bis ich den Rückwärtsgang eingelegt, von dem Baum zurückgesetzt, den Wagen ausgerichtet und langsam, kontrolliert wieder auf der Beach Street fuhr, und versuchte, durch die Reste der Windschutzscheibe, die nicht ganz aus dem Rahmen gefallen war, etwas zu erkennen.

Ich hörte die Schrotflinte ein zweites Mal losgehen, aber ich konnte nicht sagen, wo der Einschlag war. Diesmal traf er nicht die Windschutzscheibe, vielleicht, weil ich kaum noch eine Windschutzscheibe hatte, aber er traf den Wagen irgendwo. Das wußte ich, weil ich spürte, wie der Wagen ruckte, und weil ich hörte, wie Hal rief: »Mom! Mom!«

Ich feuerte noch zweimal zurück, und ich glaube, ich traf jemanden, weil ich jemanden außerhalb des Wagen aufschreien hörte. Dann rannten der Mann und die Frau auf einen Wagen zu, den ich in der Eile nicht genau erkennen konnte, und sie sprangen hinein und fuhren davon.

Ich glaube, ich habe versucht, sie zu verfolgen.

Ich glaube, ich habe versucht, den Wagen zu starten und ihnen die Beach Street hinunter zu folgen.

Ich konnte ihr Nummernschild nicht erkennen – es war mit Dreck verschmiert, wahrscheinlich absichtlich, und ich hatte keine Chance, den Wagentyp zu erkennen, nur daß er hell war und vermutlich nicht sehr alt. Mit Hecktür. Ein Kombi oder Kleinwagen. Wie so ungefähr ein Drittel aller Wagen, die heutzutage auf den Straßen rollen.

Ich versuchte, den Wagen zu starten und ihnen die Beach Street hinunter zu folgen, aber mein Auto wollte anscheinend nicht mehr weiter, denn es blieb stehen, und ich kriegte es nicht mehr in Gang, und ich sah ihre Rücklichter verschwinden, als sie nach links auf die Saginaw-Watauga Road einbogen. Das konnte ich gerade noch erkennen.

Und dann bekam ich meine Wagentür auf und stolperte aus dem Wagen und versuchte, Hals Tür zu öffnen und konnte es nicht, und dann fiel mir wieder ein, daß ich sie ja verriegelt hatte, und wollte hineinfassen, um sie zu öffnen, nur daß er sie inzwischen selbst entriegelt hatte und aus dem Wagen getaumelt kam, wobei er etwas sagte, das wie »Mommy« klang, was er, glaube ich, in den letzten vier oder fünf Jahren nicht mehr gesagt hat.

»Bist du okay, Hal? Bist du okay?«

Ich glaube, er hat gesagt, daß er okay war, oder aber ich habe gesehen, daß er okay war, und inzwischen hatte ein anderer Wagen angehalten, um festzustellen, was passiert war. Ich erkannte sie undeutlich; es waren Nachbarn, die etwas weiter auf unserer Straße wohnen; und ich bat sie, Hal und mich zum Kiosk mitzunehmen.

Von dort rief ich Harry an. Das heißt, ich versuchte, Harry anzurufen, aber Becky erinnerte mich daran, daß Donnerstag war, und er natürlich weg war, um beim Bingo zu helfen. Ich sagte ihr, sie solle in der Lodge anrufen und ihm sagen, daß ich im Kiosk sei und so eine Art Unfall gehabt hätte, und ja, uns war nichts passiert, aber ich brauchte Harry ...

Und dann wählte ich die Nummer vom Polizeinotruf, und kurze darauf traf Captain Millner ein und etliche Streifenwagen und eine Gruppe von der Spurensicherung und ein Abschleppwagen.

Harry war relativ schnell da, wenn man bedenkt, daß er den weiten Weg von der White Settlement Road herkommen mußte.

Die zweite Ladung aus der Schrotflinte hatte den Kühler getroffen. Deshalb war ich mit dem Wagen nicht mehr sehr weit gekommen. Das gesamte Wasser war ausgelaufen, und der Motor hatte sich automatisch abgestellt, als er zu heiß wurde.

Ich sagte blöderweise: »Aber ich habe doch gerade Frostschutz eingefüllt.«

Harry sagte: »Du brauchst jetzt was anderes als Frostschutz. Schatz, du stehst unter Schock.«

Eine der Wagenladungen von Menschen, die anhielten, um zu gaffen, enthielt einige Schulfreunde von Hal, unter anderem den allgegenwärtigen Sammy, und ich hörte, wie Hal großspurig sagte: »Die hättest du sehen müssen! Eine Wahnsinnsschrotflinte! Kaliber zehn, oder so was ... Nee, ich hatte keine Angst, was, Mom?«

Da konnte ich lachen - einen Moment lang.

Bis mir einfiel, daß Hal das einzige koreanische Kind an der High-School in Keller ist. Im Schulbus. In Summerfields. Er war also leicht zu erkennen, falls mich jemand angreifen wollte, indem er meine Kinder angriff.

Kapitel 9

Ich kann nicht gerade behaupten, daß ich Donnerstag nacht gut geschlafen hätte. Wenn ich überhaupt geschlafen habe. Ich machte mir Sorgen, Sorgen und noch mal Sorgen. Und ich drehte und wälzte mich hin und her, und ich rollte mich in die Laken ein und wieder raus und warf sie auf den Boden und stand auf und zog sie wieder aufs Bett und machte mir noch ein paar Sorgen.

Ich hörte, wie Harry im Wohnzimmer mit jemandem in Tierra del Fuego sprach. Er hatte erst gar nicht versucht zu schlafen.

Das Problem war, daß es in meinem Job zumindest nicht völlig ausgeschlossen ist, daß auf einen geschossen wird, auch wenn das alles andere als spaßig ist. Aber daß meine Familie mit hineingezogen wurde, war nicht vorgesehen. Es war nicht vorgesehen, daß jemand auf mich schoß, wenn ich dienstfrei hatte; es war nicht vorgesehen, daß jemand auf meine Kinder schoß.

Wir konnten Hal doch nicht von der Schule nehmen, und ich konnte weiß Gott nicht ständig bei ihm sein, wenn er dort war, aber wie sollte ich arbeiten, wenn er so gefährdet war? Ich wollte mir bloß noch Sorgen machen.

Nach etlichen hektischen Telefonaten hatten wir uns überlegt, daß Harry, der verspätet zur Arbeit kommen konnte, ohne daß großartig Fragen gestellt wurden, Hal zur Schule fahren und sicher ins Gebäude bringen würde. Die Direktorin und andere vom Schulkollegium wußten inzwischen Bescheid – wir hatten sie angerufen –, und falls irgendein unbekannter Erwachsener auftauchte, würden sie umgehend die Polizei von Keller verständigen, wo man ebenfalls Bescheid wußte. Sammys Eltern, die auf einer abgelegenen Milchfarm wohnten, würden Hal und Sammy abholen, und die Jungs konnten dann draußen bei den Kühen und Milchschafen herumtoben, bis Harry oder ich Hal wieder abholten. Kein Fremder konnte sich dem Melkstall, der auf einem einsamen Hügel steht, auf weniger als eine Meile nähern, ohne sofort entdeckt zu werden.

Die nächste Sorge war Becky. Natürlich ist sie nicht so auffällig wie Hal - sie ist halb Komantschin und könnte ohne weiteres für eine groß gewachsene Mexikanerin gehalten werden. Komantschen und Mexikaner - vor allem Mexikaner - sind in Fort Worth ein ganz alltäglicher Anblick. Sie würde mit ihrem eigenen Wagen fahren, und die Firma, in der sie arbeitet, hat einen umzäunten Parkplatz mit Parkwächter, an dem man vorbeimuß. Doch nur für den Fall, daß sie - wer immer »sie« sein mochten - Beckys Wagen gesehen hatten, überredete ich sie, auf Umwegen zur Arbeit zu fahren. Beach Street zur Saginaw-Watauga Road - ich meine, Great Western Parkway; eines Tages gewöhne ich mich schon noch dran - und dann nach *links* auf diesen angeblichen Parkway, bis zum Denton Highway und rüber nach Belknap, statt nach rechts auf die 35, was direkter wäre, und von da ins Geschäftsviertel. Auf dieser Strecke gibt es keine einsamen Straßenabschnitte, wo man ihr auflauern könnte, sagte ich zu Harry, und er sagte: »Deb, ich glaube, du machst dir zuviel Sorgen.«

»Spinnst du?« fragte ich. »Nachdem das passiert ist -«

»Deb, sie hatten es auf dich abgesehen. Ich halte es für reinen Zufall, daß Hal im Wagen war.« Er kaute auf einem Fingernagel, starrte mich dabei an und sah einen Moment viel älter aus als seine tatsächlichen 46 Jahre. Dann sagte er: »Ich würde dich ja bitten, deinen Job aufzugeben. Aber das würdest du sowieso nicht tun, also warum soll ich es versuchen? Jetzt mal immer mit der Ruhe. Du überlegst dir Vorsichtsmaßnahmen für die Kinder. Wie wär's, wenn du dir welche für dich selbst überlegst? Und verdammt noch mal, geh endlich zum *Arzt*!« schrie er mir nach, als ich plötzlich mit der Hand vor dem Mund in Richtung Badezimmer stürzte. »Das letzte Mal warst du eine Woche im Krankenhaus ...« Den Rest hörte ich nicht mehr.

»Ich gehe zum Arzt, sobald ich Zeit habe«, sagte ich drei Minuten später zu ihm mit so viel Würde, wie ich aufbringen konnte. »Ich habe bloß vergessen, meine Antiacida zu nehmen. Und ich bin sehr vorsichtig. Um mich brauchst du dir keine Sorgen zu machen.«

Eine der Vorsichtsmaßnahmen, die ich mir überlegt hatte - genauer gesagt, die Captain Millner angeordnet hatte - lag auf der Arbeitsplatte in der Küche. Es war ein einzelnes Wiederaufladegerät für ein Walkie-talkie, den Sammelaufladern im Polizeirevier nicht unähnlich. Von nun an würde ich, bis die Sache geklärt war, nicht nur ständig einen Revolver, sondern auch ein Funkgerät dabeihaben. Es würde also nicht wieder vorkommen, daß ich keine Hilfe herbeirufen konnte, falls auf mich geschossen wurde.

Ich wollte in meinem Privatwagen keine Schrotflinte haben. Harry hatte natürlich eine, und unter den gegebenen Umständen würde ich sicherlich eine vom Department zur Verfügung gestellt bekommen, doch es kommt einfach zu häufig vor, daß Waffen aus Autos gestohlen werden. Ich wollte keine in meinem Wagen lassen. Aber andererseits wollte ich auch nicht auf dem Weg zur Arbeit durch die Straßen von Fort Worth mäandern und dabei eine Schrotflinte an den Busen drücken.

Schließlich hatte ich Harry nur gesagt, ich würde vorsichtig sein. Ich lag stocksteif im Bett und dachte über vorsichtiges Verhalten nach, und gegen vier Uhr morgens döste ich für zwei unruhige Stunden voller Alpträume ein.

Am Freitag morgen mußte ich einen Bericht schreiben. Es fiel mir überraschend schwer; ich bin es nicht gewohnt, selbst das Opfer zu sein. In meiner Erinnerung war alles verschwommen. Ich glaube, das kommt daher, daß ich, wenn ich zu Hause bin, wenn ich jogge, wenn ich einkaufen gehe, meinen eigenen Rhythmus habe. Ich habe einen anderen Gang eingelegt, den Ehefrau-und-Mutter-Gang, und dann passiert einfach nichts, was normalen Hausfrauen in einer Stadtrandsiedlung nicht auch passieren würde. Und die Folge war, daß ich, statt sofort wie ein Profi zu reagieren, fast in eine Art Schockzustand fiel. Kein Wunder, daß die Erinnerungen unklar waren.

Ich schaffte es, sie zu ordnen und den Bericht doch noch zu schreiben. Ich hatte noch immer keinen Anruf aus Arlington bekommen, und ich hatte, so beschloß ich, keine Zeit, auf einen zu warten. Wenn Stein anrief, konnte jemand anders die Nachricht entgegennehmen; ich wollte los und ein paar andere Dinge überprüfen. Ich nahm mein Notizbuch und griff gerade nach den Schlüsseln für einen Dienstwagen, als das Telefon klingelte. Dutch, der aus irgendeinem Grund den *Star-Telegram* überredet hatte, ihm die Leserbriefe (veröffentlicht und unveröffentlicht) der letzten sechs Monate zu geben (oder zu leihen), langte über die dicke Akte auf seinem Schreibtisch und nahm den Hörer ab. »Sonderdezernat, Van Flagg – ja, einen Moment.« Er drückte die WARTE-Taste und zeigte auf mich.

»Ralston«, sagte ich, und eine forsche Stimme daraufhin: »Stein, Arlington. In Sachen Patten.«

Ich setzte mich wieder. »Ja, Kathy, was haben Sie rausgefunden?«

»Also, am 8. September sind sie in eine Wohnanlage östlich vom College gezogen. Aber kurz nachdem sie eingezogen waren, haben sie sich einen Akita angeschafft – das ist ein verdammt großer Hund, und er hat einigen Leuten ganz schön Angst eingejagt, und man hat sie aufgefordert, wieder auszuziehen. Dann haben sie ein kleines Haus westlich von der Wohnanlage gefunden. Ich bin noch nicht dagewesen, um mit ihnen zu sprechen – dachte, das würden Sie vielleicht lieber selbst tun.«

»Hat irgend jemand erwähnt, daß sie ein Baby haben?« Ich wußte nicht, warum ich das fragte. Inzwischen stand so gut wie fest, daß sie ein Baby besaßen.

»Ja, etwa fünf Monate alt, ein Junge. Sie nennen ihn Timmy. Ein paar Nachbarn haben gesagt, Jackie wüßte offenbar nicht, wie sie mit ihm umgehen soll, aber Sie wissen ja, beim ersten Kind ist das absolut nicht ungewöhnlich. Zumal wenn – na ja – man sich nicht auf die gewöhnliche Art und Weise darauf vorbereiten konnte.« Ich hatte Kathy über die Hintergründe informiert.

Ich sagte, ich wäre in cirka einer halben Stunde da, je nachdem, wie dicht der Verkehr sei, und Kathy sagte, sie würde auf mich warten.

Im Auto kam ich dazu, über etwas nachzudenken, worüber ich schon vorher hätte nachdenken sollen. Nick Patten hatte bis vor ein paar Wochen in einer Wurstfabrik am Fließband gearbeitet. Jackie Patten hatte gar keinen Job.

Der Akita hatte mich auf den Gedanken gebracht, weil wir irgendwann selbst überlegt hatten, uns einen anzuschaffen, bis wir herausfanden, daß ein ganz gewöhnlicher, aus keinem prämierten Zuchtzwinger stammender Akita-Welpe 300 Dollar oder mehr kostet. Wir wußten bereits, daß sie für ein Baby 10000 Dollar hingeblättert hatten – was mit Sicherheit ihre Ersparnisse und jedes Darlehen, das sie kriegen konnten, aufgebraucht hatte. Woher also hatten die Pattens das Geld, sich einen Akita zu kaufen, und woher hatte Nick Patten das Geld, aus heiterem Himmel seinen Job aufzugeben und nach Arlington zu ziehen?

Ich hatte seit Tagen nicht einmal daran gedacht, einen Blick in die Zeitung zu werfen, außer in die, die ich in Sherman überflogen hatte, und ich hatte nicht aufs Schwarze Brett geschaut. Ich hatte das gelesen, was über meinen Schreibtisch gegangen war, und sonst nichts. Was also war in letzter Zeit losgewesen? Woran arbeitete der Rest des Departments? Woran arbeiteten die Departments in den Nachbarstädten? Woran arbeitete das FBI? Irgendwo wurde an etwas gearbeitet, das mir sagen würde, wie die Pattens an das viele Geld gekommen waren.

Im Augenblick fiel mir als einzige Erklärung nur ein Banküberfall ein. Es gibt ganz einfach nicht sehr viele Orte, wo soviel Geld zum Mitnehmen herumliegt.

Vielleicht war mein Zynismus unangebracht. Vielleicht hatte Nick ja wirklich einen guten Job.

Ich war zu neugierig und zu angespannt, um zu warten, bis ich in Arlington war. Ich bog von der Straße ab, rief das FBI an und bekam Special Agent Dub Arnold an den Apparat. Dub erzählte mir, es habe seit Monaten in der Gegend keinen Bankraub mit einer so großen Beute gegeben. »Hinter was für einer Sache sind Sie her, Deb?«

Ich erzählte es ihm, und er sagte: »Wissen Sie, ich habe so das Gefühl, daß Ihr Fall, sobald Sie ihn aufgeklärt haben, auch mein Fall wird.«

»Das würde mich gar nicht überraschen«, stimmte ich zu. Natürlich ist illegaler Handel mit Schwarzmarktbabys ein Verstoß gegen das Bundesgesetz.

»Also, ich mache Ihnen einen Vorschlag«, sagte er. »Sie geben mir alles, was Sie über Patten haben, und ich sehe zu, daß ich von meinem Boß grünes Licht kriege, ein wenig in Pattens Vergangenheit rumzuschnüffeln, okay?«

Ich gab ihm Namen, Geburtsdatum, Geburtsort, letzte bekannte Adresse, letzte bekannte Arbeitsstelle, Sozialversicherungsnummer und eine knappe Personenbeschreibung. Er sagte: »Es kann ein paar Tage dauern.«

»Nehmen Sie sich soviel Zeit, wie Sie brauchen, aber sehen Sie zu, daß ich die Informationen morgen habe«, sagte ich, und er lachte leise und legte auf.

Die meisten Polizisten halten den Ruf des FBI für etwas überzogen – das FBI hat es sich sozusagen zur Gewohnheit gemacht, bei jeder gemeinsamen Operation den Ruhm einzuheimsen, selbst wenn die gemeinsame Operation zu 90 Prozent auf lokaler Ebene durchgeführt wurde. Doch es gibt einige Dinge, in denen das FBI unumstritten gut ist, und das hier gehörte dazu. Mit ein bißchen Glück würde Dub in wenigen Tagen Informationen beschaffen, an die ich sonst nie und nimmer rankäme.

Da ich ohnehin gerade am Telefon war, nahm ich mir noch die Zeit, in der Schule anzurufen. Ja, Hal war da. Ja, da waren sie ganz sicher; er hatte gerade eine Mitteilung für eine der Lehrerinnen entgegengenommen.

Aus keinem erkennbaren Grund hatte meine Sorge etwas nachgelassen, und auf der Fahrt nach Arlington fiel mir plötzlich auf, daß ich vor mich hinsummte. Um halb zehn saß ich in Kathy Steins Büro. Ich hatte sie nie zuvor gesehen, und ich würde schätzen, daß sie etwa in meinem Alter ist, vielleicht ein wenig älter. Und sie würde sich, so dachte ich wehmütig, wahrscheinlich weit weniger oft anhören müssen, daß sie nicht wie ein Cop aussah - Kathy war schwarz und an die 1,80 groß; ihrem Aussehen nach zu urteilen, würde sie mit den meisten Männern bei einem Handgemenge leicht fertigwerden.

Sie hatte die Adresse der Pattens, und wir fuhren in meinem Wagen hin. Da wir keinerlei schriftliche Vollmacht hatten, konnte Jackie sich natürlich weigern, uns ins Haus zu lassen oder überhaupt mit uns zu reden - nun, das war uns klar. Vermutlich wußte Jackie es nicht, aber wir würden es ihr sagen müssen. Da sie eindeutig eine Verdächtige war, waren wir verpflichtet, ihr ihre Rechte vorzulesen, bevor wir mit ihr sprachen.

Und so standen wir dann also auf der Treppe vor ihrer Haustür und lasen ihr ihre Rechte vor, während ein Akita, den sie am Halsband hielt, an ihrer Hand zerrte. Sie brachte den Hund in den Zwinger und kam zu uns zurück, wobei sie sich alle Mühe gab, verwirrt dreinzublicken. Es gelang ihr nicht sonderlich gut. Ich schätzte sie auf vielleicht 28, aber sie sah jünger aus; sie hatte eine sehr helle sommersprossige Haut, dichtes, weiches, rötliches Haar und blaßblaue Augen. Sie war nicht so groß wie Kathy, aber sie war einiges größer als ich, und sie bewegte sich wie ein unbeholfenes Fohlen, als hätte sie sich noch nicht ganz an ihre Größe gewöhnt.

Das Haus war viel schöner als das, das sie in Sherman gehabt hatten, und die meisten Möbel sahen neu aus. Ich fragte mich erneut, woher sie das Geld dafür hatten. Und ich fragte mich erneut, ob sie es wußte oder ob der Wunsch nach einem Baby sie derart umnebelt hatte, daß sie es nicht wissen wollte.

Sie wußte allerdings, daß etwas nicht stimmte, und ihre schauspielerische Leistung war nicht sonderlich überzeugend. »Polizei?« sagte sie. »Was ist denn los? Ich habe nichts Unrechtes getan.«

Wer auch immer ihr den Tip gegeben hatte, mit den Wimpern zu klimpern, wenn sie es mit der Polizei zu tun bekam, er hatte wohl nicht bedacht, daß es sich um Polizistinnen handeln würde.

»Schön, das zu hören«, sagte Kathy herzlich. »Dann haben Sie ja wohl bestimmt nichts dagegen, wenn wir uns ein wenig unterhalten, oder?« Sie lehnte am Türrahmen und wirkte sehr groß und sehr schwarz.

»Tja –«

»Es ist ungeheuer wichtig, Mrs. Patten«, sagte ich.

Sie blickte mich dankbar an. Kathy und ich hatten eigentlich nicht vorgehabt, Guter-Cop/Schlechter-Cop zu spielen, aber es hatte den Anschein, daß Jackie uns in diese Rollen drängte. Es ist mir noch kein einziges Mal gelungen, bei diesem Spiel den schlechten Cop abzugeben; wie einmal jemand zu mir gesagt hat: »Sie sind ein Cop? Sie sehen aus wie – wie – wie eine nette kleine Tante!«

Kathy war etwas weniger dazu geeignet, wie eine nette kleine Tante auszusehen. Außer vielleicht die von Grace Jones.

Wir hatten Jackie Patten weiter angesehen, ohne daß einer von uns noch etwas gesagt hatte, und irgendwo im Haus fing ein Baby an zu schreien. Sie trat von der Tür zurück, einen gehetzten Ausdruck im Gesicht, und sagte: »Ja, kommen Sie herein, kommen Sie doch herein.«

»Darf ich das Baby sehen?« fragte ich. »Ich bin ganz vernarrt in Babys; ich bin gerade Großmutter von einem kleinen Enkelsohn geworden. Haben Sie einen Jungen oder ein Mädchen?«

»Einen Jungen«, sagte sie. »Er ist fünf Monate alt.« Sie sah müde aus, als sie sich zu einem der hinteren Zimmer umwandte. Kathy warf mir einen kurzen Blick zu und blieb im Wohnzimmer. »Er zahnt, und er quält sich richtig damit, und dann tut er mir so leid, daß ich nicht weiß, was ich machen soll.« Sie lachte gezwungen. »Die Kinderärztin sagt, Babys merken, wenn man nicht weiß, was man tun soll, und dann schreien sie noch mehr.«

»Das stimmt genau«, pflichtete ich bei, während ich ihr in das Schlafzimmer folgte, aus dem sie ein Kinderzimmer gemacht hatte. Ein Jenny-Lind-Kinderbettchen, ein Wickeltisch, ein hübscher Schaukelstuhl aus Eichenholz für sie, um das Baby zu wiegen – schöne Babykleidung und Wandschmuck und jede Menge Spielzeug, mit dem er wahrscheinlich spielen würde, wenn es ihm wieder besser ging, sowie ein Schmetterlingsmobile, auf dem er offensichtlich herumgekaut hatte. Sie tat mir plötzlich leid, was bis dahin nicht der Fall gewesen war; aber noch viel mehr tat mir die richtige Mutter des Babys leid, die wahrscheinlich tot war, und der richtige Vater des Babys, der das Baby allein würde großziehen müssen; und am allermeisten tat mir das Baby selbst leid, das bereits eine Mutter verloren hatte und bald wieder eine verlieren würde.

Ich lehnte mich gegen die Tür und sah zu, wie sie seine Windeln wechselte. »Mrs. Patten«, sagte ich und gab ganz plötzlich meinen anfänglichen Angriffsplan auf. »Ich weiß, Sie lieben das Baby, ich habe nämlich selbst drei Adoptivkinder und weiß, wie sehr ich sie liebe. Ich möchte auf gar keinen Fall, daß es für Sie oder für das Baby schlimmer als nötig wird. Deshalb werde ich Ihnen nichts vormachen. Ich sage Ihnen jetzt ganz offen, warum wir hier sind. Mrs. Patten, ich habe meine Kinder auf legalem Wege adoptiert. Sie nicht. Sie haben das Kind vom Schwarzmarkt. Sie haben es für Geld gekauft, und das werden wir schon sehr bald beweisen können. Sie machen die Sache für sich selbst und auch für das Baby wesentlich leichter, wenn Sie die Wahrheit sagen und den Kleinen jetzt hergeben.«

»Das ist doch völlig absurd«, sagte sie wenig überzeugend. Ich hatte gesehen, wie sie zusammenzuckte, und nun nahm sie mit zitternden Händen eine Dose Talkumpuder. »Ich kann Ihnen sogar seine Geburtsurkunde zeigen. Da steht schwarz auf weiß, daß er mir gehört.«

»Sie sind nicht die erste, die sich so einen Plan ausgedacht hat – falls Sie ihn sich ausgedacht haben, was ich bezweifle; ich vermute, jemand anders hat ihn für Sie ausgedacht. Ja, ich weiß, daß Sie für ihn eine Geburtsurkunde haben. Wie kommt es dann, daß niemand von Ihren Freunden gewußt hat, daß sie schwanger waren?«

Sie zuckte die Achseln. »Man hat es mir eben nie sehr deutlich angesehen.«

Sie wog vielleicht an die 100 Pfund. Eine Schwangerschaft hätte man ihr ab dem zweiten Monat ansehen müssen. »Wo ist er geboren?« fragte ich.

»In Fort Worth.«

»Wieso in Fort Worth? Ich dachte, Sie hätten noch in Sherman gewohnt, als er geboren wurde. Wo in Fort Worth?«

Mit derlei Fragen hatte sie nicht gerechnet, und sie hatte keine Antworten darauf. »Och - äh - in - mhm - zu Hause. Ich meine, wir waren - äh - vorübergehend in Fort Worth. Nur für ein Wochenende. Nickie war auf Jobsuche.«

»Wo haben Sie gewohnt? Wo in Fort Worth?«

Sie zuckte die Achseln. »Wir haben in einem Motel gewohnt.«

»Also ist das Baby in einem Motel geboren?«

»Genau. Es war - ähm - ein LaQuinta.«

»Welches?«

Sie zuckte erneut die Achseln. »Ähmm - es ist in Fort Worth. Ganz in der Nähe von einem Einkaufszentrum. Northeast Mall heißt es, glaube ich.«

»Das ist in North Richland Hills. Das Motel, meine ich, nicht das Einkaufszentrum.«

»Vielleicht, ich weiß es nicht.«

»Kein vielleicht«, entgegnete ich. »Dieses Motel liegt in North Richland Hill.«

»Okay, dann ist es eben in North Richland Hills. Na und?«

»Wie kommt es dann, daß die Geburt in Tarrant County registriert wurde, das nicht mehr zum Stadtgebiet gehört?«

»Vielleicht haben sie sich vertan?« Das war eine Frage, keine Aussage.

»Bei so was vertun sie sich nicht, Mrs. Patten«, sagte ich zu ihr. »Wer hat bei der Geburt geholfen?«

»Eine Hebamme. Ihr Name war Rachel Strada.« Sie sagte das schnell, wie auswendig gelernt.

»Okay, wie sieht Rachel Strada aus?«

Sie zuckte die Achseln, strich sich ihr rotblondes Haar aus den Augen. »Ich erinnere mich nicht. Ich glaube - ich glaube, ich war ganz durcheinander.«

»Ist Rachel Strada schwarz oder weiß?«

»Ich glaube, sie ist weiß.

»Sie *glauben* es?«

»Ich habe Ihnen doch gesagt, daß ich ganz durcheinander war.«

»Wie sind Sie auf Rachel Strada gekommen?«

»Das war mein Mann.«

»Wie lange lagen Sie in den Wehen?«

»Oh - äh - äh - etwa drei Stunden.«

»Das ist merkwürdig, beim ersten Kind dauert es im Durchschnitt eher acht bis zwölf Stunden.«

»Dann bin ich eben nicht Durchschnitt.«

»Wieviel haben Sie für das Baby bezahlt, Jackie?«

»Es ist mein Baby, und Sie verlassen mein Haus!« Sie drückte das schreiende Baby an die Brust und fügte hinzu: »Hören Sie, es ist *mein* Baby, aber wenn ich es gekauft hätte, dann wäre das auch okay, denn jede Frau, die so mies ist, daß sie ihr eigenes Baby für 10 000 Dollar verkauft, sollte keins haben!«

»Ich habe keine Zahl genannt«, sagte ich leise. Sie starrte mich an, mit offenem Mund, und ich fügte hinzu: »Aber, ja, ich weiß, daß es 10 000 Dollar waren. Und bevor ich gehe, möchte ich, daß Sie eines erfahren. Die Mutter hat das Baby nicht verkauft. Das Baby wurde der Mutter gestohlen und die Mutter vermutlich umgebracht. Eine legale Adoption ist genau das – legal. Und in der Regel fair. Aber Schwarzmarktadoptionen sind illegal, weil sie unfair sind, gegenüber der leiblichen Mutter oder der Adoptivmutter oder dem Baby oder allen dreien. Denken Sie darüber nach, Jackie, und rufen Sie mich an, wenn Sie darüber nachgedacht haben.«

Ich ging über den Flur, winkte Kathy, mir zu folgen, als ich durch das Wohnzimmer kam. Hinter mir hörte ich, wie Jackie über das Schreien des Babys hinwegkreischte: »Sie lügen, Sie lügen!« Doch in ihrer Stimme lag Furcht, echte Furcht und jede Menge davon.

Im Wagen fragte Kathy: »Was denken Sie?«

»Sie hat 10 000 Dollar für das Baby bezahlt«, sagte ich. »Dessen war ich mir bereits ziemlich sicher. Vermutlich kennt sie die Hintergründe nicht. Aber ich würde wetten, ihr Mann.«

»Was jetzt?« fragte Kathy, als ich keine Anstalten machte, den Wagen anzulassen.

»Jetzt warten wir«, sagte ich zu ihr. »Mal sehen, wie lange es dauert, bis Nick hier auftaucht.«

Es dauerte nicht lange. Wir warteten vielleicht 20 Minuten, die Jackie Patten wie Stunden vorgekommen sein müssen, bis ein Ford-Pick-up mit kreischenden Bremsen vor dem Haus anhielt. Jackie kam nach draußen gerannt, das Gesicht tränennaß und verzerrt, und einen Augenblick später kam ein entschlossener und wütend dreinblickender Mann, der Nick Patten sein mußte, auf den Wagen zu, in dem Kathy und ich saßen.

»Wer zum Teufel sind Sie?« fragte er, als ich aus dem Wagen stieg. »Und was zum Teufel fällt Ihnen ein, meine Frau so aus der Fassung zu bringen?«

Ich zeigte ihm meinen Ausweis.

»Sie sind hier nicht in Fort Worth, Sie Miststück«, sagte er.

»Gefällt Ihnen meiner besser?« fragte Kathy und drängte sich zwischen uns. Sie war gut zehn Zentimeter größer als er.

»Na schön«, sagte er, »Sie sind Cops, also was fällt Ihnen ein, meine Frau so aus der Fassung zu bringen, ihr zu erzählen, Sie würden uns das Baby wegnehmen –«

Kathy fing an, ihm seine Rechte vorzulesen, und er schrie: »Ach, halten Sie den Mund. Wofür halten Sie sich eigentlich, für Fernseh-Cops?«

»Möchten Sie uns etwas erzählen?« fragte ich.

»Nein, Sie Miststück, ich möchte, daß Sie mir etwas erzählen. Meine Frau so aus der Fassung zu bringen – sie hat so verdammt lange auf das Baby gewartet –«

»Mr. Patten«, sagte ich sanft, »ich weiß, was es heißt, so lange zu warten. Meine Kinder sind adoptiert. Und gestern abend hat jemand versucht, meinen Sohn zu töten, damit ich nicht weiter an diesem Fall arbeite. Nicht, um ihn seinen leiblichen Eltern zurückzugeben, Mr. Patten, um ihn zu töten. Mit einer Schrotflinte.«

»Ach, hören Sie doch auf«, er versuchte zu lachen. »So blöd kann doch keiner sein, und überhaupt, was meinen Sie mit *diesem Fall*? Jackie hat Ihnen doch schon gesagt, daß es unser Baby ist, wir haben eine Geburtsurkunde –«

»Daran zweifle ich keine Sekunde«, sagte ich. »Ich habe die Information auf dem Computerausdruck gesehen. Ich weiß genau, was auf der Geburtsurkunde steht. Möchten Sie mir ein paar Fragen beantworten?«

»Ich beantworte jede Frage, die Sie möchten.«

»Wo wurde das Baby geboren?«

»In Fort Worth.«

»Wo in Fort Worth?«

»Wir – ähm ...« Er stockte. Vielleicht hatte Jackie ihm gesagt, daß ich die Frage bereits gestellt hatte; er überlegte, ob er bei derselben Lüge bleiben oder es mit einer neuen versuchen sollte; oder aber Jackie hatte es ihm nicht gesagt, und er fragte sich, ob ich ihr die Frage gestellt hatte und was sie geantwortet hatte. »LaQuinta«, sagte er schließlich.

»Wieso steht denn dann auf der Geburtsurkunde, daß er in Tarrant County geboren wurde, also außerhalb des Stadtgebietes?«

»Ich vermute, die Hebamme hat das vermasselt. Warum fragen Sie die nicht?«

»Wie heißt sie?«

»Strada. Rachel Strada.«

»Ist sie schwarz oder weiß?«

»Weiß. Genauer gesagt, glaube ich, sie ist Mexikanerin oder so.«

Ich fragte mich, ob er Rachel Strada überhaupt je gesehen hatte. Jackie jedenfalls nicht, aber irgendwer mußte ihm das Baby ja übergeben haben.

»Wie sind Sie auf Rachel Strada als Hebamme gekommen?«

»Durch - durch irgendeinen Typen. Den Namen weiß ich nicht mehr; er hat erzählt, seine Frau hätte gerade ein Kind bekommen, und sie hätten da so eine Hebamme gehabt, die wirklich gut war, und er hat mir ihre Telefonnummer gegeben.«

»Ach, das Baby, auf das Sie so lange gewartet hatten, nachdem Ihre Frau mehrere Fehlgeburten hatte, wurde von einer Hebamme auf die Welt geholt, von der Ihnen ein Typ erzählt hat, an dessen Namen Sie sich nicht mehr erinnern?«

»Er hat gesagt, sie wäre wirklich gut. Jackie hatte mittlerweile Angst vor Ärzten.«

»Und er hat Ihnen ihre Telefonnummer gegeben.«

»Ja. Ich habe nichts zu verbergen. Jackie auch nicht. Sie haben sie bloß völlig aus der Fassung gebracht.«

»Wie ist denn Rachel Stradas Telefonnummer, Mr. Patten?«

»Ich habe sie verloren.«

»Ach, was Sie nicht sagen.«

»Ja.«

»Und wo wohnt sie?«

»Ich weiß nicht. Sie ist mit dem Auto zum Motel gekommen.«

»Wie sieht ihr Auto aus?«

»Ich weiß nicht, sie hat auf der Rückseite geparkt.« Mittlerweile war er ruhiger geworden; sein Gesicht zeigte das spöttische Grinsen, das jeder Cop kennt, den Ausdruck eines Mannes, der glaubt, er käme mit etwas ungestraft davon.

»Wenn ich sie finde - und ich werde sie finden, Mr. Patten - und wenn ich ihr erkläre, in was für einen großen Fall sie verwickelt ist, und wenn sie erfährt, daß jetzt auch das FBI an der Sache dran ist, und wenn sie erfährt, daß sie eine Menge Gesetze auf Bundes- und Bundesstaatsebene gebrochen hat, was, glauben Sie, wird Rachel Strada mir dann erzählen?«

»Sie wird Ihnen erzählen, daß sie das Baby meiner Frau auf die Welt geholt hat«, sagte Nick Patten und lehnte sich grinsend an die Seite des Polizeiwagens.

»Nein, ich glaube nicht, daß sie mir das erzählen wird, Mr. Patten«, sagte ich, »und ich glaube auch nicht, daß Sie das glauben. Deshalb sollten Sie jetzt lieber ins Haus gehen und mit Ihrer Frau darüber sprechen, was Sie als nächstes tun.«

Was Nick Patten erwiderte, war nicht höflich und eine biologische Unmöglichkeit. Dann drehte er sich auf dem Absatz um und schritt auf Jackie zu, die auf dem Gehweg vor dem Haus wartete. Er legte ihr einen Arm um die Schulter, und sie gingen zusammen ins Haus.

»Die beiden tun mir leid«, sagte Kathy.

»Sie auf jeden Fall«, antwortete ich. »Das Problem ist, daß sie zur Hälfte oder drei Viertel recht hat. Ein Baby vom Schwarzmarkt ist tatsächlich besser dran mit Eltern, die 10 000 Dollar dafür bezahlen, als mit Eltern, die es verkaufen. Aber hin und wieder hat man dann eben so eine Situation wie diese hier. Oder eine, wo die Käufer keine legale Adoption durchkriegen, weil offensichtlich ist, daß sie miese Eltern sein würden – oder sogar, daß der Käufer irgendein Perverser ist. Jackie liebt das Baby wirklich, und sie wäre eine tolle Mutter, wenn sie nur nicht so eine Scheißangst hätte. Nick ...« Ich sah wieder zum Haus hinüber. »Bei Nick bin ich mir nicht so sicher.«

»Aber sie haben beide Angst, Deb«, sagte Kathy, »und ich – glaube, nicht nur vor uns.«

»Ich auch nicht«, sagte ich. Und dachte an Hal.

Kapitel 10

Natürlich nahm ich mir die Zeit, wieder in der Schule anzurufen. Ja, Hal war da. Ja, da waren sie sicher; die Direktorin hatte gerade seinen Strohhalm konfiszieren müssen, weil er ihn zum Erbsenschießen benutzt hatte.

Ich ging mit Kathy Mittag essen, gerade noch rechtzeitig, bevor mein Magen wieder rebellierte.

Als ich gegen eins zurück im Büro war, ging ich meine Telefonnachrichten durch und stellte fest, daß Miss Jones vom texanischen Gesundheitsamt nicht zurückgerufen hatte. »Verdammt«, sagte ich; ich mußte unbedingt mit ihr sprechen, um zu erfahren, wie ich am besten eine bestimmte Hebamme ausfindig machte, die nicht im Telefonbuch stand.

Zum Teufel mit den Telefonrechnungen der Stadt. Ich rief wieder in Austin an. Miss Jones war zu Tisch. Ja, sie hatte meine Nachricht bekommen. Ja, sie würden ihr erneut Bescheid geben. Nein, ihre Sekretärin war noch immer krank. Nein, es war sonst niemand da, der mir helfen könnte. Es tat ihnen leid.

Es tat ihnen nur halb so leid wie mir. Denn ich war mir hundertprozentig sicher, daß Rachel Strada mich zu der Person führen konnte, die sich diese ganze Sache ausgedacht hatte.

Ich achtete weder darauf, was die anderen taten, noch auf das Telefon, bis jemand mir zurief, ich solle drangehen. Miss Jones, dachte ich erwartungsvoll, als ich nach dem Hörer griff.

»Stein, Arlington. Mir ist da was eingefallen, Deb, wollen Sie, daß wir die Pattens beschatten, für den Fall, daß sie vorhaben, sich aus dem Staub zu machen?«

Daran hatte ich nicht gedacht. Ich glaubte zwar nicht, daß sie abhauen würden - ich war mir ziemlich sicher, daß Nick Patten dachte, er hätte uns hinters Licht geführt -, aber ich konnte mich irren. »Könnt ihr das machen, ohne daß sie es merken?«

»Aber klar. Auf der gegenüberliegenden Straßenseite steht ein Haus leer, zu dem wir den Schlüssel kriegen können. Wir beschatten Jackie, nicht ihn – nach dem, was wir heute erlebt haben, würde ich sagen, daß er sie nicht allein lassen wird.«

Das stimmte vermutlich. Und so aufgewühlt, wie Jackie war, könnten wir sie höchstwahrscheinlich mit einem Riesentruck beschatten, und sie würde es nicht merken. »Ja, Kathy, ich bin ganz Ihrer Meinung.«

»Ich halte Sie auf dem laufenden, falls sich irgendwas tut.«

Ich dankte ihr und ging dann zu Millner, um ihm Bericht zu erstatten. »Wie steht's mit der Suche nach Strada?« fragte er.

»Ich arbeite dran, ich arbeite dran. Wie kommen unsere Computerfreaks voran?«

»Sie sagen, heute bis Dienstschluß haben sie alles eingegeben.«

»Ganz schön schnell.«

»Tja, wir haben ja auch Leute angefordert, die tippen können.«

Strada. Strada. Kein Eintrag im Telefonbuch; das hatte ich bereits überprüft. Führerschein? Autozulassung? Steuernummer? Stadtwerke? Ich rief die Einsatzleitung an und bat, die Computer zu checken, und ich bat die Sekretärin, bei den Stadtwerken nachzufragen. Einer von der Einsatzleitung rief zehn Minuten später zurück – kein Fahrzeug zugelassen, keine Steuernummer, aber sie hatte, sieh an, sieh an, einen Führerschein. Die angegebene Adresse war auf der Rosedale Street.

Also nahm ich natürlich meine Autoschlüssel und mein Walkietalkie, und ich ging nach draußen und stieg in den Wagen, um zu der Adresse auf der Rosedale Street zu fahren. Auf dem Weg zur Tür rief mir die Sekretärin noch zu: »Hey, Deb. Diese Rachel Strada ist bei den Stadtwerken nicht unter ihrem Namen gemeldet. Kein Gas, kein Strom, kein Wasser, kein Telefon, kein gar nichts.«

»Okay, danke für die Mühe«, sagte ich. Die Tatsache, daß sie zwar eine Adresse hatte, aber keine Kundin bei den Stadtwerken war, konnte durchaus in anderer Hinsicht interessant sein. Wieso war sie nicht unter ihrem Namen an das öffentliche Versorgungsnetz angeschlossen? Falls es sich nicht um eine Wohnung handelte, bei der die Nebenkosten inklusive waren – und davon ging ich nicht aus –, sollte ich vielleicht versuchen herauszufinden, auf welchen Namen die entsprechenden Rechnungen tatsächlich liefen.

Es war ein altes Haus, genauer gesagt, eine Wohnung über einer Garage, die Seitenwände mit grauen Asbestplatten verkleidet. Ich ging die wackelige Außentreppe hoch und klopfte an die Tür. Niemand öffnete. Es waren weder Radio- noch Fernsehgeräusche zu hören; es brannte, soweit ich sehen konnte, nirgendwo Licht.

Ich stieg die Treppe wieder hinunter. Ein dicker Mexikaner ohne Hemd saß auf einer Veranda auf der anderen Seite der schmalen Straße. Er hatte eine Dose Bier in der Hand und rief in akzentfreiem Englisch: »Wollen Sie zu Rachel Strada?«

»Ja, wissen Sie, wo sie ist?«

»Nee, die hab' ich seit zwei Tagen nicht gesehen. Sie sehen aber gar nicht schwanger aus.« Die erste Andeutung eines spanischen Akzents - das »sehen« klang eher wie »ssähen«.

»Es geht nicht um mich«, sagte ich ausweichend. »Aber ich muß ganz dringend mit ihr sprechen.«

»Tja, wenn es, na ja, so was wie'n Notfall ist, kann Ihnen vielleicht Rosa Gonzales eine Straße weiter helfen.«

»Ein Notfall ist es noch nicht gerade«, sagte ich matt. »Aber womöglich ist Ms. Strada ja ganz in der Nähe. Wissen Sie, ob sie den Wagen genommen hat oder zu Fuß gegangen ist?«

»Ich weiß nicht, wie sie weg ist«, sagte er. »Sie hat gar kein Auto. Aber vielleicht jemand hat sie abgeholt. Sie ist jedenfalls weg, soweit ich sehe. Muß 'n schwieriger Fall sein, wenn sie so lange weg ist. Arme Frau.«

»Ja, sieht ganz so aus«, stimmte ich zu und folgerte, daß mit »arme Frau« die vermeintliche Patientin gemeint war.

»Ich und Lupe, wir haben dreizehn«, sagte er. »Inzwischen kriegt Lupe sie im Handumdrehen. Das letzte Mal hat Rachel es nicht mal bis hierhin geschafft, und sie wohnt nebenan. Das erste Mal hat's die ganze Nacht gedauert. Aber zwei Tage - Wahnsinn!« Er schauderte vielsagend.

Ich beschloß, ihn zu mögen, obwohl er fett war und mit nacktem Oberkörper da saß und um halb drei nachmittags schon Bier trank. Also winkte ich ihm zum Abschied, ging zu meinem Wagen, setzte mich hinters Steuer und fragte mich, was ich als nächstes tun sollte.

Ich war nicht sicher, ob es eine besonders gute Idee wäre, ihr Haus überwachen zu lassen. Es würde mit Sicherheit auffallen - in dieser Gegend, davon war ich überzeugt, kannte jeder jeden. Doch ich konnte es nicht riskieren, es nicht überwachen zu lassen, weil ich sie zu fassen kriegen mußte, sobald sie durch die Tür trat, nur für den Fall, daß sie sich verdünnisieren wollte. Ich war sicher, daß ihre Auftraggeber langsam nervös wurden – das hatten sie deutlich genug gemacht.

Andererseits konnte ich nicht feststellen, ob sie sich nicht schon aus Panik davongemacht hatte, es sei denn, ich besorgte mir einen Durchsuchungsbefehl (wofür ein hinreichender Tatverdacht vorliegen mußte, den ich jetzt bestimmt nachweisen konnte) und durchsuchte die Wohnung. Genau das aber wollte ich nicht, denn wenn sie noch nicht abgehauen war, würde sie dann garantiert Panik bekommen.

Ich wollte gerade einen Funkspruch durchgeben, entschied mich dann aber dagegen, für den Fall, daß sie den Polizeifunk abhörten. Mittlerweile kam ich mir selbst schon etwas paranoid vor, aber schließlich sind genügend Abhörgeräte in Umlauf, so daß jeder Kriminelle in der Stadt eins haben könnte. Ich stieg wieder aus dem Wagen und ging zurück zu dem dicken, freundlichen Biertrinker. Diesmal zeigte ich ihm meinen Polizeiausweis. Seine Augen weiteten sich. »Echt?« sagte er eifrig. »Wie im Fernsehen? *Cagney & Lacey*?«

»So ungefähr«, sagte ich. Ich gucke nicht viel Fernsehen, und *Cagney & Lacey* hatte ich noch nie gesehen, aber wußte vage, daß es um zwei Polizistinnen ging.

»Hat Rachel etwa irgendwas angestellt?«

»Oh, nein«, beruhigte ich ihn. Ich war mir im Grunde nicht einmal sicher, daß ich log; es war möglich, daß sie ein unfreiwilliges oder gar ahnungsloses Werkzeug war. »Nein. Ich glaube, einer ihrer Patientinnen ist etwas Schreckliches passiert, und sie soll uns helfen, es herauszufinden, aber wir können sie einfach nicht ausfindig machen. Dann ist da noch das Problem, daß wir sie nie gesehen haben und nicht wissen, wie sie aussieht. Könnten Sie uns eine ungefähre Beschreibung von ihr geben?«

Die Führerscheinstelle hatte uns eine knappe Personenbeschreibung von ihr geliefert – wir wußten, daß sie 1,52 groß war (keine Gewichtsangabe, denn das Gewicht ist veränderlich) und braune Augen hatte (keine Haarfarbe, denn die ist veränderlich) und 37 Jahre alt war. Wir brauchten genauere Angaben.

»Oh, ja, klar«, sagte er. »Brauchen Sie meinen Namen? Ich heiße Francisco Villas, man nennt mich Pancho, kapieren Sie, Pancho Villas? Wie Pancho Villa?« Ich versicherte ihm, daß ich kapierte, und er sagte: »Also, nun zu Rachel. Tja, sie ist ziemlich kleingeraten, gut fünf Zentimeter kleiner als Sie.« Ich nickte; laut den Unterlagen des »Amtes für öffentliche Sicherheit« lag er genau richtig. »Dünn, mager, wissen Sie, wie ein gerupftes Huhn, nichts für's Bett. Vielleicht hat sie ja deshalb keinen Mann.« Er lachte schallend über seinen eigenen Witz. »Warten Sie, schwarzes Haar, sie trägt es ganz kurz, braune Augen, Kleidung, tja, sie trägt meistens Kleider, keine Hosen, dunkle Kleider und so Omaschuhe, Sie wissen schon, was ich meine.« Er zuckte die Achseln. »Das wär's, mehr fällt mir nicht ein.«

»Ich danke Ihnen für Ihre Hilfe, Mr. Villas –«

»Pancho, Pancho!«

»Also gut, Pancho. Hier ist eine Karte mit meiner Telefonnummer drauf. Wenn Sie sie sehen, hier oder sonstwo, würden Sie bei mir im Büro anrufen? Und sagen sie ihr nichts; ich möchte nicht, daß sie Angst bekommt.«

»Ja, alles klar.« Er nahm die Karte und steckte sie in seine Hosentasche und sah mich durchtrieben an. Ich hatte die starke Befürchtung, daß er mehr verstand, als mir lieb war. Aber ich brauchte von irgendwoher eine Beschreibung, und obwohl er nicht gerade wie der fleißigste Mensch auf Erden aussah, sah er doch einigermaßen ehrlich aus.

Ich weiß. Mein Wort in Gottes Ohr. Aber irgend jemandem muß man schließlich vertrauen, sogar auf dieser verrückten kaputten Welt.

Ich fuhr zum nächstgelegenen 7-Eleven, kaufte mir eine Cola und eine Packung Kartoffelchips und eine Schachtel Antiacida und rief im Büro an. Gary sagte, er würde mir einen Mann für die Überwachung schicken. Ich sagte, ich würde draußen vor dem Haus auf ihn warten. Dann nutzte ich die Gelegenheit, um in der Schule anzurufen. Hal war mit Sammy Cohen weggefahren. Ja, da waren sie sicher. Sie hatten gesehen, wie er in den Lastwagen einstieg.

Ich fuhr zurück und saß vor der Wohnung und ärgerte mich über die verlorene Zeit und wünschte, ich hätte daran gedacht, Gary zu bitten, von Ellen überprüfen zu lassen, unter welchem Namen die Wohnung bei den Stadtwerken angemeldet sei, und nach etwa 45 Minuten kam ein klappriger blauer Mercury angeschnauft, der, wie ich erkannte, unserer Observierungseinheit gehörte. Er stotterte und ging aus (mit Hilfe, da war ich mir sicher, eines Schalters am Armaturenbrett), nur Sekunden nachdem er hinter mir angehalten hatte. Ernesto Rubacava stieg aus, eingekleidet wie ein lateinamerikanischer Zuhälter, mit Lackschuhen und einer viel zu weiten Hose mit einer Bügelfalte, mit der man sich hätte rasieren können, und öffnete die Motorhaube. Er sah angewidert darunter und schlenderte dann zu mir herüber; eine braune mexikanische Zigarette baumelte ihm aus dem Mundwinkel. »Hey, Lady, haben Sie einen Schraubenschlüssel?« fragte er laut und murmelte dann: »Welches Haus?«

»Das graue, die Wohnung über der Garage.« Ich tat so, als würde ich ins Handschuhfach gucken. »Ernie, du siehst zum Schreien aus.«

»Das hoffe ich. Hey, Lady, die meisten Leute haben ihre Schraubenschlüssel im Kofferraum.«

»Glaubst du, ich steige für jemanden aus dem Wagen, der so aussieht wie du?« tuschelte ich und öffnete dann die Tür.

Als wir beide uns über den Kofferraum beugten, fragte er: »Beschreibung?«

Ich gab sie ihm, schnell, und er holte einen Schraubenschlüssel aus dem Kofferraum. Ich folgte ihm bis zum vorderen Teil seines Wagens. »Ernie, schnapp dir jeden, der versucht, in die Wohnung zu gehen.« Ich sah zu, wie er emsig zwei oder drei Muttern oder Ventile oder was auch immer es war – ich habe nie behauptet, etwas von Autos zu verstehen – löste und dann wieder festzog, und sagte dann: »Hören Sie, Mister, ich muß los, also muß ich meinen Schraubenschlüssel wiederhaben.«

Er stolzierte zurück zu meinem Kofferraum, warf den Schraubenschlüssel hinein, knallte die Kofferraumhaube zu, funkelte mich an und ging entrüstet zu seinem Motor zurück, wobei er unterwegs stehenblieb, um gegen einen Reifen zu treten.

Als ich meinen Wagen startete, sah ich aus den Augenwinkeln Pancho Villas lachend auf der Veranda sitzen. Wenn sein Verstand noch ein wenig schärfer wäre, könnte er sich dran schneiden, dachte ich und hoffte, daß er nicht wußte, wie Rachel zu erreichen war. Aber absurderweise hatte ich das Gefühl, daß er es mir gesagt hätte, wenn er es wüßte.

Im Büro stellte ich fest, daß Miss Jones noch immer nicht zurückgerufen hatte. Doch die Computereingaben waren fertig, und einer von den ausgeliehenen Streifenpolizisten war sogar zu Fuß zur Stadtverwaltung gegangen, um die Computerausdrucke mit den sortierten Daten abzuholen.

Ich war drauf und dran, sie mir anzugucken, um festzustellen, was ich daraus machen konnte, doch es war vier Uhr, und Captain

Millner ging von Raum zu Raum und sagte: »Tagschicht, raus hier, ab nach Hause!« Ich schnappte mir den Stapel Ausdrucke und steuerte auf die Tür zu.

»Wo wollen Sie denn damit hin?« fragte Captain Millner.

»Womit?« erwiderte ich arglos und starrte ihn mit großen Augen an - eine Technik, die mir schon vielfach von Nutzen gewesen ist, aber bei Captain Millner keinerlei Wirkung zeigt.

Er sah mich einen Augenblick an und schüttelte den Kopf. »Ich habe nichts gesehen«, sagte er. »Vergessen Sie nicht Ihr Walkietalkie.« Er schritt an mir vorbei und zur Tür hinaus.

Ich fuhr zur Farm und holte Hal ab, der einen ereignisarmen Nachmittag verlebt hatte; er hatte auf einem geliehenen Pferd geritten und die Milchkühe zum Stall getrieben. Die Kühe wären zwar genausogut auch ohne seine Hilfe zum Stall gegangen, doch das tat nichts zur Sache; er war guter Dinge und plapperte auf der ganzen Fahrt nach Hause darüber, welche Vorzüge es hätte, wenn wir ein Pferd kaufen würden, und es wäre nicht schlimm, daß wir es nicht in Summerfields halten könnten, denn es könnte bei Sammy zu Hause leben.

Summerfields, wie ich nachträglich erklären sollte, ist ein Vorort von Fort Worth *und* ein Vorort von Keller. Das heißt, es befindet sich innerhalb der Stadtgrenze von Fort Worth, wodurch es den Stadtsteuern und Stadtverordnungen unterliegt (so unter anderem der, daß keine Pferde auf einem 1000-qm-Grundstück gehalten werden dürfen), doch es gehört zum Schulbezirk von Keller. Ob Hals Schule nun *besser* ist als die Schulen von Fort Worth oder nicht, sie ist jedenfalls *kleiner,* und das ist bei meinem Gehalt ein Vorteil.

Nachdem ich am Abend zuvor nach Hause gekommen war, war Harry zum Hof des Abschleppdienstes gefahren und hatte die Lebensmittel aus dem Kofferraum meines Wagens geholt, und sie lagen jetzt - bis auf die Sachen, die in den Kühl- oder Gefrierschrank mußten und die er weggeräumt hatte - noch immer auf dem Küchentisch und warteten auf mich. Ich hatte sie gestern abend gar nicht bemerkt, sonst hätte ich sie sofort weggeräumt; ich war so darauf erpicht, irgend etwas zu tun, um meine nervöse Energie abzureagieren, daß ich sogar den Wäscheschrank aufräumte, eine Arbeit, die ich nur einmal im Jahr erledige und auch nur, wenn es absolut unmöglich geworden ist, ein Handtuch aufzutreiben, ohne dabei gleich drei Bettlaken auf den Boden zu werfen.

Ich räumte die Lebensmittel weg. Ich fing an, Fischfrikadellen zum Abendessen zu machen, holte grüne Erbsen als Beilage aus der Tiefkühlung und setzte Wasser für den Reis auf. Und hörte Pat knurren.

Pat knurrt normalerweise nur, wenn der Postbote kommt, und der Postbote kommt nicht um fünf Uhr nachmittags. Ich ging zur Tür mit meiner Pistole in der Hand.

Der Paketbote von UPS stand auf der anderen Seite des Zauns und starrte auf das Tor, hinter dem der große Hund mit gefletschten Zähnen stand, schrie auf und sprang zurück. Als ich rasch die Pistole senkte, grinste er schwach und sagte: »Himmel, Lady, ich weiß, daß *Hunde* mich nicht mögen, aber –«

»Tut mir leid, ich dachte, es wäre jemand anders«, sagte ich matt. Ich legte die Pistole auf ein Regalbrett neben der Haustür, ging nach draußen, schnappte mir Pat und tat ihn an eine Laufleine, bevor ich zum Tor ging und das Paket in Empfang nahm. Dann ließ ich Pat von der Leine, ging ins Haus zurück nahm meine Pistole wieder und sagte: »Hal.«

»Ja, Ma'am?« Mein Tonfall verlangte offensichtlich nach einem »Ja, Ma'am«.

»Bist du einem Schallplattenclub beigetreten?«

»Äh, ich –«

»Bist du einem Schallplattenclub beigetreten?«

»Ich kann es bezahlen!«

»Wie?«

»Indem ich Rasen mähe«, beteuerte er, und ich machte ihn darauf aufmerksam, daß wir fast Oktober hatten und daß zwischen Oktober und März kein Rasen gemäht werden muß. Und in Fort Worth kann man die Zwischenzeit nicht mit Schneeschippen überbrücken.

»Tja, wenn du mir das Geld für die Schallplatten jetzt vorstreckst, zahl' ich es dir zurück, wenn –«

»Hal«, sagte ich, »dein Vater und ich haben dir doch ausdrücklich gesagt, daß du keinem Schallplattenclub beitreten sollst.«

»Och, Mom!«

»Oder?«

»Ja, aber –«

»Die Platten gehen zurück.« Ich nahm sie mit in mein Schlafzimmer, das, wenn ich nicht zu Hause bin, durch ein Schloß an der Tür vor plündernden Kindern geschützt ist, und legte die Schallplatten in den Schrank. In Wirklichkeit hatte ich gar nicht die Absicht, sie zurückzuschicken - Hal hatte in etwa zwei Wochen Geburtstag, und jetzt hatte ich wenigstens etwas, wovon ich hundertprozentig sicher war, daß er es sich wünschte. Ich mußte dann bloß bis zum nächsten März die Schallplattenprospekte abfangen, damit er sich nicht irgendwas bestellte, das er unmöglich bezahlen konnte.

Er ging schmollend auf sein Zimmer und tauchte dann zehn Minuten später wieder auf, um zu fragen, ob er hinüber zu Andy gehen und fernsehen könne.«

»Wir haben einen Fernseher«, sagte ich, »und Andy kann gerne jederzeit zu uns zu kommen.«

»Och, Mom!« protestierte er. »Unser Fernseher hat doch kein ...« Er stockte, blickte schuldbewußt drein.

»Ich weiß. Unser Fernseher hat kein MTV. Hal, komm setz dich mal hierher.« Ich hockte mich auf die Lehne der Couch, und er kam mit beleidigtem Blick herübergeschlurft und setzte sich auf die andere Armlehne, zwar noch auf der Couch, aber soweit weg von mir wie nur eben möglich. »Hal«, sagte ich, »ich weiß, die nächste Zeit wird für dich ziemlich langweilig sein. Aber wer immer gestern abend auf uns geschossen hat, er treibt sich noch irgendwo herum, und er könnte es wieder versuchen. Hal, ich muß dafür sorgen, daß du geschützt und in Sicherheit bist, auch wenn du deswegen sauer auf mich wirst.«

»Kannst du denn wenigstens wieder MTV reinholen?«

»Nein, Hal. Den Grund dafür habe ich dir bereits erklärt.« Tatsächlich gab es eine Möglichkeit, wie er MTV bekommen könnte, doch die würde ich ihm nicht verraten. MTV läßt sich nur mit einem Gerät am Kabelkasten abschließen; damit kann der Ton, aber nicht das Bild abgeschaltet werden, und die meisten Radios, wie sie bei den Teenagern heute in sind - die sogenannten »Ghetto-Blaster«, von denen Hal bereits zwei hatte - empfangen Fernsehton. Doch je länger Hal das nicht wußte, desto zufriedener war ich.

»Och, Mom, ich kann hier überhaupt nichts *machen*!«

»Bücher. Schallplatten. Kassetten. Fernsehen. Video. Deine Geräte zum Gewichtheben in der Garage. Zeitschriften. Die Gitarre, wegen der du auf der Stelle tot umfallen wolltest, wenn du sie nicht kriegst.«

»Die ist bei Andy.«

»Was macht sie denn da?«

»Ich habe sie liegenlassen. Kann ich sie holen?«

»Nein, aber du kannst Andy gern zu uns einladen.«

Er seufzte tief, doch dann hellte sich seine Miene auf. »Kann Andy bei uns übernachten?«

»Nicht heute nacht. Morgen ist Schule.«

»Morgen ist keine Schule; es ist Freitag!«

»Heute ist nicht Freitag, wir haben Donnerstag.«

»Mom, es ist Freitag!«

Ich nahm die Zeitung und sah auf das Datum. Er hatte recht. Es war Freitag. Ich wußte, ich war müde, aber ich wußte nicht, daß ich so müde war. »Na gut, Andy kann kommen.«

»Kann ich Sammy auch einladen?«

Zugegeben, ich bin leicht rumzukriegen. Als wir schließlich fertig waren - oder er fertig war -, erwarteten wir Andy und Sammy *und* Steve *und* Robert und Ted über Nacht, und ich hatte mich dazu rumkriegen lassen, für die ganze Bande als kleinen Mitternachtshappen Pizza kommen zu lassen. Hal zog pfeifend ab in sein Zimmer, und ich widmete mich erneut meinen Fischfrikadellen.

Hal sagte, er wolle nichts davon. Er wollte auf die Pizza warten. Er schlich mit einer Tüte Kartoffelchips in der Hand an mir vorbei, allerdings nicht so unsichtbar, wie er dachte.

Es war okay. Ich hatte zwei Tüten im Küchenschrank. »Hal«, sagte ich.

»Ja?«

»Es ist auch noch Popcorn da.«

»Oh. Okay.« Er schlenderte wieder zur Speisekammer und holte das Popcorn.

Es war mir ganz recht, daß er nichts von den Fischfrikadellen wollte. Ich hatte nicht genug, um sechs Teenager zu füttern.

Als Harry und ich mit dem Abendessen fertig waren - Becky, so schlossen wir aus einem ziemlich unzusammenhängenden Telefonanruf, suchte Oleads Küche heim -, war die Rockmusik aus dem mittleren Schlafzimmer viel zu laut, als daß ich mich auf die Ausdrucke hätte konzentrieren können. Tatsächlich fürchtete ich bereits, daß heute nacht niemand würde schlafen können. Doch Harry sagte: »Bis Mitternacht dürfen sie sie anlassen. Dann ist Schluß.«

Tatsächlich schlief ich schon lange vor Mitternacht. Um halb zehn rief Harry bei Domino an, um die Pizza kommen zu lassen, statt hinzufahren und sie zu holen; vielleicht war er ja doch nervöser, als ich gedacht hatte. Aber mit der beruhigenden Gewißheit, daß ich nicht der einzige erwachsene Mensch im Haus war, schlief ich trotz des Radaus ein.

Irgendwann spät in der Nacht wurde ich wach. Ich wußte, daß es spät war, denn sogar das Kichern aus Hals Zimmer hatte aufgehört; es mochte halb vier oder vier sein. Und Pat bellte wie verrückt.

Pat bellt Menschen an. Er bellt nicht den Wind an; er bellt keine anderen Hunde an, es sei denn, sie kommen in unseren Vorgarten; er bellt keine Katzen an; und er bellt niemanden an, den er kennt, außer den Postboten. Er bellt Fremde an. Wenn sie aber bloß auf der Straße vorbeigehen, bellt er nur kurz, damit sie wissen, daß er weiß, daß sie da sind. Wenn er so bellt, wie er jetzt bellte, bellt er, weil ein Fremder im Vorgarten ist.

Ich machte das Licht an und griff nach meiner Pistole. »So kannst du nicht raus«, wandte Harry ein, und ich sagte: »Wieso nicht? Ich bin doch nicht nackt.«

»Aber fast.« Er warf mir einen Morgenmantel über, und ich hielt ihn mit der linken Hand zu, weil meine rechte Hand voller Pistole war und ich mir nicht die Zeit nehmen wollte, ihn zuzuknöpfen.

Doch noch bevor ich zur Schlafzimmertür hinaus war, ging das Licht auf der vorderen Veranda an, und Jungen drängelten zur Haustür hinaus und schrien: »Ein Einbrecher! Hal hat einen Einbrecher erwischt!«

Ich hörte eine laut fluchende Stimme im Vorgarten, und dann heulte ein Motorrad auf. Als ich nach draußen kam, war er bereits weg. Wenn die Jungs ihn nicht verscheucht hätten, hätte ich ihn gehabt. Und natürlich waren sie alle viel zu aufgeregt gewesen, um darauf zu achten, wie er ausgesehen hatte.

Ich ging wieder ins Schlafzimmer und warf mich aufs Bett und brach in Tränen aus.

Kapitel 11

Rückblickend ist es wirklich ziemlich peinlich. Ich konnte einfach nicht aufhören zu weinen. Becky kam herein und versuchte mich zu trösten, indem sie mir eine Kleenex-Packung reichte und mich drückte. Hal, der so verlegen dreinblickte, wie es nur ein Teenager kann, sagte: »Mom, es tut mir leid, ich wußte nicht, daß wir nicht nach draußen sollten.«

»Ich bin nicht böse«, schluchzte ich und griff nach einem frischen Kleenex.

»Alle Mann raus«, sagte Harry, der in der Schlafzimmertür stand. »Sie ist bloß übermüdet.« Er kam herein und bot mir seine Schulter an. Ich weiß nicht mehr, wann ich aufhörte zu weinen, doch es war fast Mittag, als ich aufwachte und mein Magen seinen inzwischen gewohnten Tango tanzte. Ängstlich aß ich, bevor ich aufstand, Kartoffelchips aus einer Tüte, die ich neben dem Bett hatte liegenlassen, und ging dann ins Wohnzimmer.

Die Fremdkinder waren nach Hause gegangen. Becky hatte irgendwann am Morgen Muffins gebacken, und deren krümelige Überreste klebten in den Muffinpfannen, die auf dem Herd standen; jetzt saß sie auf der Couch und sah sich mit Jeffrey auf dem Schoß einen Zeichentrickfilm im Fernsehen an. Hal, der solchem Kinderkram vorübergehend mit Verachtung begegnete, spielte mit Olead Schach. Harry saß am Funkgerät und hörte zu, wie zwei Männer in Lousiana sich gegenseitig mit den jeweiligen Schwächen ihrer Hunde bei der Waschbärenjagd aufzogen.

Alle sahen mich ängstlich an.

»Guten Morgen«, sagte ich.

»Guten Morgen«, sagte Harry.

Sonst sagte niemand etwas. Ich nehme an, sie wollten alle erst einmal abwarten, ob ich wieder losheulen würde. Ich kam mir lächerlich vor.

Den letzten Rest meiner Würde hinter mir herschleppend, ging ich in die Küche und schaffte es, drei Muffins aus der Muffinpfanne zu meißeln und sie mit Margarine zu bestreichen - zum Glück war die Margarine nicht in den Kühlschrank zurückgestellt worden und war ganz weich -, und ich goß mir ein Glas Milch ein und ging wieder ins Wohnzimmer, wo ich versuchte, meine Computerausdrucke nicht vollzukrümeln. Das erwies sich als unmögliches Unterfangen, wenn ich aß, während ich die Ausdrucke las, und so beschloß ich, eins nach dem anderen zu tun. Ich legte die Ausdrucke hin, aß die Muffins auf und ging in die Küche, um den Abwasch zu machen, was ich auch tatsächlich tat. Den ganzen Abwasch. Ohne Harry oder die Kinder zu bitten, mir zu helfen, spülte ich das Geschirr, und ich trocknete es ab, und ich räumte es weg, und ich tat alles dahin, wo es hingehörte - das nahm einige Zeit in Anspruch -, und ich wischte alle Arbeitsflächen ab und die Tischplatte und die Oberseite der Mikrowelle, und ich setzte den Braten für das Abendessen in den Römertopf. Ich dachte sogar daran, die Kartoffeln und die Möhren vor dem Braten reinzutun, wie man es macht, wenn man einen Braten im Römertopf zubereitet.

Als ich durchs Wohnzimmer schlenderte, sah ich, daß Harry mich mit unverhohlenem Erstaunen anstarrte. Er blickte rasch weg, als er sah, daß ich es gemerkt hatte.

Ich sammelte die schmutzige Wäsche zusammen und sortierte sie in drei Haufen - weiße, hellbunte, dunkelbunte. Normalerweise stopfe ich abends eine einzige Ladung von allem bis auf Hals Jeans in die Waschmaschine, doch diese Woche hatte ich noch gar nicht gewaschen und war etwas in Verzug geraten. Ich tat den ersten Schwung in die Maschine und ging die Betten abziehen. Alle. Sogar Beckys.

»Deb, geht's dir gut?« fragte Harry.

»Ja, sicher«, sagte ich geistesabwesend und steckte die Zeitungsansammlung mehrerer Tage in einen schwarzen Plastikmüllbeutel.

Harry schaltete das Funkgerät ab und stand auf. »Was hast du vor?« fragte ich.

»Na, wenn du so arbeitseifrig bist, gehe ich wohl besser den Rasen mähen«, sagte er. »Überhaupt, wenn ich es jetzt erledige, muß ich ihn bis zum Frühjahr nicht mehr mähen. Hal, hol den Häcksler.«

Hal warf mir einen kurzen Blick zu, bevor er zur Tür hinausging. Aber wenn er am hellichten Tag mit seinem Vater im Vorgarten nicht sicher war, dann war er es nirgendwo.

»Mom, kann ich dir helfen?« fragte Becky.

»Nein, danke, ich komme schon klar«, sagte ich geistesabwesend.

»Dann kannst du mir helfen«, sagte Olead. »*Meine* Küche ist das reinste Chaos.« Er packte sich einen kichernden Jeffrey unter den Arm und ging zur Tür; Becky schnappte ihre Handtasche und folgte ihm.

So, dachte ich zwei Stunden später bekümmert, wenn einer von uns getötet wird, haben wir zur Beerdigung wenigstens ein sauberes Haus.

Ich hatte keine Ahnung, was in mich gefahren war. Es gibt niemanden auf der Welt, der Hausarbeit so sehr haßt wie ich; ich mache sie nur, weil sie nun mal gemacht werden muß und sonst offenbar keiner wild darauf ist; doch aus irgendeinem unerfindlichen Grund hatte ich tatsächlich Riesenmengen davon ohne den geringsten Zwang erledigt, und noch dazu in Rekordzeit.

Schließlich, als mir nichts anderes mehr einfiel, als die Fenster zu putzen und den Teppich zu schamponieren - und so wild war ich nun auch wieder nicht auf Hausarbeit - oder die Tiefkühltruhe abzutauen, was Harrys Aufgabe ist, eben weil es eine Truhe ist und ich sie bei meiner Größe unmöglich schrubben kann, ohne ganz reinzuklettern, was mir nicht sonderlich behagt, nahm ich mir erneut meine Ausdrucke vor.

Harry und Hal kamen herein, schmutzig und verschwitzt und ungeheuer selbstzufrieden dreinblickend, und gingen zu den beiden Badezimmern, wo sie eine lautstarke und heftige Debatte über den Wasserverbrauch führten, die erst endete, als Harry schließlich schrie: »Hal, ich hab' gesagt, *dreh es ab*, bis ich fertig bin.«

Ich achtete nicht auf sie und las die Ausdrucke.

Ich hatte darum gebeten, die Daten nach den Namen der Personen, die die Babys auf die Welt geholt hatten, zu sortieren, und ich suchte nach Rachel Strada. Leider hatte ich nicht darum gebeten, die Namen der Ärzte und Hebammen alphabetisch sortieren zu lassen. Es gibt in Tarrant County viele Leute, die Babys auf die Welt holen.

Da war sie, Rachel Strada. Die Pattens, ja, von denen wußte ich bereits. Rachel Strada hatte auch die Babys von Edward und Irene O'Neal, Dean und Catherine Norris, Gerald und Sarah Thompson,

Richard und Connie Hughes und Lyndon und Victoria Scott geholt. Alle Geburten hatten in der Zeit von März bis zur ersten Septemberwoche stattgefunden, und zwar in Tarrant County außerhalb des Stadtgebiets.

Außerdem wollte ich jetzt nach allen Familien suchen, die in einem Zeitraum von weniger als neun Monaten zwei Geburten standesamtlich gemeldet hatten, doch mir fiel nachträglich ein, daß es für diese Überprüfung ratsam gewesen wäre, mir die Einträge geben lassen, die bis Januar zurückreichten und nicht nur bis März. Irgendwie hatte ich nicht das Gefühl, daß ich mich am Montag morgen besonders beliebt machen würde, es sei denn, ich würde es übers Wochenende schaffen, meinen Fall zu lösen.

Dirty Harry löst einen Fall innerhalb von zwei Stunden. Aber ich bin nicht Dirty Harry, und ich ging nicht davon aus, daß Captain Millner sehr erfreut wäre, wenn ich versuchte, diesen Fall mit einer .44 Magnum zu lösen. Oder auch nur mit einer .38 Special.

Ich fing an, mir Notizen zu machen. Das O'Neal-Baby war ein 2466 g schweres Mädchen. Das Norris-Baby war ein 3288 g schwerer Junge. Die Thompsons hatten einen 4479 g - aua, dachte ich - schweren Jungen. Das Hughes-Baby war ein 3685 g schweres Mädchen. Und die Scotts hatten einen 3005 g schweren Jungen.

Wenn ich die jetzt finden könnte ...

Im Telefonbuch fand ich einen Edward O'Neal auf dem University Drive in Fort Worth, einen Dean Norris auf dem El Dorado in North Richland Hills, einen Gerald Thompson auf der Timber Terrace in Arlington, einen Richard Hughes auf der Regent Row in Benbrook und einen Lyndon Scott auf dem River Oaks Boulevard in Fort Worth.

Vielleicht waren es diejenigen, die ich suchte, vielleicht aber auch nicht. Das würde sich zeigen.

Okay, O'Neal und Scott wohnten in meinem Bezirk; um sie konnte ich mich selbst kümmern. Thompson wohnte in Arlington; darauf konnte ich Kathy ansetzen. Für Norris würde ich mir einen Assi vom North Richland Hills Police Department besorgen müssen, und wegen Hughes würde ich mit dem Benbrook Department reden müssen.

Ich fragte mich, woher der Ausdruck »sich einen Assi besorgen« kam. Er klang blöd.

Samstag. Ich durfte eigentlich gar nicht im Dienst sein.

Das Oberste Gericht kann mir doch gestohlen bleiben, dachte ich nicht zum erstenmal. Die waren in dem Glauben, uns mit der Anordnung zu helfen, daß die Polizei in Zukunft für jede Sekunde Mehrarbeit bezahlt werden mußte. Aber die Städte hatten für derlei zusätzliche Aufwendungen kein Geld, mit dem Ergebnis, daß nicht nur vom normalen Streifendienst, sondern auch von der Mordkommission ständig Leute abgezogen wurden, und das im ganzen Land. Und manchmal lief es darauf hinaus, daß Polizeibeamte wie ich versuchten, still und heimlich von zu Hause aus zu arbeiten, in der Hoffnung, nicht erwischt zu werden.

Okay, was konnte ich also machen, das einfach und schnell über die Bühne ging?

Vor vielen Jahren, als ich noch sehr jung und noch nicht verheiratet war, habe ich eine Zeitlang Zeitschriftenabonnements per Telefon verkauft. Ich hatte nicht vergessen, wie das ging. Ich informierte mich über die aktuellen Preise und beschloß, die Zeitschrift *Parents* zu verkaufen. So hatte ich einen plausiblen Vorwand für die Frage, ob ein Baby in der Familie war. Ich überlegte mir nicht, was ich machen würde, falls sich jemand entschloß, die Zeitschrift zu kaufen - normalerweise passiert das nicht. Es ist wirklich ein harter Broterwerb.

Die Edward O'Neals wollten keine Zeitschrift kaufen. Man teilte mir wütend mit, daß jemand, der anruft, wenn ein Baby gerade schläft, ohnehin ein Vollidiot ist.

Bei den Norris ging keiner an den Apparat.

Als ich die Nummer der Thompsons wählte, nannte mir eine Stimme vom Band eine Telefonnummer mit der Vorwahl 213. Das ist ja interessant, dachte ich - 213 ist Los Angeles.

Mrs. Hughes sagte mir, ja, sie habe ein Baby, ja, sie habe alle Zeitschriften, die sie brauchte, ich solle sie bitte in Ruhe lassen.

Als ich die Nummer der Scotts wählte, sagte mir eine Stimme vom Band: »Kein Anschluß unter dieser Nummer.«

»Deb«, fragte Harry, »was machst du da eigentlich?«

»Ich versuche, was rauszufinden«, sagte ich. »Falls ich wegmuß, hast du dann ein Auge auf Hal?«

»Och, Mom!« protestierte Hal.

»Es wird mir ein großes Vergnügen sein, ein Auge auf Hal zu haben«, sagte Harry heiter. »Es wird mir auch ein großes Vergnügen sein, ein Auge auf den Garten vor und hinter dem Haus zu haben. Das hätte ich schon vor zwei Tagen tun sollen.« Er nahm seine Schrotflinte vom Gewehrständer, lud sie mit drei Patronen und sagte weiter: »Hal, ich warne dich, wenn du hier drangehst, bekommst du die Knute.«

»Was heißt ›Knute‹?«

»Sieh im Wörterbuch nach. Mußt du das wirklich machen?« sagte er an mich gewandt.

»Nein«, sagte ich.

»Ich wollte es bloß wissen.«

»Jetzt weißt du's.«

Ich ging zur Tür hinaus und blieb abrupt stehen. Einen halben Block von meinem Haus entfernt, am Rande des freien Feldes, wo die Feuerwehr gern ihre Übungen abhält, parkte ein Zivilfahrzeug der Polizei. Aber es war überdeutlich als solches zu erkennen, für mich und vermutlich für jeden, der es eigentlich nicht erkennen sollte, denn die zwei Stabantennen waren doch ein wenig auffällig ebenso wie der teure, PS-starke Wagen ohne Zierleiste oder dergleichen. Ich ging hinüber zu ihm.

»Hi«, sagte Bill Livingston.

»Was machst du hier?«

»Nach deinem kleinen Malheur gestern nacht, dachte Millner, du könntest vielleicht ein bißchen Schutz gebrauchen.«

»Ich kann auf mich selbst aufpassen, danke.«

»Und wo willst du jetzt hin?«

»Weg. Ist das wichtig?«

»Nicht besonders. Ich habe Anweisung, auf das Haus aufzupassen und auf jeden, der drin ist.«

»Hör auf, das ist doch absurd.«

»Gib mir nicht die Schuld«, sagte Bill, »sondern Millner. Sieh mal, Deb, nach dem, was ich so mitgekriegt habe, hört es sich so an, als wärst du da einer großen Sache auf der Spur.«

»Das ist durchaus möglich.«

»Also wer ist noch im Haus? Es wäre ganz hilfreich zu wissen.«

»Mein Mann. Mein Sohn. Die Autos, die hierher gehören, abgesehen von meinem Wagen und Harrys Bus, sind Beckys Toyota, von meinem Schwiegersohn der Escort - der ist rot - und Olead Bakers Ford-Kombi. Alles andere könntest du vielleicht überprüfen. Es gehen hier ständig irgendwelche Teenager ein und aus, aber du könntest jeden Erwachsenen, den du nicht kennst und der nicht zu einem der Wagen gehört, überprüfen.«

»Werd' ich. Beißt der Hund?«

»Nicht, wenn du keine Uniform trägst. Soviel ich weiß, hat er eigentlich noch nie gebissen, aber er bellt bei Leuten in Uniform. Er hält sie alle für den Postboten, und er haßt den Postboten.«

»Echt?« sagte Bill langsam und blickte verwirrt.

Ich fragte nicht, warum er so verwirrt blickte.

Das war ein Fehler.

Irene O'Neal war allein zu Hause; ihr Mann war bei der Arbeit. »Er arbeitet fast immer«, sagte sie bekümmert. »Er ist so gut wie nie zu Hause. Er ist viel älter als ich, wissen Sie. Er ist siebenundfünfzig.«

Irene war kaum älter als zweiundzwanzig. Sie war eine junge Frau mit freundlichem Gesicht, nicht sehr gebildet, und, wie ich vermutete, nicht sonderlich intelligent. Ich hatte mich zwar vorgestellt, aber ich war mir nicht sicher, ob sie mich verstanden hatte. »Mrs. O'Neal«, begann ich und las ihr ihre Rechte vor.

»Ich weiß nicht, was das alles zu bedeuten hat«, sagte sie ausdruckslos. Ich fing an, es ihr zu erklären, doch sie sagte: »Oh, nein, bemühen Sie sich nicht, ich habe nichts dagegen, mit Ihnen zu sprechen. Sie wollten mir doch Fragen über Junie stellen, nicht? Wir nennen sie Junie, weil sie im Juni geboren ist, ist das nicht süß? Wissen Sie, sie ist nicht von mir. Ich kann keine Kinder bekommen.« Ihre Stimme klang traurig. »Meine Mutter hat vor meiner Geburt irgendwelche Medikamente genommen, und ich hatte deshalb große Probleme, und der Arzt hat gesagt, ich müßte mir die Gebärmutter entfernen lassen, damit ich nicht noch kränker würde. Deswegen kann ich keine Kinder kriegen. Und es ist mir deshalb richtig schlecht gegangen. Da hat Eddie gesagt, ich sollte aufhören zu jammern, er würde mir eins besorgen. Und er hat gesagt, daß er sich um alles kümmern würde und so. Er hat gesagt, ich müßte nur alles vorbereiten, und er hat mich gefragt, ob ich lieber einen Jungen oder ein Mädchen hätte, und ich dachte, ihm wäre ein Junge vielleicht lieber, aber er hat gesagt nein, ich sollte entscheiden, und da habe ich gesagt, ich hätte gern ein Mädchen, weil es soviel Spaß macht, sie anzuziehen, und er hat gesagt, ich sollte alles vorbereiten weil wir das erste Mädchen nehmen würden, das wir bekommen könnten, und ich habe das Kinderzimmer eingerichtet, und prompt ist Junie gekommen. Ist sie nicht süß?«

Sie war wirklich ein Püppchen. Sie hatte einen rosenroten Mund, rötlich braune Locken, blaue Augen, rosa Wangen. Mit ihren drei

Monaten interessierte sie sich schon richtig für ihre Umgebung, und Irene drückte sie glücklich an sich.

»Ich bin die Älteste von neun Kindern«, sagte sie weiter, »und jeder hat gedacht, ich würde nie eigene Kinder haben wollen, weil ich ständig auf meine Geschwister aufpassen mußte, aber ich kann mir einfach nicht vorstellen, kein Baby zu haben, das ich knuddeln kann.«

Irgend jemand anders würde Irene sagen müssen, das Junie nicht ihr gehörte. Ich hatte gerade beschlossen, daß ich es nicht tun würde.

»Sie sagen, Eddie hat sich um sämtliche Formalitäten gekümmert?«

»Oh, ja, ich mußte nicht mal irgendwelche Papiere ausfüllen oder so. Er hat sogar dafür gesorgt, daß in der Geburtsurkunde steht, ich hätte sie zur Welt gebracht, damit sie niemals erfahren wird, daß sie adoptiert ist. Obwohl, ich glaube, ich sollte es ihr doch irgendwann erzählen, finden Sie nicht auch? Ich meine, sie sollte schon wissen, daß sie vor mir eine Mama gehabt hat. Dazu gehört bestimmt Mut, ein Baby abzugeben, weil du weißt, du kannst es nicht richtig versorgen. Ich weiß nicht, ob ich das könnte. Ich glaube, ich würde es behalten und einfach versuchen, mein Bestes zu tun, aber das könnte für das Baby ziemlich schlimm sein, wenn die Situation, Sie wissen schon, irgendwie schief wäre. Ich würde irgendwann gern ihre leibliche Mutter kennenlernen, nur um ihr zu danken, verstehen Sie?«

»Wo arbeitet Eddie?« fragte ich.

Sie blickte plötzlich verwirrt und besorgt drein. »Wissen Sie was? Das weiß ich nicht. Er hat mir gesagt, wo er arbeitet, und er hat gesagt, ich soll ihn ja nicht bei der Arbeit anrufen, denn er hätte viel zu tun, aber heute morgen habe ich trotzdem da angerufen, weil hier bei uns jemand für ihn angerufen hat und gesagt hat, es wäre wirklich wichtig, und dort, wo er angeblich arbeitet, haben sie mir gesagt, sie hätten nie von ihm gehört. Man sollte ja annehmen, daß ich das wüßte, aber er und ich haben uns in einem Club kennengelernt, wissen Sie, wo ich gearbeitet habe, und er hat gesagt, ich wäre eine hübsche kleine Puppe und er würde mich gern in seine Hosentasche stecken und mit nach Hause nehmen, und ich habe gesagt, ob seine Hosentasche groß genug wäre, und er sagte, Baby, ich mach' sie groß genug. Man sollte ja annehmen, daß er mir sagt, wo er arbeitet, nicht wahr, falls ich ihn mal erreichen muß, bei einem Notfall oder so. Wieso er mich deswegen wohl angelogen hat?«

»Was hat er Ihnen erzählt, wo er arbeitet?« fragte ich. Vielleicht bekam ich so wenigstens einen Hinweis darauf, wie sein Verstand arbeitete.

»In einem Restaurant. Im Tandy Center. Er hat gesagt, er wäre der Geschäftsführer. Aber das stimmt nicht.« Sie nannte mir den Namen des Restaurants. Ich kannte es gut – eigentlich mehr Bar als Restaurant, aber ein nettes Lokal, wo man einen Spinatsalat bekommt, den ich ganz besonders mag. Ich kenne den Geschäftsführer. Seine Name ist nicht Eddie O'Neal.

Irene, dachte ich, du bist ein nettes Mädchen, aber nicht gerade helle. Ich stand auf. »Ich danke Ihnen«, sagte ich, »Sie haben mir sehr geholfen.«

»War das alles, was Sie wissen wollten?«

»Es kann sein, daß ich noch mal wiederkommen muß«, sagte ich ausweichend.

»Kein Problem, ich bin da. Ich und Junie gehen nicht viel raus.«

Ohne recht zu wissen wieso, gab ich ihr meine Telefonnummer.

Von der ersten Telefonzelle aus rief ich im Archiv an, um zu fragen, was wir über Eddie O'Neal hatten. Es ging jedoch niemand an den Apparat.

Natürlich, dachte ich, die haben ja auch Anweisung, keine Überstunden zu machen.

Ich rief zu Hause an. Harry sagte, es sei alles in Ordnung, und fragte, ob ich wüßte, daß wir nun observiert wurden. Ich sagte, ich wüßte es.

Was mich an die Observierung erinnerte, die ich angeordnet hatte. Ich fuhr hinüber zur Rosedale Street. Carlos Amado – der Name bedeutet Karl Liebhaber, was ihm von seiten seiner Kollegen schon so manche Frotzelei eingebracht hat – saß jetzt vor Rachel Stradas Wohnung. Er sagte, es habe sich nichts getan. Mein Freund Pancho, nicht mehr und nicht weniger betrunken als gestern, winkte mir mit seiner Dose Carta Blanca und rief: »Hola!«

Ich winkte und fuhr davon, hielt an einem 7-Eleven, um mir eine Dose Sprite zu kaufen. Ich war unerklärlich durstig.

Natürlich hatten wir im ganzen Staat eine Fahndung nach Rachel Strada eingeleitet, doch wir rechneten nicht damit, daß die Fahndung etwas bringen würde. Ich bezweifelte mittlerweile auch, daß die Überwachung ihrer Wohnung was bringen würde. Wenn sie bis Montag noch nicht nach Hause gekommen war, würde ich mir einen Durchsuchungsbefehl besorgen und reingehen – ich würde es schon am Sonntag machen, wenn diese idiotische Keine-Überstunden-Vorschrift nicht wäre.

Familie Norris wohnte in North Richland Hills und die Hughes in Benbrook. Es wäre taktisch unklug gewesen, die Departments der Nachbarbezirke um Hilfe zu bitten, nicht solange ich offiziell außer Dienst war. Die Thompsons schienen nach Los Angeles gezogen zu sein; nun, ich konnte wenigstens im Büro vorbeischauen, eine Sache von ein paar Minuten, und ein Fernschreiben nach Los Angeles schicken. Auch wenn dort die Keine-Überstunden-Vorschrift galt (es konnte durchaus sein, daß sie nicht davon betroffen waren; Los Angeles ist eine ziemlich wohlhabende Stadt), mußte das Department doch ständig besetzt sein.

Die Scotts wohnten auf dem River Oaks Boulevard, falls dem noch so war – der Telefonanruf ließ darüber keinen eindeutigen Schluß zu. Ich fuhr hin.

Sie hatten, wie ich feststellte, ihre Telefonnummer geändert, weil das Baby dauernd vom Telefonklingeln wach wurde, zu Mrs. Scotts großem Verdruß.

Ich konnte mir keinen krasseren Gegensatz vorstellen als den zwischen Irene O'Neal, die etwas Besseres verdiente als das, was ihr bevorstand, und Victoria Scott, die meiner vielleicht voreingenommenen Meinung nach Schlechteres verdiente.

Das Haus war groß, alt, wunderschön eingerichtet und dunkel. Das Baby – ein 3005 g schwerer Junge, wie ich mich erinnerte – schrie unaufhörlich irgendwo im hinteren Teil des Hauses, während Victoria Scott steif im Wohnzimmer saß. »Ich füttere ihn genau nach Zeitplan«, sagte sie mir. »Es wäre nicht gut für ihn, wenn er verwöhnt würde. Nein, das wäre es ganz und gar nicht. Er soll das richtige Rüstzeug bekommen, das er braucht, um seinen Platz in der Gesellschaft einzunehmen.«

»Babys werden nicht verwöhnt, wenn man sie ab und zu mal lieb hält«, sagte ich, und sie rümpfte mißbilligend die Nase.

»Wieso sind Sie eigentlich hier, Miss ... Wie war doch gleich Ihr Name?«

»Detective Ralston«, sagte ich, »und ich bin hier, um mit Ihnen über eine mutmaßliche Gesetzesübertretung zu sprechen.« Ich las ihr ihre Rechte vor. Sie rümpfte erneut die Nase. »Sind Sie bereit, mit mir zu sprechen?«

»Das bin ich ganz und gar nicht«, erwiderte sie. »Unerhört, Leute in unserer Position irgendeines geringfügigen, gemeinen Verbrechens zu verdächtigen. Ich werde umgehend meinen Anwalt verständigen und ihn über diese Ungeheuerlichkeit in Kenntnis setzen.«

»Davon bin ich überzeugt, Mrs. Scott«, sagte ich. »Davon bin ich überzeugt. Bei der Gelegenheit könnten Sie ihn gleich bitten, Ihnen zu erklären, was der Terminus ›Mitwisserschaft‹ bedeutet.«

»Was wollen Sie damit sagen?«

»Daß man Ihnen Beihilfe zum Mord zur Last legen könnte, falls, wie ich vermute, eine Frau ermordet worden ist, damit ihr Baby an Sie verkauft werden konnte.«

»Das ist doch wohl die *Höhe*!« schnaubte sie. »Ich möchte Sie darauf aufmerksam machen, daß ich eine gute Christin bin und daß ich in meinem ganzen Leben noch nie etwas so Ungeheuerliches gehört habe. Ich rate Ihnen, mein Haus auf der Stelle zu verlassen, bevor ich die Polizei rufe.«

»Offenbar können Sie mir nicht recht folgen, Mrs. Scott«, sagte ich, als ich aufstand. »Ich *bin* die Polizei. Oder zumindest von der Polizei.«

Als sie mich zur Tür brachte, sprach aus ihrem Gesicht die pure Verachtung, und ich saß einen Augenblick in meinem Wagen und kochte vor Wut. Doch dann wurde mir verspätet klar, was mir schon im Haus hätte klar werden müssen. Niemand verhält sich so, wie Victoria Scott sich verhalten hatte, ganz gleich, wie reich oder neureich er ist, es sei denn, er zieht eine Show ab. Anders als Irene O'Neal, womöglich auch anders als Jackie Patten, wußte Victoria Scott genau, was sie getan hatte. Sie hatte panische Angst – und sie war bereit, mich mit allem, was ihr zur Verfügung stand, zu bekämpfen.

In ihrem Fall zählte zu »allem« der gesamte Einfluß, den man spielen lassen kann, wenn man sehr viel Geld und von Haus aus gute Beziehungen hat. Die übertriebene Arroganz, als ob sie in einem schlechten Theaterstück ihren Text aufsagte, war nicht mehr als der erste Warnschuß gewesen.

Ich wußte, daß ich nicht im Dienst war. Aber es konnte ja nichts schaden, kurz ins Büro zu fahren und nachzusehen, ob etwas auf meinem Schreibtisch lag.

Dutch Van Flagg saß stirnrunzelnd vor einem Stapel Blätter, auf denen er emsig Diagramme zeichnete, offenbar in dem Versuch, herauszufinden, wer zu einer bestimmten Zeit wo war. »Hi, Dutch«, sagte ich. »Ich wußte nicht, daß du heute arbeitest.«

»Tu' ich ja gar nicht. Ich kämpfe gegen Windmühlen. Wieso darfst du heute arbeiten?«

»Darf ich ja gar nicht.« Ich mußte laut aufstoßen und nahm aus meiner Schreibtischschublade eine Packung Kartoffelchips als Beilage zu der Cola, die ich unten gekauft hatte.

Dutch starrte mich an. »Wenn ich es nicht besser wüßte, würde ich schwören, du bist schwanger«, sagte er zu mir.

»Ha-ha«, entgegnete ich. »Ich habe mal wieder ein Magengeschwür.« Ich fing an, Papiere durchzusehen. Obenauf lag ein Fernschreiben vom Chef der Kripo in Lawton, Oklahoma. Er hatte gehört, daß ich an einem Fall arbeitete, bei dem es um entführte schwangere Frauen ging. Er wollte mir mitteilen, daß er zwei hatte: Dana Carlisle, verschwunden seit dem 9. September, errechneter Geburtstermin der 2. Oktober, und Petra Kent, vermißt seit dem 23. August, errechneter Geburtstermin Ende September.

Ich hatte nicht einmal daran gedacht, außerhalb des Staates Erkundigungen einzuholen. Jetzt rief ich die Einsatzleitung an und bat um weitere Fernschreiben - Oklahoma, Arkansas, Louisiana. Ich überlegte einen Moment, rief dann noch mal an und sagte, sie sollten Kansas noch hinzunehmen. So weit ist es eigentlich gar nicht bis nach Kansas.

»Wie wär's, wenn ich das Ganze bundesweit mache?«

Ich hatte nichts dagegen, obwohl ich nicht glaubte, daß unsere Bande, die allem Anschein nach regional arbeitete, jemanden in Oregon oder Vermont gekidnappt hatte.

Anschließend rief ich die Kollegen in Lawton an. Natürlich gilt für sie dieselbe Entscheidung des Obersten Gerichts wie für uns, und das dortige Kripobüro war zur Zeit nur mit einem Beamten besetzt. Er sagte mir, sein Name sei Ted Two Tails und auf irgendwelche Witze könne er verzichten, danke. Er hatte ein paar Informationen mehr, als ich dem Fernschreiben entnehmen konnte; alles in allem sah es so aus, daß Dana und Petra beide ehrbare verheiratete Frauen waren. Dana erwartete ihr erstes Kind, Petra ihr drittes. Sie waren beide abends um halb zehn vom Parkplatz desselben Supermarktes entführt worden, offenbar wahllos. Beide Wagen waren dort zurückgelassen worden, und beide Handtaschen waren im Wagen.

Auf Nachfrage fügte er hinzu, daß beide Weiße waren und ja, ihren Fotos nach zu urteilen, konnte man sie als hübsch bezeichnen.

Das paßte. Alle Frauen waren hübsch gewesen. Die Bande wollte hübsche Babys; sie hatten sich bestimmt gedacht, daß man die nur von hübschen Müttern bekommt.

In Lawton, so fügte Ted hinzu, war man ziemlich hysterisch. So etwas passierte dort nun mal nicht. Als die erste verschwand, dachte man, irgendein Typ aus der Army in Fort Sill wäre durchgedreht; bei der zweiten hatte es dann in fanatischen anglo-amerikanischen Kreisen finsteres Gemunkel über geheime indianische Blutrituale gegeben. Er hoffte, daß wir weiterhelfen konnten.

So etwas, sagte ich zu ihm, sollte nirgendwo passieren, und ich hoffte, daß er mir weiterhelfen konnte. Ich bat um Fotokopien von allem, was sie hatten. Er sagte, er würde sie mir schicken, aber es war eben nicht viel.

Erst nachdem ich aufgelegt hatte, kam ich drauf - damit ist es ganz sicher bundesstaatenübergreifend. Es ist jetzt ein Fall fürs FBI.

Ich rief das FBI an - sie erfreuten sich schon einer Fünf-Tage-Woche, noch bevor das Oberste Gericht angefangen hatte, sich in die Dienstpläne der Polizei einzumischen, doch meistens ist jemand im Dienst.

Dieser Jemand - ein zuckriges junges Ding, das mir mit seiner Arroganz gegenüber einer einfachen Polizistin den letzten Nerv raubte - sagte mir, sie würde sich mit Agent Arnold in Verbindung setzen und ihm sagen, er solle mich anrufen.

Während ich wartete, machte ich mich daran, mir selbst ein Diagramm zu zeichnen. Vielleicht kam ich darauf, weil ich Dutch zugesehen hatte, aber ich hatte das Gefühl, daß sich in meinem Kopf ein neuer Gedanke herausbilden wollte, und ich versuchte, mir einen Weg einfallen zu lassen, wie ich an ihn herankam. Ich hatte zu Beginn der Woche schon etliche Diagramme gemacht, um herauszufinden, ob zwischen diesen Frauen vielleicht irgendwelche Ähnlichkeiten bestanden, doch jetzt ging es um einen Bereich, über den ich eigentlich nicht besonders gründlich nachgedacht hatte.

Als ich fertig war, wußte ich, daß ich vorläufig, solange mir nicht weitere Berichte aus anderen Städten vorlagen, eine Frau hatte, die im März entführt worden war, eine im Juni, vier im Juli, fünf im August und zwei im September. Das hieß, daß sie entweder allmählich etwas langsamer arbeiteten - wovon ich keine Sekunde ausging - oder daß der Mord an Grace Hammond sie nervös gemacht hatte - auch daran glaubte ich keinen Moment -

oder daß ich damit rechnen konnte, noch aus weiteren Städten zu hören.

Und ich wußte, soweit ich es bis jetzt sagen konnte, daß ein Baby im April fällig war, eins im Juli, vier im August, fünf im September (Grace nicht mitgerechnet) und eins im Oktober.

Rachel Strada hatte bei sechs Entbindungen geholfen. Es mußte also noch mindestens eine weitere Hebamme beteiligt sein.

Dana Carlisle hatte mit an Sicherheit grenzender Wahrscheinlichkeit ihr Baby noch nicht bekommen. Petra Kent und Katherine Irving, beide für Ende September ausgezählt, waren womöglich ebenfalls noch nicht niedergekommen.

Irgendwo, unweit von meinem Zuhause, waren geheime Gräber. Dessen war ich mir bereits sicher. Aber noch wichtiger war, daß es mindestens eine Frau gab, die Todesängste ausstand, oder vielleicht sogar drei oder vier Frauen, die warteten, weinten, um Hilfe beteten.

Um meine Hilfe?

Das Telefon klingelte. Ganz automatisch nahm ich den Hörer ab. »Deb«, sagte Captain Millner, »gehen Sie nach Hause.«

»Aber –«

»Deb. Gehen Sie nach Hause. Auf der Stelle. Ich habe mir die Vorschrift nicht ausgedacht, und ich denke, es ist eine beschissene Vorschrift, aber es ist und bleibt eine Vorschrift. Gehen Sie nach Hause. Wer ist sonst noch da oben?«

Ich zeigte auf Dutch, und er nahm den Hörer ab. Ich legte meinen auf. Einen Augenblick später hörte ich Dutch verärgert sagen: »Ja, Sir.«

Er fing an, seine Papiere zusammenzusuchen.

Ich war ihm um einiges voraus. Meine Ausdrucke lagen bereits bei mir zu Hause. Und es war ohnehin Punkt vier Uhr.

Da klingelte das Telefon.

Kapitel 12

Dutch und ich hoben beide gleichzeitig ab. »Wir sind nicht im Dienst«, sagte Dutch.

»Und ob ihr das seid«, zwitscherte der Einsatzleiter. »Ihr habt einen Mord, ihr Glückspilze.«

»Wir sind nicht das Morddezernat«, sagte ich.

»Nein, aber ihr seid *da*.«

»Wo ist die Leiche?« fragte Dutch ergeben.

»Und *wer* ist die Leiche?« fügte ich hinzu.

Der Einsatzleiter nannte eine Adresse. »Es ist irgendein Arzt«, sagte er. An irgend jemanden bei ihm im Raum gewandt sagte er weiter: *»Ja, ich hab' Ralston und Van Flagg. Okay, ich sag's ihnen.«* Wieder an uns gerichtet sagte er: »Euer Captain sagt, ihr seid im Dienst. Der Name des Opfers ist Frank Kirk. Seine Frau ist gerade nach Hause gekommen und hat ihn mitten im Zimmer auf dem Boden gefunden. Gerichtsmedizin und Spurensicherung sind unterwegs.«

Das Haus war nicht so, wie man es bei einem Arzt erwarten würde. Es hatte drei Zimmer, aber kleine Zimmer, und der angebaute Fernsehraum sah aus wie Marke Eigenbau. Es hatte innen und außen Backsteinwände, doch der Mörtel war nicht ganz akkurat aufgebracht worden, oder aber das Fundament war abgesackt, und große Risse breiteten sich nun strahlenförmig von den beiden oberen Ecken des Kamins aus.

Kirk lag im Fernsehraum, in Khakihosen und einem grünen T-Shirt vom Marine Corps. Er lag ausgestreckt auf dem Rücken, mit dem Kopf in den Raum hinein, leicht in Richtung Küche, was bedeutete, daß er wahrscheinlich mit dem Gesicht zur Schiebetür gestanden hatte, die auf den umzäunten Garten ging. Ein Pappteller mit Kartoffelchips und ein Plastikbecher Milch hatten ihren Inhalt über den Boden verteilt, demnach hatte er sich wohl einen kleinen Imbiß geholt, und eine Fernsehzeitschrift lag aufgeschlagen auf dem Fernseher. Ein ganz gewöhnlicher Mann, auf dem Weg ins Fernsehzimmer, um sich ein Baseballspiel anzuschauen.

Er war mit einem einzigen Schuß aus einer Schrotflinte erschossen worden, und zwar nicht aus unmittelbarer Nähe.

Je weiter eine Schrotflinte entfernt ist, desto größer ist die Streuung.

Kirk war noch zu erkennen, aber nur noch so eben.

Mrs. Kirk stand schluchzend hinter mir, und ich drehte mich um und führte sie zurück durch die Küche ins Wohnzimmer, während die Leute vom Labor sich über den Flur ins Fernsehzimmer drängten; Dutch blieb zurück und sprach mit einem Untersuchungsbeamten von der Gerichtsmedizin. Wieder ein neuer; ich kannte ihn nicht und dachte mir, daß ich später mit ihm reden würde. Jetzt wollte ich erst mit Mrs. Kirk sprechen - besser gesagt, ihr zuhören.

»Es gibt einfach keinen *Grund*«, sagte sie zu mir. »Er hatte keine Feinde.« Es gibt nie einen Grund - den die Ehefrau kennt, dachte ich, als sie innehielt, um sich ein Kleenex zu nehmen. »Er war Marinearzt - gewesen - und die letzten paar Jahre, die er in der Armee war, den Marines unterstellt, und er hat seinen Abschied eingereicht und ist nach Fort Worth gegangen, und - und er sagte, wir würden mit seinem Ruhestandssold ganz gut leben können, wir brauchten nicht besonders viel, jetzt, da die Mädchen aus dem Haus sind und geheiratet haben, und dann hat er eine Zeitlang in der Notaufnahme gearbeitet, und eines Tages kam er wutschnaubend nach Hause, weil er sich über irgendwas aufgeregt hatte, und er wollte mir nicht sagen, worüber, und dann hat er die Praxis aufgemacht; er hat mir gesagt, er wollte Menschen helfen, die sonst nirgendwo Hilfe fänden, und - und - und - Es gibt einfach keine Grund!«

Nach dem, was er mir erzählt hatte, fragte ich mich, ob ich den Grund kannte. »Hatte er Arbeit mit nach Hause gebracht, irgendwelche Unterlagen, Briefe von Patienten, irgendwas in der Art?«

Sie schüttelte den Kopf. »Er hat immer gesagt - er hat gesagt, er hielte nicht viel davon, Arbeit mit nach Hause zu nehmen. Er hat gesagt, davon bekommt man nur Magengeschwüre.« Tja, da ist was dran, dachte ich reumütig. »Zu Hause hat er gern geschreinert. Und er hat gelesen und sich um den Garten gekümmert und ferngesehen, genau wie jeder andere.«

»Hat er jemals eine Grace Hammond erwähnt?«

»War das eine Patientin von von ihm?«

»Ja.«

»Nein. Nein, er hat nie über seine Patienten geredet.«

»Mrs. Kirk, haben Sie irgendeine Idee –«

»Daß das alles so kurz hintereinander passiert, es ergibt einfach keinen Sinn. So als – als ob irgendwer einen persönlichen Rachefeldzug gegen uns führt oder so!« Sie hatte mich gar nicht gehört. »Erst der Einbruch und dann das Feuer in der Praxis, und jetzt –«

»Einbruch?«

»Oh, ja, es war –«

»Ein Einbruch hier oder in der Praxis?«

»Sowohl als auch! Heißt das, Sie wissen nichts davon? Aber die Polizei war doch hier und hat Fotos gemacht und alles!«

»Nun, für Einbruch ist ein anderes Dezernat zuständig«, erklärte ich. »Ich werde mir natürlich den Bericht ansehen, denn es könnte da durchaus ein Zusammenhang bestehen, aber wenn Sie mir schon jetzt etwas darüber erzählen könnten –«

»Sie hatten alle Schubladen aufgezogen, ich meine, jede Schublade im ganzen *Haus*, Sie können sich ja nicht vorstellen, wie es hier ausgesehen hat, und –«

»Das war hier im Haus?«

»Ja.«

»Was wurde gestohlen?« fragte ich. Sie hörte auf zu weinen, zumindest vorübergehend.

»*Nichts*! Das war ja das Merkwürdige – sie haben dieses ganze Tohuwabohu angerichtet, aber sie haben nicht das Geringste gestohlen. Falls doch, zumindest nichts, was wir vermißt haben.«

»Und die Praxis? Da hat auch jemand eingebrochen?«

»Oh, da sind sie nicht reingekommen.«

»Aber Sie haben doch gesagt –«

»Sie haben es versucht. Aber Frank hatte Sicherheitsschlösser und vor den Fenstern Gitter anbringen lassen, und sie konnten nicht rein. Ich weiß – ganz einfach nicht –, was sie wollten. Es ergibt keinen Sinn. Es ergibt einfach überhaupt keinen Sinn.«

Das tut Mord selten. Doch dieser hier ergab für mich einen leisen Hauch von Sinn. Wenn Grace ihren Entführern erzählt hatte, daß jemand wußte, wo sie war, dann würden sie natürlich hinter der Person her sein, der sie es erzählt hatte. Wer eine Mordfabrik leitet, kann es sich nicht leisten, daß jemand, der weiß, wo sie ist, am

Leben bleibt – zumindest nicht, wenn dieser Jemand sich nicht zum Schweigen erpressen läßt.

Sie weinte wieder. Ich gab die üblichen beruhigenden Laute von mir und holte ihr ein Glas Wasser und ein Aspirin, was wohl ziemlich albern war; würde ich ein Glas Wasser und ein Aspirin wollen, wenn jemand Harry mit einer Schrotflinte erschossen hätte?

Oder Hal?

Aber sie nahm das Aspirin und trank das Wasser und sagte, sie würde jetzt gern ihre Schwester anrufen. Also ging sie zurück ins Fernsehzimmer. Der Untersuchungsbeamte von der Gerichtsmedizin war bereits fort, und die Leute vom Labor gingen im Garten umher. Im Arbeitszimmer hatte es für sie nicht viel zu tun gegeben – Fotos, mehr nicht, denn Ballistiker konnten bei einer Schrotflinte höchstens versuchen festzustellen, aus welcher Entfernung sie abgefeuert worden war, und selbst das war eine vage Schätzung, wenn sie die Waffe nicht hatten.

Die Suche nach Fingerabdrücken war unsinnig, da alles darauf hindeutete, daß der Mörder das Haus nicht betreten hatte.

Die Leute von der Spurensicherung und Dutch Van Flagg standen dicht gedrängt um irgend etwas in der äußersten Ecke des Gartens. Ich ging zu ihnen.

Der Rasen war im ganzen Garten gut gepflegt und dicht, aber die Woche über hatte es immer wieder geregnet, und hier war eine Vertiefung, in der sich anscheinend etwas Wasser gesammelt hatte. Jemand war tief in den entstandenen Morast gerutscht; nach dem, was ich erkennen konnte, war es ein Tennisschuh, aber niemand würde je in der Lage sein, den passenden Schuh zum Abdruck zu bestimmen.

Na prima, jetzt wußten wir bloß, an welcher Stelle der Täter vermutlich über den Zaun gestiegen war – den rauhen, verzinkten Sturmzaun, an dem niemals, auch nicht in einer Million Jahre irgendwelche Fingerabdrücke haften bleiben würden.

Der Zaun grenzte an eine Gasse. Kirk hatte ein Eckgrundstück. Auf der anderen Seite der Querstraße sah man die Rückseite eines 7-Eleven mit Parkplatz und großem Abfallcontainer. Im Garten auf der anderen Seite von Kirks Haus stand das ungeschnittene Sommergras hüfthoch, und als wir vorfuhren, hatte ich das ZU-VERKAUFEN-Schild gesehen.

Das Haus, das sozusagen Rücken an Rücken mit dem der Kirks stand, hatte nach hinten eine Doppelgarage, und der Zaun auf beiden Seiten der Garage war mit Kudzu überwuchert.

Theoretisch müßten Dutch und ich bei allen Nachbarn anklingeln und fragen, ob sie in der Gegend jemand Fremdes gesehen hatten, der mit einer Schrotflinte spazierenging. Am besten noch mit einer rauchenden Schrotflinte.

Ich sah Dutch an. Dutch sah mich an. Wir sagten den Leuten vom Transport, daß sie die Leiche haben konnten, und wir stiegen in Dutchs Auto und fuhren zurück in die Stadt. Unterwegs erzählte ich Dutch, was Kirk mir erzählt hatte und was Mrs. Kirk mir erzählt hatte.

Natürlich mußte ich ihm nicht erst erzählen, daß jemand auch auf *mich* mit einer Schrotflinte geschossen hatte. Das wußte er ganz genau.

Er fuhr schweigend. Dann sagte er: »Woher wußten sie, was Grace dem Doktor erzählt hat?«

Zu meiner Freude stellte ich fest, daß er den gleichen Gedankengang verfolgte wie ich. »Ich vermute, sie hat irgendwann begriffen, daß sie wohl eher die Radieschen von unten betrachten würde, als 5000 Dollar oder mehr zu kassieren, und es dann mit dem alten Jemand-weiß-wo-ich-bin-Spiel versucht. Ich – Oh, nein, Dutch, halt an einer Telefonzelle!«

»Telefonzelle, wieso?« fragte er und bog auf den Parkplatz eines 7-Eleven.

Ich antwortete nicht. Ich lief einfach zum Telefon, gab der Vermittlung die Nummer meiner Telefonkreditkarte durch und verlangte ein Gespräch nach Sherman.

Es war natürlich zu spät. Chief Ellis sagte mir, die alte Dame, Clara Hammond, sei am Morgen um halb elf Uhr vom Postboten tot aufgefunden worden. Die offizielle Version lautete, daß sie einen Einbrecher überrascht hatte. Er selbst bezweifelte das allerdings, sagte Ellis; Einbrecher haben normalerweise keine Schrotflinte dabei. Zumindest nicht in Sherman.

Er bat mich, ihn über die weiteren Ermittlungen auf dem laufenden zu halten.

Ich weinte, als ich wieder in den Wagen stieg, und dann erzählte ich Dutch alles, was ich wußte, alles, was ich mir zusammengereimt hatte. Und schließlich sagte er: »Kein Wunder, daß die Pattens es mit der Angst zu tun kriegen.«

»Was?«

»Die Pattens. Nach dem, was du sagst, muß Jackie diejenige gewesen sein, die Grace gesagt hat, mit wem sie sich in Verbindung setzen soll.«

Natürlich hatte ich mir das schon vor einiger Zeit gedacht, aber ich hatte es einfach wieder vergessen. Ja, Nick wußte, was los war, vermutlich von Anfang an, und höchstwahrscheinlich wußte Jackie es mittlerweile auch, doch zu Anfang hatte Jackie es nicht gewußt. Offenbar hatte Jackie ihrer Freundin in aller Unschuld erzählt, wo sie jemanden finden könnte, der vielleicht bereit wäre, ihr für das Baby soviel Geld zu geben, daß sie und Tim noch mal von vorn anfangen könnten.

Was Jackie zumindest nicht ins allerschlechteste Licht rückte, vielleicht.

Und dann sagte ich: »Dutch, es gibt noch einen Menschen, dem Grace es erzählt haben könnte, jemand, der vielleicht Bescheid weiß –«

»Also, wohin sollen wir den Leichenwagen als nächstes schikken?«

»Es dürfte«, sagte ich, »nicht ganz so einfach sein, eine Schrotflinte ins Huntsville-Staatsgefängnis zu schmuggeln.«

Ich rief Harry an. Dutch rief seine Frau Alicia an. Ich rief Captain Millner an. Dutch rief im Huntsville-Staatsgefängnis an, um dort Bescheid zu geben, daß wir kamen. Und wir machten uns in dem Dienstwagen, der Dutch Van Flagg zugeteilt war, auf den Weg und fuhren nach Dallas und von dort über den Interstate Highway 45 nach Huntsville.

Um halb zehn Uhr abends saßen Dutch und ich in einem hufeisenförmigen Besuchsraum im Huntsville-Staatsgefängnis und blickten durch eine Sicherheitsscheibe auf Tim Richards, dem verurteilten Einbrecher und mutmaßlichen Vater des Babys, das Grace nicht mehr zur Welt bringen würde.

Er hatte geweint, das konnte ich ihm ansehen – er war blond, blauäugig, hellhäutig, der Typ Mensch, dem man es einfach ansieht, wenn er geweint hat. Also hatte er in Grace wohl doch mehr gesehen als bloß einen weiblichen Körper, der leicht zu haben war, er hatte an Grace gehangen, und somit war ich natürlich augenblicklich sehr viel eher geneigt, Tim Richards zu mögen.

Dutch sagte ihm, was wir wollten. Sein Blick richtete sich auf mich. »Wer sind Sie?« fragte er.

Wir hatten es ihm bereits erklärt. Ich erklärte ihm noch einmal, wer ich war und was ich war.

»Okay«, antwortete er, ohne mir zu sagen, daß ich nicht aussah wie ein Cop. »Ich verstehe nicht, warum Sie wissen wollen, was Grace vorhatte, was sie dann doch nicht getan hat. Grace ist tot. Was spielt es jetzt noch für eine Rolle, daß sie das Baby von irgendeinem reichen Fatzke adoptieren lassen wollte? Sehen Sie mich doch an – sehe ich so aus, als könnte ich für ein Baby sorgen? Glauben Sie, ich will, daß mein Kind von der Sozialhilfe lebt? Es wäre für das Kind besser so gewesen, das müssen Sie wissen. Aber was spielt das alles jetzt noch für eine Rolle? Grace ist tot, und das Kind ist tot, und ich wünschte bei Gott, ich wäre auch tot.«

»Tim«, begann ich, »Grace hatte keine Ahnung, aber die Leute, denen Sie das Baby – geben – wollte, sind Mörder. Wir glauben, sie haben sie getötet, weil sie ihnen entwischt ist. Und sie haben einen Arzt getötet, mit dem sie vermutlich gesprochen hat, und sie haben ihre Tante getötet, und –«

»Ms. *Hammond*? Irgendso ein Dreckskerl hat Ms. *Hammond* getötet?«

»Ja«, sagte Dutch, »und versucht, die Dame hier neben mir zu töten, sie und auch ihren Sohn.«

»Weshalb?« fragte Tim ungläubig.

»Weil es einem immer leichter fällt zu morden, wenn Mord erst mal zur Gewohnheit geworden ist«, sagte ich. »Tim, wir müssen alles wissen, was sie Ihnen über ihre Pläne mit dem Baby erzählt hat. Mit wem sie geredet hat, zu wem sie gegangen ist. Wollen Sie uns helfen?«

»Ja, aber an soviel erinnere ich mich gar nicht mehr«, sagte Tim. »Okay, zuerst wollte sie zu irgendeinem Arzt in Fort Worth gehen und das Baby, Sie wissen schon, wegmachen lassen, und ich habe gesagt, wenn sie so etwas Idiotisches machen würde, würde ich ihr einen solchen Tritt in den Hintern geben, daß sie ihr Leben lang nicht mehr sitzen könnte. Und sie hat gesagt, sie würde es ja eigentlich nicht wollen, aber sie wollte einfach nicht, daß ihr Baby so aufwachsen würde, wie wir aufgewachsen sind. Grace und ich, wir hatten beide nie auch nur einen Penny, und das ist doch kein Leben.«

Er rieb sich mit dem rechten Zeigefinger und Daumen die Augen und fuhr fort. »Dann hat sie mich einige Zeit später angerufen und gesagt, eine Freundin von ihr und deren Mann hätten gerade ein Baby adoptiert und sie hätten dem Typ 10 000 Dollar für die Vermittlung gegeben, und der Typ hat ihnen erzählt, 5000 Dollar gingen an die Frau, die das Baby geboren hat, und der Rest des Geldes wäre dafür da, Ärzte und Anwälte und den ganzen Kram zu bezahlen. Und Grace hat gesagt, wenn wir 5000 Dollar hätten, na ja, dann *hätten* wir einen neuen Anfang.« Genau so etwas hatte ich mir natürlich gedacht. »Sie hat gesagt, wir könnten, wenn ich hier rauswäre, könnten wir uns ein Auto kaufen und eine Wohnung in Dallas mieten, wo ich mir einen anständigen Job suchen könnte, und das Baby - dem Baby würd's gutgehen, es hätte Eltern, die es wirklich wollten, und wir würden später wieder ein Baby bekommen, für das wir dann richtig sorgen könnten, und - na ja, ich fand, das machte Sinn, verstehen Sie?«

»Aber klar«, stimmte ich zu. »Hat sie Ihnen gesagt, wohin sie wollte?«

Er schüttelte den Kopf. »Nee«, sagte er. »Irgendwo in Fort Worth, mehr hat sie nicht gesagt. Aber wieso sollte sie mir auch mehr sagen? Ich war noch nie in Fort Worth; wenn sie mir eine Adresse gegeben hätte, hätte ich nichts damit anfangen können. Aber - da war doch was.«

»Ja?« sagte Dutch.

»Ich habe ihr gesagt, es wäre besser, wenn sie jemandem sagen würde, wo sie ist, falls es Schwierigkeiten gäbe. Da hat sie gesagt, der Arzt, zu dem sie zuerst gehen wollte, sie hat gesagt, sie hätte ihm das in einem Brief geschrieben, damit er anderen Frauen die Adresse geben könnte, falls sie auch dorthin wollten.«

»Und er hat dir nichts von dem Brief erzählt?« fragte Dutch.

»Er hat ausdrücklich gesagt, daß er keinen bekommen hat. Vielleicht hat sie ihn falsch adressiert oder vergessen, ihn einzuwerfen, oder vielleicht hat sie ihn ja gar nicht geschrieben.«

»Tim hat aber nicht gesagt, daß sie ihn schreiben wollte. Er sagt, sie hat gesagt, daß sie ihn geschrieben hat.«

»Also ist er in der Post verlorengegangen? Wohin geht denn jetzt wohl die Post, die an die Praxis adressiert ist? Er muß beim Postamt einen Nachsendeantrag gestellt haben.«

Es war natürlich zu spät in der Nacht, um Mrs. Kirk anzurufen und sie zu fragen. Ich ging nicht einmal mehr ins Büro; Dutch setzte mich an meinem Wagen ab, und ich fuhr direkt nach Hause, wo Harry um halb zwei Uhr morgens eine ziemlich banale Unterhaltung mit einem Mann in Rußland führte.

»Garantiert KGB«, sagte Harry glücklich, als er das Funkgerät ausschaltete. »Ich meine, wer hätte sonst in Rußland ein gutes Funkgerät?«

»Ein reicher Bürokrat«, sagte ich und gähnte.

»Wie geht's deinem Magen?«

»Gut. Ich habe ihn mit Antiacida und Milch gefüttert, und er war glücklich.«

»Schön. Bringen wir ihn ins Bett.«

Kapitel 13

Ich ging zur Kirche.

Das heißt, eigentlich nicht ich, sondern Hal, und es wäre ziemlich unsinnig gewesen, jeweils eine halbe Stunde mit dem Wagen zu fahren, um ihn hinzubringen und dann wieder abzuholen. Sehr viel sinnvoller war es, gleich dazubleiben. Außerdem gewöhnte ich mich allmählich daran.

So kam es, daß ich die Zeitung erst gegen ein Uhr zu sehen bekam.

Ich weiß nicht, wie sie es herausgefunden hatten. Doch da stand es und drängte die Überschrift »ANGESEHENER ARZT ERSCHOSSEN« in den Hintergrund, eine riesige Schlagzeile, vorn auf der Zeitung, die jemand auf den Couchtisch gelegt hatte, fiel mir direkt ins Auge, als ich zur Tür hereinkam:

MORDE AUS PROFITGIER IN FORT WORTH
Frauen ermordet, Babys verkauft? Polizei verweigert jeden Kommentar.

»Ach du Scheiße«, sagte ich.

»Die Kirche tut wahre Wunder für deinen Wortschatz«, sagte Harry. »Du sollstest jeden Tag hingehen.«

»Ich könnte mir noch viel schlimmere Ausdrücke einfallen lassen. Harry, wo haben die das nur her?«

»Wenn ich das wüßte. Millner hat angerufen; ich habe ihm gesagt, du würdest zurückrufen, sobald du nach Hause kommst.«

»Ist er zu Hause oder im Büro?«

»Hat er nicht gesagt.«

Ich versuchte es zuerst im Büro, in der Annahme, daß Vorschriften nicht für Vorgesetzte gelten. Zumindest in diesem Fall lag ich richtig. Er wollte mich eigentlich nur fragen, was ich gerade Harry gefragt hatte – woher hatte die Presse die Story? Er fragte nicht, ob unser Besuch im Gefängnis uns weitergebracht hatte; er wußte es bereits von Dutch.

Ich sagte, ich wüßte es nicht, und er seufzte: »Tja, dann denken Sie mal drüber nach, denn heute nachmittag um drei Uhr haben Sie einen Termin mit der Presse.«

Er ließ sich nicht durch meinen Einwand erweichen, daß ich zum Abendessen gebratenes Hähnchen machen wollte; er sagte, ich könne ja auf dem Heimweg rasch eins bei Kentucky Fried Chicken kaufen. Ich darf also Überstunden machen, um mit Reportern zu reden, aber nicht, um an dem Fall zu arbeiten, dachte ich, sagte es aber nicht. Statt dessen ging ich stinkesauer in die Küche, klapperte unnötig laut mit Töpfen, bis mir plötzlich etwas einfiel. »Harry«, sagte ich, »kennst du eine Zeitschrift namens *Mercenary Endeavor*?«

»Ja, das ist so ein Abklatsch von *Soldier of Fortune*. Ich kaufe sie, weil da manchmal ganz gute Artikel über ausländische Militärflugzeuge drin stehen. Warum?«

»Ach, weil ich gestern, als Dutch dabei war, alle seine Unterlagen zusammenzupacken, gesehen habe, daß er drei Ausgaben davon zwischen seinen Ausdrucken und Notizen hatte.«

»Bist du sicher, daß das nicht einfach seine Pausenlektüre war?«

»Am Samstag nachmittag im Büro? Außerdem hat er sich jede Menge Notizen gemacht – zuerst wußte ich gar nicht, welche Zeitschrift es war, weil er die Seite mit den Kleinanzeigen aufgeschlagen hatte.«

»Willst du dir die Kleinanzeigen ansehen? Ein paar Nummern habe ich hier.«

»Ja.« Ich kam aus der Küche, und Harry kramte die Zeitschriften aus dem Zeitungsstapel unter dem Tisch für sein Funkgerät. Es gab Anzeigen für T-Shirts und Mützen. Es gab Anzeigen für Bücher über Messerkampf und Überlebensstrategien nach einem Atomkrieg und, wie man sich in der freien Natur ernährt. (Nach einem Atomkrieg? Das erschien mir ziemlich unwahrscheinlich.) Es gab Anzeigen für kostenloses Informationsmaterial über Schalldämpfer für Schußwaffen, legen Sie 4,95 Dollar für Porto und Versand bei. Es gab Anzeigen für Lehrmaterial, wie man halbautomatische Waffen in automatische Waffen umbauen konnte.

Und dann gab es die privaten Kleinanzeigen.

Ehemaliger Söldner übernimmt Aufträge aller Art in jedem Einsatzgebiet bei entsprechender Bezahlung.

Planung von Antiterror-Strategien für Firmen. Experte für alle Formen des internationalen Terrorismus.

Sprengstoffexperte übernimmt Aufträge gegen entsprechende Bezahlung.

Antwort an Postfach 441, Mercenary Endeavor.

»Oh«, sagte ich. Da hätte ich auch drauf kommen können – Dutch hatte sich gedacht, wenn man nichts von Sprengstoffen versteht und eine Bombe basteln will, ist so eine Zeitschrift ein guter Ausgangspunkt.

»Hast du was gefunden?«

»Ich glaube, ich weiß jetzt, was Dutch sich angesehen hat.« Ich reichte Harry die Zeitschrift und zeigte auf die Anzeige.

»Oh«, sagte Harry, »ja, klar, solche Anzeigen findest du auch im *SoF*.

»So was sollte verboten werden.«

»Die gute alte amerikanische Verfassung, Deb. Vielleicht inseriert er ja, weil er oben im Norden Baumstümpfe sprengen will.«

»Oh ja, bestimmt.«

»Was wirst du den Reportern erzählen?« fragte er.

»Ich weiß nicht. Vielleicht bitte ich sie, mir bei der Suche nach Rachel Strada zu helfen. Ich weiß es nicht, Harry.«

Becky war wieder bei Olead; ich wünschte mir von Herzen, sie würde den Jungen endlich heiraten und zu ihm ziehen, denn das wird allmählich lächerlich. Hal schlenderte durchs Haus und aß ein Erdnußbuttersandwich, und auf dem Funkgerättisch sah ich die Reste von einem Schinkensandwich und ein Glas Milch. Die Familie konnte also durchaus warten, bis ich entweder bei Kentucky Fried Chicken gewesen war oder von der Pressekonferenz nach Hause kam und das Abendessen zubereitete. Ich machte mir selbst ein Schinkensandwich, setzte mich mit meinen Computerausdrucken hin und suchte nach Geburten, die von Hebammen im nicht eingemeindeten Gebiet von Tarrant County standesamtlich gemeldet worden waren.

Wieder gab es mehr, als ich erwartet hatte. Und selbst ich war der Meinung, daß ich keinen einleuchtenden Grund hatte, all diese Leute unter Druck zu setzen, auch wenn ich noch so taktvoll dabei vorging, denn sie waren beinahe alle genau das, was sie zu sein behaupteten, nämlich völlig seriöse Hebammen und Frauen, die gute persönliche Gründe hatten, ihr Kind nicht in einem Krankenhaus zur Welt zu bringen.

Dennoch würde ich meiner sogenannten Sonderkommission, deren Mitarbeiter ich noch nicht einmal kennengelernt hatte, genaueste Instruktionen geben müssen, und am Montag würden wir möglichst viele von ihnen ausfindig machen müssen, um mit ihnen zu reden.

Und diejenigen, die wir nicht ausfindig machen konnten, würden wir uns noch intensiver vornehmen müssen, um herauszufinden, warum sie nicht wollten, daß wir sie fanden. Wahrscheinlich mit Hilfe des FBI.

Und ich hatte noch immer nicht mit Dub Arnold gesprochen. Falls er gestern zurückgerufen hatte - wovon auszugehen war; FBI-Agenten sind in solchen Dingen gewissenhaft -, war ich nicht im Büro gewesen, um den Anruf entgegenzunehmen.

Schön, ich würde Montag mit ihm sprechen.

Ich aß das Schinkensandwich auf, versuchte, meine Ohren vor der Rockmusik aus Hals Zimmer zu verschließen, warf einen Blick auf Harry, der die Fernsehzeitung durchblätterte, um festzustellen, welcher Sender das interessanteste Football-Spiel brachte, und überlegte kurz, ob ich auf der Couch ein Nickerchen machen sollte.

Oder ob ich mein Häkelzeug raussuchen sollte. Ich wollte kein Workaholic werden, und ganz gleich, wie kritisch die Lage war, ich würde sie nicht dadurch verbessern, daß ich mich verausgabte und am Ende vor Müdigkeit nicht mehr richtig funktionierte.

Ich kam gerade so weit, den Karteikasten aus Kunststoff hervorzuholen, in dem ich mein Häkelzeug aufbewahre, und mich zu fragen, was ich aus den orangefarbenen, grünen, kastanienbraunen und violetten Garnresten machen sollte, als das Telefon klingelte.

Auch gut. Mir fiel ohnhin kein anderer Verwendungszweck ein, als sie dem erstbesten Kind zu schenken, das daraus *ojos de Dios* machen konnte, diesen interessanten mexikanischen Weihnachtsschmuck aus Garn und kleinen Stöckchen.

»Für dich«, sagte Harry.

Irgendwie war ich ganz und gar nicht überrascht.

Captain Millner sagte: »Wir haben Rachel Strada gefunden.«

In seiner Stimme schwang sehr viel mehr mit, als er sagte, und ich erwiderte: »Oh, Scheiße, wie denn?«

»Unfall mit Fahrerflucht, vor dem Greyhound-Bahnhof gestern nacht. Sie hatte keine Handtasche dabei, und sie ist nicht sofort identifiziert worden, aber heute morgen hat jemand ihre Kleidung etwas gründlicher durchgesehen und in einer Tasche ihres Kleides den Führerschein gefunden. Ich hab's gerade erst erfahren.«

Niemand hatte den Wagen gesehen.

Die Reifenspuren stammten von Gürtelreifen, großen Reifen, wie sie Ford- oder Plymouth-Limousinen haben. Jedenfalls mit an Sicherheit grenzender Wahrscheinlichkeit ein amerikanischer Wagen der Oberklasse.

Der einzige Lacksplitter, den man gefunden hatte, war braun. Es gab drei Glasstücke von einem Scheinwerfer. Im Labor würde man anhand des Lacksplitters und der Scheinwerferstücke bald feststellen können, welches Fabrikat und Modell der Unfallwagen hatte, und vielleicht sogar, welches Baujahr, doch ich wußte nicht, ob das in unserem Labor ging oder ob die Beweisstücke nach Austin oder womöglich sogar nach Washington geschickt werden mußten.

Ich erinnere mich nicht genau, was ich den Reportern erzählte. Im großen und ganzen erzählte ich ihnen, daß wir es – wie sie schon vermutet hatten – mit einem Mordkomplott aus Profitgier zu tun hatten. Dabei ging es um Entführung und um Mord, und die einzige mögliche Zeugin, nach der wir die ganze Zeit gesucht hatten, war soeben tot aufgefunden worden. Ebenso wie zwei andere Personen, die aber eigentlich gar keine Zeugen gewesen seien.

»Detective Ralston«, fragte mich einer von ihnen, »ist das FBI an den Ermittlungen beteiligt?«

Manchmal lieben alle das FBI. »Ja.«

»Gehen Sie davon aus, daß Sie die Verantwortlichen bald fassen werden?«

»Noch nicht.«

»Was sind Ihre nächsten Schritte?«

»Ich kann Ihnen zum jetzigen Zeitpunkt keine Einzelheiten über den Stand der Ermittlungen geben.«

»Wollen Sie damit sagen, daß das Fort Worth Police Department und das FBI sich auf ihrem Hintern ausruhen, während Frauen ermordet werden?«

»Das haben Sie gesagt; nicht ich.«

»Was sagen *Sie* denn?«

»Daß die Ermittlungen laufen und daß ich nicht vorhabe, diese Ermittlungen zu gefährden, indem ich Ihnen erzähle, was genau wir zur Zeit machen. Ich kann Ihnen sagen, daß es in unserer Stadt Menschen gibt, die von diesem Verbrecherring Babys gekauft haben, und daß so etwas nicht passieren würde, wenn die Verbrecher keinen Markt hätten. Ich kann Ihnen sagen, daß es in unserer Stadt Menschen gibt, die zum Telefonhörer greifen und mir sagen könnten, wer die Verbrecher sind. Es gibt Menschen in unserer Stadt - angesehene Bürger -, die Bescheid wissen. Aber es gibt auch eine heimliche Verschwörung, Stillschweigen zu bewahren. Einige von ihnen möchten unbedingt bekommen, was sie wollen, und es ist ihnen egal, wer dafür leiden oder sterben muß. Andere haben so entsetzliche Angst davor, was ihnen oder den Babys, die sie über alles lieben, passieren könnte, daß sie nicht anrufen werden, obwohl sie wissen, daß sie es eigentlich tun müßten. Manche von ihnen haben sich selbst eingeredet, daß die Situation nicht so ist, wie sie ist. Manche von ihnen verschließen bewußt die Augen vor der Wahrheit, und manche von ihnen haben wirklich keine Ahnung. Sie wiegen sich in dem Glauben, daß das, was sie getan haben, schon in Ordnung ist, und daß das Gesetz bloß zu kleinlich ist. Ich habe mit einigen von diesen Leuten gesprochen, und einige von ihnen tun mir wirklich leid. Keiner von ihnen hat mir das erzählt, von dem sie wissen, daß ich es wissen muß. Ich kann sie nicht zwingen, mir irgend etwas zu erzählen. Vom Gesetz her kann ich sie nicht zwingen, mit mir zu reden; ich kann sie nicht einmal zwingen, mir *zuzuhören*, solange ich nicht beweisen kann, was ich gesagt habe, und bislang kann ich das nicht.«

»Wollen Sie damit sagen, daß alle privaten Adoptionen unmoralisch sind?« fragte eine Reporterin.

»Keineswegs. Aber ich will damit sagen, daß es ein großer Unterschied ist, ob jemand den Arzt und die Krankenhauskosten für eine Neunzehnjährige bezahlt, die ihren Arzt gebeten hat, ihr bei der Suche nach jemandem, der ihr Baby adoptiert, behilflich zu sein, oder ob jemand einem anderen zehn- oder zwölftausend Dollar gibt, damit er ein Baby kauft. Und der Unterschied ist folgender: Wenn man einen guten, anständigen, vertrauenswürdigen Arzt hat und einen guten, anständigen, vertrauenswürdigen Anwalt hinzuzieht, dann ist die Wahrscheinlichkeit hoch, daß die leibliche Mutter ihren Schritt durchdacht und eine einigermaßen sachlich begründete Entscheidung getroffen hat. Selbst dann kann noch immer etwas schiefgehen. Aber ein Baby per Barzahlung zu kaufen - wir haben doch alle die Zeitungen gesehen, Babys, die in Mexiko entführt wurden, um sie an potentielle Adoptiveltern in den Vereinigten Staaten zu verkaufen. Das ist schrecklich, und es geschieht auch in den Vereinigten Staaten, daß Babys entführt werden, um sie zu verkaufen. Und in einigen Fällen - offenbar in diesem Fall - werden die leiblichen Mütter ermordet.«

»Ist das eine Tatsache, oder ist das bloß Ihre Vermutung?« fragte mich ein Fernsehreporter vor laufenden Kameras.

»Ich bin noch nicht soweit, daß ich damit vor Gericht gehen und es beschwören könnte«, sagte ich, »daher ist es wohl zu diesem Zeitpunkt rechtlich gesehen eine Vermutung. Aber sie wird durch Tatsachen gestützt, wie Sie feststellen können, wenn Sie Ihre eigenen Zeitungen lesen oder sich die Berichte Ihrer Polizeireporter anhören. Und ich kann mir nicht vorstellen, daß eine Frau, die aus Herzensgüte ein Baby adoptiert und ihm Liebe und Fürsorge und Zuwendung schenkt, wirklich wollen kann, daß eine andere Frau wegen desselben Babys ermordet wird.«

»Sie sprachen eben von ›Verschwörung‹. Haben Sie das Wort im übertragenen Sinne gebraucht, oder haben wir es hier tatsächlich mit einer Verschwörung zu tun?«

»Zum jetzigen Zeitpunkt wissen wir, daß die Frauen entführt werden. Es steht eindeutig fest, daß in bislang mindestens zwei Staaten Frauen entführt wurden. Sie werden an einem unbekannten Ort festgehalten, bis ihre Babys geboren sind, und wir haben mindestens ein Baby ausfindig gemacht, das eindeutig aus diesem Verbrecherring stammte. Das heißt, irgend jemand erledigt den Papierkram, irgend jemand holt die Babys auf die Welt, irgend jemand führt die Verhandlungen mit den Leuten, die die Babys nehmen. Das ist eine Verschwörung, wie das Gesetz sie definiert. Wir haben Grund zu der Annahme, daß die Frauen nach der Geburt ihrer Babys getötet werden. Und die Leute, die diese Babys kaufen, erklären sich damit einverstanden, Stillschweigen darüber zu bewahren, wie sie die Babys bekommen haben. Das nenne ich Beteiligung an einer Verschwörung. Natürlich handelt es sich hier um eine unwissentliche Verschwörung, da die Adoptiveltern in den meisten Fällen, die wir bislang untersucht haben, wirklich keine Ahnung haben, daß die Frauen umgebracht werden; sie glauben wirklich, daß sie Babys aus Lebensumständen herausholen, in denen sie vernachlässigt würden. Ich weiß allerdings nicht, wie die Staatsanwaltschaft das sehen wird, wenn die Sache erst mal aufgeflogen ist. Ich jedenfalls würde nicht gern in der Haut dieser Leute stecken.«

Einer der Reporter sagte: »Sie wissen, wer so ein Baby hat? Nennen Sie uns ein paar Namen?«

Ich starrte ihn an, entgeistert. »Natürlich nicht. So, das waren jetzt genug Fragen. Ich denke, Sie werden verstehen, daß ich wieder an die Arbeit muß.«

* * *

Captain Millner sagte: »Klären Sie den Fall. Zum Teufel mit der Überstundenregelung. Ich regel das mit der Stadtverwaltung.«

Okay. Was habe ich?

Wir wissen, daß sie irgendwo in der Nähe von Summerfields festgehalten werden. Das ist eigentlich merkwürdig, denn das freie Land bis zur Kreuzung der Highways 820 und 35 wird immer schneller bebaut. Schon seit Jahren geht das Gerücht, daß IBM in dem Gebiet ein großes Werk bauen will, und die Grundstückspreise sind dementsprechend gestiegen. In der Gegend arbeiten drei oder vier große Wohnungsbauunternehmen – Fox and Jacobs, U.S. Homes, noch ein paar andere – und die große Abfüllfabrik und – ach, ich weiß nicht mehr genau, jede Menge neue Betriebe, und natürlich ist Motorola schon seit einer Ewigkeit dort angesiedelt.

Aber – und das ist das Merkwürdige daran – es ist noch immer ein Gebiet mit viel Landwirtschaft. Zwischen den neuen, teuren, modernen Siedlungen und der neuen Bank, die in Rufweite von der Stelle liegt, wo ich Grace tot aufgefunden habe, sind noch immer kleine Bauernhöfe verstreut, Gemüsegärtnereien, Milchfarmen, Hühnerfarmen, Gewächshäuser – es gibt Hunderte, vielleicht Tausende von Orten, wo ausreichend Platz wäre, um mehrere entführte Frauen zu verstecken, so abgelegen, daß niemand deren Schreie hören könnte, soviel Ackerland, daß Stellen, an denen die Erde frisch umgegraben wurde, nicht im geringsten auffallen würde.

Und selbst wenn ich von meinem Haus ausgehend im Umkreis von zehn – ja 15 – Meilen an jede Tür von jeder bekannten Behausung klopfen würde, ist noch längst nicht davon auszugehen, daß ich sie finden würde, denn der Ort könnte getarnt sein, sie könnten sich in einem Gebäude versteckt halten, das offenbar verlassen ist, in irgendeiner Jagdhütte oder dergleichen.

Wir würden eine ganze Armee benötigen.

Wie stehen die Chancen, Unterstützung von der Nationalgarde zu bekommen?

Mich schaudert bei der Vorstellung, der Nationalgarde beibringen zu müssen, worauf sie bei der Suche nach Beweismitteln zu achten hätten, und obwohl es höchste Priorität hat, die Frauen, die noch am Leben sind, lebend zurückzubringen, hat es ebenfalls höchste Priorität, die Täter zu überführen.

Mein Verstand hüpfte herum wie ein Laubfrosch. Jetzt wandte er sich wieder dem toten Mädchen im Graben zu, Grace Hammond, wie ich sie gefunden hatte, die eine Hand zu einem stummen Hilfeschrei ausgestreckt, der ungehört blieb, die andere Hand ein kleines Bäumchen umklammernd, um sich gegen den Schlag zu wappnen, der sie getötet hatte.

Warum hatte sie nicht die Polizei gerufen? Falls die Frau in dem Golden Burger wirklich Grace gewesen war – und dessen war ich mir ziemlich sicher –, warum hatte sie dann nicht die Polizei gerufen? Sie hatte zweimal erfolglos versucht, jemanden anzurufen, aber nicht die Polizei, und als Don Coles ihr angeboten hatte, sie irgendwohin zu fahren, hatte sie ihn nicht gebeten, sie zum Polizeirevier zu bringen, das bloß ein paar Straßen weiter war. Warum?

Und warum, warum, warum hatten sie die Leiche nicht vergraben?

Warum hatten sie sie einfach dort liegengelassen, wenn sie doch bestimmt eine Stelle hatten, wo sie sie hätten vergraben können? Ich wußte, daß sie so eine Stelle hatten, denn sie vergruben die anderen irgendwo – ganz bestimmt, schließlich konnten sie es nicht riskieren, die anderen Frauen laufenzulassen ...

Meine Gedanken überschlugen sich, sprangen viel zu schnell von einer Idee zur nächsten, so daß ich sie einfach nicht miteinander in Verbindung bringen konnte. Vielleicht war ich zu müde und zu deprimiert, um so präzise wie sonst zu denken, denn sämtliche Zusammenhänge entglitten mir immer wieder und verharrten stets quälend dicht am Rande meines bewußten Denkens. Doch ganz allmählich sah ich endlich eine Verbindung, die ich vielleicht schon früher hätte sehen müssen.

Ein großer Wagen. Es war ein großer Wagen, ein großer brauner Wagen, der Rachel Strada getötet hatte.

Ein großer brauner Wagen, ohne Zierleisten oder sonstigen Firlefanz, die man auf der Straße oder auf Rachel Stradas Körper hätte finden können, außer den Lacksplittern, außer den Scherben von einem zerbrochenen Scheinwerfer.

Es hätte eine Frau sein können, die Grace getötet hatte, aber eine Frau hätte, wenn sie nicht gerade außergewöhnlich stark war, die über 72 Kilo schwere Tote nicht aus dem Graben ziehen und in ein Auto verfrachten können, um sie irgendwoanders hinzubringen und zu vergraben.

Ein Mann und eine Frau hatten gemeinsam versucht, mich aus meinem Wagen zu locken, um – Hal zu töten – oder mich oder uns beide?

Eine Frau hatte mit Rachel zusammengearbeitet; diese Frau war möglicherweise nicht nur die zweite Hebamme, die ich unbedingt finden mußte, sondern auch die Wächterin, die den Gefangenen Essen brachte – in die Zellen –, die dafür sorgte, daß die Türen verschlossen waren, damit die Gefangenen nicht flohen.

Und wenn diese Frau zwischendurch einmal unaufmerksam war, weil sie wieder einer Frau bei der Niederkunft helfen mußte, hätte sie durchaus von einer starken, jungen, verzweifelten Frau überwältigt werden können. Und falls sie tatsächlich gerade wieder bei einer Geburt war, hätte sie sich erst darum kümmern müssen und danach die Verfolgung von Grace aufnehmen können – nein, das haute nicht hin; sie hatte bestimmt zu große Angst davor, was Grace ausplaudern könnte und wem gegenüber sie es ausplaudern könnte. Sie hätte die in den Wehen liegende Frau allein gelassen und sich auf die Suche nach Grace gemacht, es sei denn, sie war bewußtlos geschlagen worden. Und falls sie bewußtlos geschlagen worden war, hätte sie sich sofort auf die Suche nach Grace gemacht, nachdem sie wieder zu sich gekommen war, auch wenn der Mann, mit dem sie zusammenarbeitete, nicht zu erreichen war ...

Weil er Dienst hatte?

Wer hätte all diese Frauen so ohne weiteres aus ihrem Wagen locken können? Es hatte keinerlei Anzeichen von einem Kampf gegeben, nicht ein einziges Mal, weder in Texas noch in Oklahoma. Die Frauen von außerhalb hatten in einigen Fällen den Wagen dabei gehabt, doch in keinem einzigen Fall hatte es Anzeichen eines Kampfes gegeben.

Wenn ein Cop dich auffordert, aus deinem Wagen zu steigen, steigst du aus.

Niemand hätte auf einen Cop in Frank Kirks Garten geachtet, auf einen Cop vor Grace Hammonds Tür.

Pat hatte denjenigen, der in unserem Garten gewesen war, laut und heftig angebellt. Die einzigen Leute, bei denen er normalerweise so heftig bellt, sind Leute in Uniform. Deshalb war Bill so verdutzt gewesen, weil ich ihm erzählt hatte, daß Pat nur bei Leuten in Uniform bellt. Und daraus hatte er den Schluß gezogen, den auch ich hätte ziehen müssen, daß nämlich derjenige, der in unserem Garten gewesen war, eine Uniform getragen hatte.

Es gibt große braune Polizeiwagen - einige Hilfssheriffs fahren sie, und einige Constables, und einige - Detectives ...?

Wenn ein Cop dich entführt hat und du ganz sicher bist, daß er ein richtiger Cop ist und du nicht weißt, zu welchem Department er gehört, würdest du dich nicht trauen, bei einem Polizeirevier Hilfe zu suchen.

In dieser Sache steckte ein Cop mit drin.

Ganz sicher.

Ich rief Captain Millner an.

Kapitel 14

Wie ich erwartet hatte, gefiel Captain Millner meine Theorie nicht.

Aber mir gefiel sie eigentlich auch nicht besonders. Nicht, was sie implizierte. Als Erklärung für die Ereignisse gefiel sie mir ganz gut. Aber die Vorstellung, daß vielleicht ein Polizist an einem solchen Verbrechen beteiligt war, gefiel mir nicht. Genauer gesagt, bei jeder Art von Verbrechen, doch besonders bei diesem, mit dem ich es zu tun hatte.

Ich würde am Montag sehr viel erledigen müssen. Endlich hatte ich eine Theorie, die ich verfolgen konnte, doch die Ermittlungen mußten warten, bis mehr Leute für Befragungen zur Verfügung standen. Ich würde nach Hause fahren, meine Familie füttern und sehr viel nachdenken; danach würde ich die Aufgabe mit frischen Kräften in Angriff nehmen können.

Doch bevor ich nach Hause ging, hatte ich noch eine Kleinigkeit zu erledigen.

Da Rachel tot war, konnte es nichts schaden, wenn ich ihre Wohnung durchsuchte. Ich besorgte mir ohne große Probleme einen Durchsuchungsbefehl – ab heute würde es nicht allzu schwer werden, Durchsuchungsbefehle zu bekommen, solange ich an dem Fall arbeitete – und fuhr zur Rosedale Street, wo ich unseren Observierer bitten wollte, mir bei der Durchsuchung zu helfen. Es ist bei uns im Department nicht üblich, Durchsuchungen allein vorzunehmen – außerdem ist es nicht ganz sicher –, und wenn ich den Observierer mit einspannte, mußte ich niemanden bitten, Überstunden zu machen.

Der Observierer machte nämlich seinen normalen Schichtdienst.

Ernesto Rubacava war wieder da. Ich erzählte ihm, was zu tun sei, und er sagte: »Ich wünschte, jemand hätte dran gedacht, es mir zu sagen.«

»Ich habe es dir gerade gesagt. Komm schon, ich schaffe es nicht allein, eine Tür einzutreten.« Eine Tür eintreten ist eine Kunst und eine Wissenschaft zugleich. Und es ist sehr hilfreich, wenn du 1,80 groß bist.

Wir mußten die Tür nicht eintreten. Sie war unverschlossen, und als wir sie öffneten, fluchten Ernesto und ich gleichzeitig. Die Wohnung war bereits durchsucht worden, nicht gerade geschickt, aber dafür äußerst gründlich.

Wir hatten sie seit Freitag überwacht. Also mußte sie bereits vorher durchsucht worden sein.

Jetzt konnte ich kaum noch hoffen, irgendwelches Beweismaterial zu finden.

Ich fand nichts. Und auch die Leute vom Labor nicht, nachdem ich sie herbeordert hatte.

Ernesto fragte im Revier nach, was er den Rest seiner Schicht tun sollte, und ich fuhr nach Hause.

Am Sonntag gibt es keine Sechs-Uhr-Nachrichten, doch zwischendurch wurden aktuelle Kurzinformationen gesendet mit dem Hinweis, die Zehn-Uhr-Nachrichten einzuschalten, wo über den neuesten Stand der Ermittlungen in dem Mord-aus-Profitgier-Fall in Fort Worth berichtet werden sollte. Die Berichterstattung fiel recht umfassend aus, unter anderem brachten sie eine Videoaufnahme von mir, wie ich mir den Mund fusselig redete.

Mein Telefon klingelte um Viertel vor elf. Sie nannte nicht ihren Namen. Aber das brauchte sie auch nicht, denn schon nach ihren ersten Worten wußte ich, wer sie war. »Mrs. Ralston, ist Junies leibliche Mutter getötet worden? Waren Sie deswegen bei mir?« Sie weinte.

»Ja, Irene, deshalb«, erwiderte ich.

»Warum haben Sie mir denn nichts davon gesagt?«

»Weil mir klar geworden ist, daß Sie überhaupt nichts davon wußten, und ich wollte Ihnen keinen Kummer machen.«

»Mir keinen Kummer machen! Hören Sie, ich weiß nicht, wo ich hin soll. Eddie ist richtig wütend geworden, als die Sache in den Nachrichten kam, und er hat sich in seinem Arbeitszimmer eingeschlossen und herumtelefoniert, und als ich ihn gefragt habe, was denn los ist, hat er mich eine Schlampe genannt und gesagt, er muß wohl nicht ganz bei Trost gewesen sein, daß er auf mich reingefallen ist, und dann hat er die Tür zugeknallt und weitertelefoniert. Da habe ich mir Junies Windeltasche geschnappt und mich mit Junie aus dem Haus geschlichen und bin zum 7-Eleven gegangen, und ich will nicht wieder zurück nach Hause, und ich weiß nicht, wo ich hin soll.«

»Ob er sich denken kann, daß Sie im 7-Eleven sind?«

»Nein. Aber die Telefonzellen sind draußen. Er könnte mich sehen, wenn er nach mir sucht und hier vorbeifährt.«

Ich überlegte, in welchem 7-Eleven sie wohl war, und dann fragte ich nach, um sicherzugehen, daß ich an das richtige dachte. Gut. Es gab dort eine kleine Nische, wo die Videospiele waren; es war unmöglich, die Nische von der Straße aus einzusehen. Ich sagte ihr, sie solle da hineingehen und auf mich warten.

Für die Fahrt dorthin würde ich über eine halbe Stunde brauchen, wahrscheinlich eher 45 Minuten. Aber es war mir zu riskant, sie mit einem Streifenwagen abholen zu lassen, obwohl unsere Streifenwagen nicht braun sind, denn ...

Einige von unseren Streifenwagen *sind* braun. Nicht viele, aber einige. Das hatte ich vergessen.

Ich sagte ihr, sie sollte sich dort in der Nische bei den Viedeospielen verstecken, und falls Eddie versuchen sollte, sie mitzunehmen, sollte sie schreien, so laut sie konnte, und nach der Polizei rufen. Ich sagte ihr, daß ich so schnell wie möglich bei ihr wäre.

Sie wartete auf mich; sie kam heraus, als ich vorfuhr, und sie stieg auf der Beifahrerseite meines Wagens ein; sie trug das Baby und hatte eine Windeltasche dabei und sonst nichts. Ihre ersten Worte waren: »Wieso haben Sie es mir nicht gesagt?«

»Ich fand einfach, es war noch nicht nötig. Am Ende hätten Sie es so oder so erfahren.«

»Ja.« Sie schauderte. »Er führt sich auf wie ein Verrückter. Ich habe noch nie erlebt, daß sich einer so aufführt, wie er sich aufführt. Er macht ein Heidenspektakel und brüllt rum und sagt, er wünschte bloß, er wäre mir nie begegnet ... Hören Sie, ich habe ja gewußt, daß es kein Zuckerlecken wird, mit einem alten Mann verheiratet zu sein, aber er hat gebettelt und gebettelt, und schließlich habe ich es nicht mehr übers Herz gebracht, immer nein zu sagen. Wenn ich gewußt hätte, daß wir so leben würden, hätte ich bestimmt nein gesagt. Was wird denn nun mit Junie?«

»Wenn wir herausfinden, wem sie gehört, wird sie am Ende dahin zurückgebracht.«

»Und ihre Mama ist tot, und ihr Papa wird arbeiten müssen, und dann kommt sie in eine von diesen Tagesstätten. Glauben Sie, er läßt mich für sie sorgen, wenn er es nicht kann? Aber das geht ja gar nicht«, sagte sie, »weil ich mir irgendeinen Job suchen muß. Ich weiß nicht, wie ich das machen soll. Eddie hat alle meine Sachen, und er wird sie nicht rausrücken wollen. Ich könnte wieder zurück auf die Farm und Traktor fahren, aber es sind noch immer sieben Kinder zu Hause, und da ist nicht viel Platz für mich.«

Eddie würde ihre Sachen herausrücken müssen. Und nach texanischem Gesetz stand Irene die Hälfte von dem zu, was sich im Haus befand. Natürlich war noch fraglich, ob sie ihr Recht auch würde durchsetzen können. Eddie hatte Geld und sie nicht.

Nach texanischem Gesetz stand ihr *kein* Unterhalt zu. Irene hatte also recht, daß sie sich einen Job suchen mußte. Obwohl, bei genauerem Nachdenken war auch das nicht völlig sicher - in Texas gilt die eheliche Gütergemeinschaft. Und das Haus legte zumindest den Gedanken nahe, daß Eddie ziemlich viel Geld haben könnte.

»Wieso halten wir hier?« fragte Irene.

»Ein Freund von mir wohnt hier. Ich werde mir einen Laufstall ausleihen, wo Junie drin schlafen kann.«

Olead wies mich gähnend und höflich darauf hin, daß er am Morgen eine Prüfung hatte, holte den Laufstall und eine Matratze aus dem Schuppen und half mir, die Sachen im Kofferraum zu verfrachten.

Der Überwachungswagen wartete noch immer vor meinem Haus. Diesmal war er braun.

Ich wurde wirklich langsam paranoid.

Ich sah nach, wer in dem braunen Wagen saß. Es war David Conners; er lümmelte sich auf dem Vordersitz, las beim Schein einer Taschenlampe und hatte einen kleinen Kassettenrecorder laufen.

Er las die Bibel und hörte dabei eine Kassette mit dem Mormon Tabernacle Choir.

Irgendwie konnte ich mir nicht vorstellen, daß es David Conners gewesen sein sollte, der Rachel Strada letzte Nacht vor dem Greyhound-Busbahnhof absichtlich überfahren hatte.

Er sah auf und sagte: »Hi, Deb. Alles ganz ruhig und friedlich, und ich glaube, dein Hund fängt langsam an, mich zu mögen.«

»Schön. Ich hoffe, ihr könnt bald von hier abgezogen werden.«

»Das hoffe ich auch«, sagte er ehrlich. »Ist ganz schön langweilig.«

Hal und Becky schliefen; Harry war noch auf und wartete auf mich. Er saß an seinem Funkgerät und unterhielt sich mit jemandem in Japan. Ich stellte Irene vor, und er begrüßte sie, schaltete das Funkgerät ab und verkündete, daß er jetzt ins Bett gehe.

Irene und ich setzten uns ins Wohnzimmer und unterhielten uns noch ein Weilchen, aber sie hatte dem, was sie bereits gesagt hatte, eigentlich nichts Neues hinzuzufügen. Sie wußte nicht, was für eine Arbeit Eddie machte, sie wußte nicht, wo er arbeitete, und sie wußte nicht, wieviel Geld er hatte. Nach unserem Gespräch hatte sie noch einmal versucht, es herauszufinden, doch Eddie hatte sie ein neugieriges Miststück genannt.

Sie waren erst seit sechs Monaten verheiratet. Im ersten Monat hatte er sie regelrecht auf Händen getragen, aber danach war sie nur noch Luft für ihn gewesen, nur noch gut fürs Kochen und Saubermachen und, na ja, Sie wissen schon. Sie glaubte, er hatte ihr das Baby besorgt, damit sie die Klappe hielt, wie man einem kleinen Mädchen eine Puppe kauft.

Ich fragte mich, wieso er sich überhaupt die Mühe gemacht hatte; das schien mir nicht zu Eddie zu passen. Aber vielleicht hatte er sich ja gedacht, Irene würde dann aufhören, an ihm herumzunörgeln.

Es stellte sich noch etwas heraus, aber auch das gab nicht sonderlich viel her: Irene hatte mit ihm zusammen das Baby abgeholt. Sie wußte, daß sie in nördlicher Richtung gefahren waren und dann ein kleines Stück nach Osten über den Highway 820, aber sie wußte nicht mehr, an welcher Ausfahrt sie abgefahren waren. Vom Highway 820 aus waren sie jedenfalls Richtung Norden gefahren; Irene war auf einer Farm aufgewachsen und wußte Norden von Süden genau zu unterscheiden, und außerdem war gerade Sonnenuntergang gewesen, so daß jeder das gewußt hätte. Sie waren ein Stück nach Norden gefahren, und dann waren sie rechts abgebogen, also nach Westen, und dann waren sie noch einmal abgebogen, aber leider wußte sie nicht mehr in welche Richtung – ach, ja, nach rechts und dann wieder nach links auf einen Feldweg, und auf einer der Weiden, an denen sie vorbeigekommen waren, hatten wirklich prächtige junge Kühe gestanden.

Das Haus war alt und weiß gestrichen, und links und rechts vom Haus waren Hecken, so daß sie nicht sehen konnte, was dahinter lag. Eddie hatte gesagt, sie sollte im Wagen bleiben, und er war hineingegangen und mit dem Baby herausgekommen, und die Kleine hatte nur eine Wegwerfwindel angehabt und war in eine kratzige alte Decke eingewickelt, aber das war nicht schlimm, denn Irene hatte die Windeltasche dabei, und sie hatte ein rosa Kleidchen für Junie mit, und sie brachten sie in dem rosa Kleidchen nach Hause.

Irene meinte, sie würde jetzt gern schlafen gehen, deshalb holte ich ihr eins von meinen Nachthemden.

Später in der Nacht hörte ich sie weinen. Ich ging nicht zu ihr, denn in meinem Beisein hatte sie nicht geweint; offenbar konnte sie nur weinen, wenn sie allein war.

Harry hatte die Woche frei genommen, um auf das Haus aufzupassen, bevor jemand zur Überwachung aufgetaucht war. Er wolle es trotzdem nicht rückgängig machen, sagte er, denn es könnte schließlich sein, daß es irgendwo anders brenzlig würde und man die Leute, die unser Haus überwachten, abzog und dorthin schickte.

Irene sagte, sie müßte sich überlegen, wo sie bleiben könnte. Ich entgegnete, daß ich ihr vorschlagen würde, erst mal genau da zu bleiben, wo sie war; wir hatten genug Platz für sie, zumindest für ein paar Tage, und ich wollte sichergehen, daß ihr nichts passieren konnte.

Harry brachte Hal zur Schule, wie er es am Freitag getan hatte. Heute glaubte ich nicht, daß ich den Zwang verspüren würde, ungefähr jede Stunde anzurufen, um mich zu vergewissern, daß er wohlauf war. Mittlerweile war ich davon überzeugt, daß sie es auf mich abgesehen hatten, nicht auf Hal.

Ich wollte mit Dutch reden, aber er war irgendwo unterwegs.

Auf meinem Schreibtisch lagen weitere Fernschreiben. In Ardmore, Oklahoma, wurde Jeanette Munning seit dem 11. September vermißt; errechneter Geburtstermin für ihr Baby war der 5. Oktober. In Durant, Oklahoma, wurde Ginger Zimmerman vermißt; sie war am 18. September verschwunden, und der errechnete Geburtstermin für ihr Baby war der 30. September.

Ich wußte zwar, daß wir in Fort Worth eine hohe Mordrate hatten – mittlerweile Platz elf im Landesdurchschnitt, noch vor Los Angeles und New York –, aber Frauen zu importieren, um sie zu töten, das war nun wirklich der Gipfel.

Natürlich war Ginger vielleicht noch am Leben. Jeanette war es mit an Sicherheit grenzender Wahrscheinlichkeit.

Es gab einiges, das ich überprüfen mußte. Ich fing an, mir eine Liste zu machen.

Zum Beispiel: Wer und was war Eddie O'Neal? Er war kein Gangster, denn sonst hätte ich schon von ihm gehört, doch Irenes Schilderungen nach zu urteilen, benahm er sich wie einer.

Zum Beispiel: Eine vollständige Übersicht darüber, wann genau die Frauen jeweils entführt worden waren. Wenn ich damit richtig lag, daß nur ein einziger Mann direkt mit dem Verbrecherring zusammenarbeitete und es sich bei dem Mann um einen Polizeibeamten handelte, dann mußten die Fort-Worth-Opfer entführt worden sein, als er dienstfrei hatte. Er würde nicht das Risiko eingehen, plötzlich zu einem Einsatz gerufen zu werden, während er gerade ein Entführungsopfer im Polizeiwagen hatte.

Die Frauen von auswärts - zumindest diejenigen, die nicht unmittelbar aus dem Großraum Fort Worth-Dallas stammten - mußten mit an Sicherheit grenzender Wahrscheinlichkeit an seinem freien Tag entführt worden sein.

Er mußte dienstfrei gehabt haben, als er hinter mir her war.

Er war mit an Sicherheit grenzender Wahrscheinlichkeit *im* Dienst, als er Rachel Strada umbrachte. Anhand der jeweiligen Uhrzeiten, zu denen er zugeschlagen hatte, kam ich zu dem Schluß, daß er Frühschicht haben mußte - Mitternacht bis acht Uhr morgens. Ich sah nach, um welche Uhrzeit Rachel Strada getötet worden war. Ja, ich hatte recht - es war kurz vor ein Uhr morgens gewesen.

Aber wenn er Frühschicht hatte, wieso war er dann nicht erreichbar gewesen, als Grace entwischte?

War er bei Gericht gewesen?

Ich mußte in sämtlichen Polizeidienststellen in der Gegend nachfragen, ob an irgendeinem ihrer Fahrzeuge ein Unfallschaden gemeldet worden war, denn er würde den kaputten Scheinwerfer, den abgesplitterten Lack irgendwie erklären müssen.

Ich an seiner Stelle wäre nach dem Mord an Rachel Strada mit dem Wagen zunächst durch die Autowaschanlage gefahren, um möglichst viel Blut, Haare, Gewebe, Fasern abzuwaschen, und dann hätte ich einen Unfall fingiert. Und dieser Mann war keineswegs weniger schlau als ich. Ich fürchtete sogar allmählich, daß er schlauer war als ich.

»Hi, Deb«, sagte Special Agent William T. Arnold.

»Hi, Dub«, sagte ich geistesabwesend und dachte weiter nach.

»Deb«, sagte er, »mir ist zugetragen worden, sowohl von Ihrem Boß als auch von meinem Boß, daß Deb und Dub wieder mal ein gemischtes Doppel spielen, womit ich sagen will, daß wir offenbar zusammenarbeiten. Würden Sie mich also bitte darin einweihen, was wir gerade machen?«

»Oh, ja«, sagte ich, »was haben Sie über Patten rausgekriegt?«

»Nicht gerade viel«, sagte er, »außer, daß er in letzter Zeit sehr viel mehr Geld ausgegeben hat, als er sich eigentlich erlauben dürfte. Entweder hat er ein Vermögen geerbt oder eine Bank ausgeraubt, bloß ist in seiner Verwandtschaft niemand gestorben, und wir hatten in letzter Zeit keine großen Banküberfälle. Wir sind noch dabei, seine Vergangenheit zu durchleuchten, aber alles, was wir bislang haben, ist, daß er direkt von der High-School aus zur Armee gegangen ist und dann bei der Armee seinen Abschied genommen und in der Wurstfabrik angefangen hat. Und was haben Sie?«

Ich reichte ihm Berichte, Notizen und fing an, eine Liste mit den Sachen aufzustellen, die er leichter überprüfen konnte als ich. »Okay«, sagte er, »als erstes werde ich mich um die beschädigten Polizeiwagen kümmern.«

»Okay«, sagte ich, »und ich mache mich daran, Hebammen einen Besuch abzustatten.«

Wie es aussah, hatte ich keine Sonderkommission mehr. Meine Leute waren mit ihrer Computerarbeit fertig und wieder auf Streife. Aber vielleicht, nur vielleicht, brauchte ich ja auch keine mehr.

»Bevor wir uns beide an unsere Arbeit machen«, schlug Dub vor, »lassen Sie uns doch erst mal einen Blick auf die Geographie werfen. Also, sie ist vom Highway 820 runter und nach Norden gefahren, von dieser Straße dann nach Westen, wieder nach Norden, dann Westen, und der Weg führte dann auf eine Farm. Okay, sehen wir uns das mal auf der Karte an.«

Sehr wahrscheinlich war sie nach Norden auf die Beach Street, den Denton Highway oder den Rufe Snow Drive gebogen - sie kannte sich in der Gegend nicht gut genug aus, um sich an irgendwelche Orientierungspunkte zu erinnern, und natürlich hatte sie auch nicht darauf geachtet.

Von dort aus gab es zig Stellen, an denen sie in eine der Richtungen hätte abbiegen können, die sie uns genannt hatte. Es würde jemand rausfahren und alle in Frage kommenden Strecken ausprobieren müssen, um festzustellen, ob irgendeine in etwa der Beschreibung entsprach.

Ich fragte Captain Millner, ob er mir wieder ein paar Streifenpolizisten zur Verfügung stellen könne, und er sagte, das könne er ganz bestimmt.

Ich schrieb die Angaben auf und bat ihn, den Leuten Anweisung zu geben, dorthin zu fahren, nicht in Uniform, nicht im Streifenwagen, und dann jede mögliche Straße zu fahren, auf die unsere vagen Informationen passen könnten, bis sie ein Haus fanden, das auf die Beschreibung paßte, und dann Meldung zu machen.

»Deb«, sagte er, »Ihnen ist doch klar, daß fast das gesamte Gebiet außerhalb unseres Zuständigkeitsbereichs liegt, oder?«

»Ja, schon, aber . . .«

Er setzte sich mit der Karte hin. »Wir müssen«, sagte er, »einen Beamten aus jedem der betreffenden Zuständigkeitsbereiche anfordern.«

»Captain Millner«, sagte ich, »das geht nicht. Noch nicht. Nicht, bevor ich weiß –«

Er wandte sich um und sah mich an. »Dann vielleicht ein Mitarbeiter des Sheriffs?«

»Captain Millner, die fahren braune Wagen. Die Dienststelle des Sheriffs fährt braune Wagen.«

»Ach ja«, sagt er. »Tja, das müssen wir bedenken. Okay. Ich nehme an, da sie ja nichts anderes machen werden als gucken . . .«

Ich hatte die Liste auf insgesamt zehn Hebammen zusammengestrichen. Pauline Baxter, Annie Pooley, Abby Kingston, Stephanie Carter, Darla Miller, Nickie White, Edith Shuman, Gladys Buttrey, Beverly Majors, Hazel Anderson.

Ich hatte nicht darum gebeten, daß auf meinem Ausdruck die Hautfarbe angegeben wurde, was ein Fehler gewesen war. Aber ich hatte ja noch den Stapel Originalpapiere, mit denen meine »Sonderkommission« gearbeitet hatte.

Es brachte nichts – Tarrant County war auf einem Computer, und vom dortigen Büro hatte ich nur ein Computerband. Ich hatte davon keine Ausdrucke, und es würde Zeit erfordern, ein neues Programm zu schreiben. Mehr Zeit, als ich meiner Ansicht nach erübrigen konnte.

Ich nahm mein Notizbuch und ging hinüber zum Gericht, zu dem es jetzt viel näher ist als früher, bevor unser neues Gebäude gebaut wurde, um die neusten Geburtsurkunden durchzusehen. Zum Glück sind Geburtseinträge noch immer öffentlich einsehbar; die Frau im Standesamt zeigte mir, wo die Bücher waren, und ließ mich allein.

Die Babys, die Pauline Baxter auf die Welt geholt hatte, waren alle weiß. Ebenso die Babys, die Darla Miller, Edith Shuman,

Gladys Buttrey und Beverly Majors geholt hatten. Die Babys, die Annie Pooley, Abby Kingston, Stephanie Carter, Nickie White und Hazel Anderson geholt hatten, waren fast ausnahmslos schwarz. Annie Pooley, Abby Kingston, Stephanie Carter, Nickie White und Hazel Anderson vermutlich auch.

Pauline Baxter stand im Telefonbuch, mit dem Zusatz »Hebamme« säuberlich und klein daneben. Ebenso Darla Miller. Edith Shuman, Gladys Buttrey und Beverly Majors dagegen nicht.

Andererseits gab es keinen Grund zu der Annahme, daß die Frau, die Babys auf die Welt holte, die dann verkauft wurden, keine zugelassene Hebamme war.

Sie in meiner Funktion als Polizistin anzurufen, wäre im Moment wohl nicht ganz ratsam. Aber ich bin eine Frau. Und eine Frau kann schwanger sein und eine Hebamme suchen. Ich nahm das Telefon mit in einen Verhörraum, damit auch gar keine, absolut keine Polizeigeräusche im Hintergrund zu hören waren, zumal der Frau, nach der ich suchte, wenn ich richtig lag, die Hintergrundgeräusche beim Telefonieren mit jemandem in einem Polizeirevier vertraut waren.

Mein Name ist Debra Lynn Ralston. Mich als Deb Ralston vorzustellen, war zu riskant. Doch mein Mädchenname war Gordon. Ich würde Lynn Gordon sein.

Gerade noch rechtzeitig wurde mir klar - so ging es nicht. Sie standen nicht alle in den Gelben Seiten; das Telefonbuch war zwar noch nicht ganz so veraltet, aber dennoch, drei von diesen Frauen standen nicht drin. Man mußte schon über Mundpropaganda von ihnen gehört haben, um sie zu finden. Und ich hatte keinerlei plausible Erklärung dafür, wie ich von ihnen gehört hatte -» Im Waschsalon hat mir jemand von Ihnen erzählt« würde nicht klappen, wenn die Frau, nach der ich suchte, ihr Gewerbe nicht ordnungsgemäß angemeldet hatte.

Nein, es war besser, ich wartete ab, was Dub herausfand, und versuchte, die Namen dann damit in Zusammenhang zu bringen, und wenn wir einen Namen fanden, der paßte, tja, dann waren wir im Geschäft.

Ich rief im Archiv an und fragte, ob sie irgend etwas über Edward O'Neal hatten. Ich nannte Ihnen Adresse und Alter und sagte, daß ich sein Geburtsdatum nicht wisse; Irene hatte sich nicht mehr daran erinnern können.

Im Archiv gab es keine Akte Edward O'Neal.

Ich hätte daran denken sollen, Dub mit der Sache zu betrauen.

Ich rief im örtlichen FBI-Büro an und bat den Beamten, der sich am Telefon meldete, Dub auszurichten, daß er versuchen sollte, Informationen über Edward O'Neal auszugraben, und der Beamte, mit dem ich sprach, erwiderte: »Wissen Sie denn nicht, wer das ist?«

»Nein, sollte ich?«

»Na ja, das nicht gerade. Aber vor zwei Jahren ist er aus Las Vegas verjagt worden, nachdem man ihn dabei erwischt hatte, daß er ein manipuliertes Roulettespiel betrieb; bei so was versteht die Kontrollbehörde für Glücksspiele in Nevada keinen Spaß. Er hat seine Kasinolizenz verloren, und kurz darauf ist sein Name bei einer Ermittlung wegen Schutzgelderpressung aufgetaucht. Er ist, wie schon gesagt, irgendwie aus Las Vegas weg. Dann war er eine Zeitlang in Atlantic City, aber da hat er auch keine Lizenz bekommen, und - er ist doch nicht in Ihren Fall verwickelt, oder?«

»Offenbar doch. Zumindest, wenn es derselbe Edward O'Neal ist.«

»Sieh mal einer an«, sagte der Beamte. »Ich komme gleich mal rüber zu euch und rede mit eurer Undercoverabteilung.«

Als wir noch in dem alten Gebäude waren, brauchte jemand vom FBI knapp drei Minuten, um zu Fuß zum Polizeipräsidium zu gehen. Oder umgekehrt natürlich. Jetzt dauert es knapp 15 Minuten. Das ist einer der Nachteile, die wir dafür in Kauf nehmen mußten, daß wir ein neues Gebäude bekommen haben.

Genau 17 Minuten später kam Ron Elgart von der Undercoverabteilung in unser Büro gestürmt, schnappte sich Captain Millner und knallte mir die Tür vor der Nase zu.

Kurz darauf öffnete Captain Millner die Tür und winkte mich in den Verhörraum. »Jetzt erzählen Sie Deb mal, was Sie mir gerade erzählt haben«, sagte er.

Elgart schluckte. »Das ist ein Fall der Undercoverabteilung«, sagte er. »Wenn irgendwas davon durchsickert -«

»Das wird es nicht. Deb muß Bescheid wissen.«

»O'Neal betreibt einen Spielsalon. Wir stehen kurz davor, den Laden dichtzumachen. Die Werbung läuft über Mundpropaganda, und es ist möglich, daß er von den zuständigen Polizeibehörden Protektion bekommt, aber das steht nicht eindeutig fest - wir werden sie erst in letzter Minute informieren, für alle Fälle. Es ist ein großes Ding. Im Stil von Las Vegas, nur glaube ich, daß die

Spiele getürkt sind. Alle möglichen Glücksspiele – Roulette, Poker, Blackjack, Würfeln, was man sich nur denken kann, und jede Menge Alkohol und hübsche Mädchen, die die Spieler ablenken sollen. Ich möchte nicht, daß er Lunte riecht und türmt.«

»Ich nehme an«, entgegnete ich, »daß er sich um den Schutz seines Spielsalons zur Zeit wohl die wenigsten Sorgen macht. Wir kriegen ihn bald wegen einem Baby vom Schwarzhandel dran, und das weiß er.«

»Und wenn ihr ihn wegen Gott weiß was drankriegt, auf jeden Fall fliegt dann alles auf. Sind Sie nicht ganz bei Trost, Deb? Wir müssen sofort handeln – wo ist das Telefon?«

Er stürmte wieder davon.

Wer Mr. Eddie O'Neal war, stand jetzt fest. Nur noch nicht, wie er mit den Babyhändlern Kontakt aufgenommen hatte.

Kapitel 15

Dub war wieder da. Es hatte nicht lange gedauert, aber natürlich hatte er seine Informationen telefonisch bekommen. Als FBI-Agent hat man es leichter. Aus Angst sind die Leute kooperativer.

Drei Polizeiwagen waren in jener Nacht im Großraum von Fort Worth bei einem Unfall beschädigt worden. Ein Fort-Worth-Streifenwagen, schwarzweiß, war bei der Verfolgung eines betrunkenen Fahrers mit einem anderen Wagen zusammengestoßen. Etwa zehn Zeugen. Name des Fahrers: Dean Lewis.

Ein Watauga-Polizeiwagen, hellblau, war rückwärts gegen einen Baum gefahren, als der Fahrer vom Einsatzort, ein Haus, in das eingebrochen worden war, mit ausgeschalteten Scheinwerfern losfuhr, weil er den Einbrecher gesichtet hatte. Keine Zeugen außer natürlich dem Einbrecher. Name des Fahrers: Frank Heyden.

Der Wagen eines Constables, hellbraun, war durch losen Sand auf der Fahrbahn ins Schleudern geraten von der Straße abgekommen und gegen einen Baum geprallt. Er war noch in der Werkstatt. Keine Zeugen. Name des Fahrers: Doyle Bernard.

Keiner dieser Namen stimmte mit den Namen der Hebammen überein. Eigentlich war ich eher von einer Komplizenschaft unter Ehegatten ausgegangen, doch das mußte natürlich nicht unbedingt der Fall sein.

Ein schwarzweißer Streifenwagen oder ein hellblauer hätten keine braunen Lacksplitter bei Rachel Stradas Leiche hinterlassen. Der braune Wagen eines Constables vielleicht, doch das konnte nur ein Labor feststellen, nicht ich.

»Sehen wir uns den braunen doch einfach mal an«, forderte ich Dub auf, und er sagte: »Ich habe schon darauf gewartet, daß Sie das vorschlagen würden.«

Wir fuhren zu der Garage, wo die Einsatzwagen repariert werden. Der Wagen des Constables war leicht zu finden. An der Seite war das entsprechende Abzeichen aufgemalt und darüber der Name des betreffenden Constables, und die vordere und hintere Stoßstange war voll mit Wahlpropagandaaufklebern. So sehen die Wagen von Constables meistens aus.

Er war zweifellos gegen einen Baum gefahren; in einem der Risse klemmten Mesquitbaumblätter. Doch das war noch kein Beweis dafür, daß er nicht auch gegen etwas anderes gefahren war, bevor er gegen den Baum prallte. Der linke Scheinwerfer und der Kühlergrill waren schwer beschädigt, ebenso der linke Kotflügel.

Dub fragte den Mechaniker: »Haben Sie was dagegen, wenn ich ein paar Lack- und Glasproben nehme?«

»Weiß zwar nicht, wozu Sie die brauchen, aber bitte sehr. Ich muß sowieso die ganze Vorderfront erneuern.«

»Sie haben es gehört«, sagte Dub zu mir, und ich bestätigte, daß ich es gehört hatte.

Er hatte Plastikbeutelchen in der Hosentasche. Er holte sie und sein Taschenmesser heraus, und er schnippte Proben vom Lack ab und tat sie vorsichtig in den ersten Beutel. Er schrieb darauf: »Lackproben vom linken vorderen Kotflügel, 1985 Ford –« Er schrieb die Fahrzeug-Identifizierungsnummer von der Prüfplakette ab und reichte mir den Beutel. Auch ich schrieb meine Initialen darauf und dazu das Datum, während er sich wieder bückte, um Stückchen von dem Scheinwerferglas aufzusammeln. Der zweite Umschlag wurde entsprechend beschriftet, und als wir zurück zu unserem Wagen gingen, fragte ich: »Dub, was versprechen Sie sich eigentlich davon? Das Glas und den Lack vom Tatort haben doch *unsere* Unfallexperten.«

»Noch«, sagte er gelassen.

RBP. Rang bedeutet Priviligien. Oder, im Falle des FBI, Rang bedeutet Macht.

Doch ob es einem gefällt oder nicht, es dauert seine Zeit, bis man vom FBI-Labor einen Bericht bekommt, und diese Zeit konnte Menschenleben kosten. Wir hatten keine Zeit zu warten.

Es gibt zig Wege, die man einschlagen kann, wenn man die Zeit hat, eine Untersuchung in aller Ruhe durchzuführen. Doch jede Stunde, die wir warteten, konnte wieder den Tod eines Menschen bedeuten, und als Dub und ich zurück zum Präsidium fuhren, überlegten wir jeder für uns, wie wir weiter vorgehen sollten, um die ganze Sache *schnell* zu Ende zu bringen. »Ich will noch was überprüfen«, sagte Dub zu mir. »Ich bin bald zurück.« Ich setzte ihn am FBI-Gebäude ab.

In meinem Büro telefonierte Dutch Van Flagg, dessen Gesicht einen sehr selbstzufriedenen Ausdruck zeigte, mit dem Büro des Bezirksstaatsanwaltes wegen eines Durchsuchungsbefehls. Offenbar hatte er mittlerweile einen sehr begründeten Verdacht, wer den Bombenanschlag auf die Praxis verübt hatte. »P-a-t-t-e-n«, sagte er. »Nicht o-n, e-n. Achten Sie darauf. Nicholas. Ja, Nicholas Timothy. Haben Sie das? Wann? Okay, ich hole ihn ab.« Er legte auf. »Der Durchsuchungsbefehl ist um zwei Uhr fertig. Kommst du mit, Deb?«

»Weswegen durchsuchen wir ihn denn? Wegen der Schießereien? Ich dachte, es ging um den Bombenanschlag.«

»Ging's ja auch.«

»Aber was hat der Typ denn damit zu tun –«

»Es steht uns nicht an, zu fragen warum und so weiter«, sagte Dutch. »Ich bin eigentlich auf Umwegen auf ihn gekommen.«

»Will heißen?«

»Weißt du noch, daß ich am Samstag all die Zeitschriften studiert habe?«

»Ja, ich habe mir Sonntag ein paar davon angesehen«, sagte ich. »Ich habe die Anzeigen gelesen, aber ...«

Dutch lehnte sich in seinen Stuhl zurück und nahm eine sehr professorale Haltung ein. »Zunächst einmal, bevor unsere beiden Fälle sich überschnitten, hatte ich eine von diesen militanten sogenannten christlichen Sekten unter die Lupe genommen, du weißt schon, die Sorte, die die Juden haßt und die Katholiken und die Mormonen und die felsenfest davon überzeugt ist, daß alle guten Christen weiß sind. Ein paar von ihren Anführern hatten Briefe an den *Startlegram* geschrieben und damit gedroht, Abtreibungspraxen in die Luft zu jagen, wenn sie nicht geschlossen würden. Die Zeitung hat natürlich keinen von den Briefen abgedruckt, aber sie haben uns auf dem laufenden gehalten, und ich habe alle Briefe abgeholt.

»*Startlegram*« ist ein alter Spitzname für den *Fort Worth Star-Telegram*, und mir fiel wieder ein, daß ich Dutch mit dem Packen Briefe gesehen hatte.

»Als ich in der Sekte eine Durchsuchung vornehmen wollte, haben sie mir gesagt, sie hätten doch noch gar nichts *gemacht*, und sie schienen nicht beunruhigt, aber ich habe trotzdem ihre Zentrale und die Häuser der führenden Köpfe durchsucht. Ich habe zwar nichts gefunden, womit man eine Bombe hätte basteln können, aber ich habe Ausgaben von dieser Zeitschrift gesehen, in denen die Anzeige umkringelt war. Tja, da ich keinen hinreichenden Verdacht hatte, um die Zeitschrift zu beschlagnahmen, habe ich mir selbst eine Ausgabe gekauft. Der Redakteur für die Kleinanzeigen wurde richtig kooperativ«, sagte er weiter, »nachdem wir ihm klargemacht hatten, daß man ihnen den Laden dichtmachen könnte, falls sie wissentlich eine terroristische Organisation unterstützten. So habe ich rausgefunden, daß ein Mr. Nicholas Timothy Patten die Anzeige aufgegeben hatte, und wir haben einen Fingerabdruck, der auf einer der Brandbomben war, mit seiner Armeeakte verglichen, und er stimmte überein. Jetzt muß ich natürlich noch herausfinden, wer ihn engagiert hat, aber weißt du was? Ich wette, er wird es mir verraten. Übrigens, willst du mitkommen?«

Ich war mir nicht so sicher, daß Nick Patten irgend jemandem irgend etwas sagen würde. »Brauchst du mich?« fragte ich.

»Nee. Das ist ja in Arlington, also muß ich sowieso ein paar Leute aus Arlington mitnehmen, und das müßte eigentlich reichen.«

»Gut, ich habe nämlich was anderes zu erledigen. Dutch«, sagte ich weiter, »was ist mit dem Brief?«

»Dem Brief.«

»Dem Brief. Den Grace vermutlich an Dr. Kirk geschickt hat. Wegen dem du doch heute morgen Erkundigungen einholen wolltest. Den Brief meine ich.«

»Den Brief«, sagte er, »gibt es nicht mehr.«

»Wie?«

»Mrs. Kirk hat gesagt, daß die Post an ein Postfach gegangen ist, und die Frau vom Empfang hat sie abgeholt. Sie hat mir gesagt, wie ich die Frau vom Empfang erreichen konnte. Die hat mir dann erzählt, daß sie die Post gegen drei Uhr abgeholt hat, am Tag des – also, genaugenommen am Tag vor dem Bombenanschlag, denn der war nach Mitternacht.«

»Ich weiß, wann der Anschlag war.«

»Und es war tatsächlich ein Brief von Grace dabei. Sie hat gesagt, daß sie sich deshalb an den Namen erinnern konnte, weil die junge Frau ständig Termine abgesagt hatte. Dann hat sie den Brief auf den Schreibtisch des Doktors gelegt. Und der Doktor hatte den ganzen Nachmittag über zu tun und seine Post nicht mehr gelesen. Sie hat ihn daran erinnert, und er hat gesagt, er würde sie am nächsten Morgen durchsehen.«

Fünf Menschen waren wegen dieses Briefes gestorben. Und er existierte nicht einmal. »Scheiße«, sagte ich, und Dutch: »Das kann man wohl sagen.«

Zumindest fügte sich allmählich alles zusammen. Nick und Jackie kauften ein Baby - Jackie erzählte Grace davon - Grace wollte ein Baby verkaufen. Ja, wenn sie gewußt hatten, daß Nick etwas von Bomben verstand, dann lag es auf der Hand, daß sie ihn beauftragt hatten, den Anschlag auf die Praxis zu verüben. Und wahrscheinlich hatten sie ihm sein Geld zurückerstattet, vielleicht sogar noch etwas mehr gezahlt; und so hatte er aus Sherman verschwinden können - aber was nun?

Sie konnten Nick nicht erpressen, nicht mehr, denn Nick hatte gegen sie genauso viel in der Hand wie sie gegen ihn, aber Nick hatte allen Grund, ihnen dabei zu helfen, daß die Sache geheim blieb. Falls das Kartenhaus zusammenstürzte, stürzten sie alle.

Nur glaubte ich nicht, daß Nick alles verraten würde, was er wußte. Oder überhaupt etwas. Ich rechnete damit, daß Nick so lange bluffen würde, wie er dachte, er hätte noch einen Trumpf in der Hand.

Ich wußte nicht, was Dub überprüfen wollte. Ich hatte eine ganze Armee vom Männern - na ja, mindestens drei Männer - losgeschickt, um im Nordosten von Tarrant County Straßen abzufahren. Aber verdammt ...

»Captain«, sagte ich, »ich habe eine Idee. Ich fahre mit meinem eigenen Wagen. Aber ich bin über Funk zu erreichen.«

Genaugenommen war es nicht mein eigener Wagen; es war ein Mietwagen, denn mein eigener Wagen war noch in der Werkstatt. Aber um so besser. Wenn ich Glück hatte, war ihnen noch nicht aufgefallen, daß ich diesen Wagen fuhr.

Ich fuhr nach Hause.

Irene saß auf der Couch und sprach mit dem Baby, das glucksende Laute von sich gab, und Harry zeichnete Schaltpläne für einen Linearverstärker, den er sich irgendwann bauen wollte, wenn er die Zeit dazu fand.

»Harry«, sagte ich, »macht es dir was aus, dich als Babysitter zu betätigen?«

»Nee, nicht ihm geringsten«, sagte er. »Wieso?«

»Irene«, sagte ich, »würden Sie mir helfen?«

»Kann ich das?«

»Ich hoffe.«

Wir fuhren in südlicher Richtung auf der Beach Street, bogen nach rechts auf den Great Western Parkway - endlich wußte ich den Namen -, bogen nach Süden auf den Interstate Highway 35 und fuhren dann auf dem Highway 820 wieder zurück. Jetzt waren wir auf dem Highway, den Eddie mit Irene gefahren war. »Sagen Sie mir, wenn Sie was wiedererkennen«, sagte ich.

Ich nahm die Ausfahrt Beach Street. »Hier geht es zu Ihnen nach Hause«, sagte Irene.

»Ja. Aber ist das die Strecke, die Sie und Eddie gefahren sind, als Sie das Baby abgeholt haben? Denken Sie scharf nach. Versuchen Sie, sicher zu sein, aber sagen Sie mir auf jeden Fall, wenn Ihnen was bekannt vorkommt, auch wenn Sie nicht sicher sind.«

»Das ist sie nicht«, sagte sie. »Hier sind wir nicht langgekommen. Da waren viele Geschäfte und viel Betrieb, keine Weiden und so.

»Gut.«

Damit war eine Möglichkeit ausgeschlossen. Ich fuhr wieder die Beach Street hoch und bog nach rechts, wie ich es schon einmal getan hatte, und fuhr im Bogen wieder zurück auf den Highway 820; ich blieb auf dieser Strecke, weil ich vermeiden wollte, daß Irene irgendeine andere Strecke vertraut vorkam, solange sie sich zu erinnern versuchte. Diesmal nahm ich die Ausfahrt Denton Highway.

Hier waren Geschäfte - Restaurants, eine Tankstelle, ein Lebensmittelladen, ein großer Holzhandel. Ich warf Irene einen Blick zu. Sie sah bekümmert aus. »Nein«, sagte sie. »Mir ist eben was eingefallen. Da war ein McDonald's. Wir sind an einem McDonald's vorbeigekommen; ich erinnere mich genau.«

»Jetzt sind wir auf dem richtigen Dampfer«, sagte ich. »Rufe Snow Drive.«

Wir wechselten auf den Rufe Snow Drive. Da war ihr McDonald's. Da war ihr Einkaufszentrum. Aus den Augenwinkeln sah ich ihr Gesicht. Das hier war die richtige Straße, und sie war sich dessen sicher. »Wie geht's weiter?« fragte ich. »Sie haben gesagt, als nächstes sind Sie nach Westen abgebogen.«

»Ich weiß nicht. Ich kenne die Namen von den Straßen hier nicht.«

»Ich kenne die Namen von den Straßen hier draußen auch nicht, Irene«, erwiderte ich. »Machen Sie sich deshalb keine Sorgen. Dafür habe ich ja eine Karte dabei. Sie brauchen mir nur zu zeigen, wo die Straße ist.«

»Ich hoffe, ich erkenne sie wieder. Fahren Sie einfach weiter.«

Wir fuhren weiter. Nach einer Weile sagte ich: »Irene?«

»Immer noch weiter.«

»Die Straße hier ist bald zu Ende.«

Sie schwieg einen Moment lang. Dann sagte sie: »Genau! Die Straße war wirklich irgendwann zu Ende. Diese Straße hier mündet in eine andere, und da sind wir dann nach Westen gefahren.«

»Okay.« Ich fuhr an den Straßenrand und faltete die Karte auf. Ich war die Straße, von der sie sprach, früher schon mal langgefahren, aber ich hatte nicht die geringste Ahnung, wie sie hieß.

Der Karte nach hieß sie Bursey Road.

Wir bogen nach Westen auf die Bursey Road ab und fuhren weiter. Und weiter. Als wir den Denton Highway kreuzten, hatte ich Angst, wir wären zu weit gefahren - wieso hätte er diese Strecke fahren sollen, wo er doch einfach in den Denton Highway hätten einbiegen können? Doch Irene sagte: »Weiter.«

Mittlerweile hieß die Straße nicht mehr Bursey Road. Jetzt war es die Wall Price Road.

Schließlich bogen wir nach Norden auf die Ray White Road, und kurz darauf bogen wir nach links in einen Schotterweg ein.

Der eigentlich ins Nichts zu führen schien, genauer gesagt in ein Dickicht von Mesquitbäumen, die so dicht waren, daß ich fürchtete, einer von den Dornen würde mir einen Reifen durchstechen. Doch Irene hatte sich entspannt. »Wir sind richtig«, sagte sie.

Wir kamen aus dem Dickicht von Mesquitbäumen heraus auf ein Feld. Vor mir stand ein zweistöckiges Haus, das keine Hecke, sondern links und rechts einen überwucherten Spalierzaun hatte, so daß es unmöglich war, hinter das Haus zu gucken.

Vor dem Haus parkte ein brauner Wagen. Auf der Seite stand MAJORS SECURITY SERVICE, und es war ein Abzeichen aufgemalt.

Sicherheitsdienst. Wie dumm von mir, daß ich daran nicht gedacht hatte. Und natürlich würde eine Frau, die vermutlich trotz aller moderner Liberalität passiven Gehorsam gewohnt war, spät abends nicht zwischen der Uniform eines Sicherheitsdienstes und einer Polizeiuniform unterscheiden.

Auch Pat konnte das nicht. Er konnte nicht einmal, wie ich sehr wohl wußte, zwischen der Uniform eines Postboten und einer Polizeiuniform unterscheiden.

»Irene«, sagte ich, »würden Sie den Weg hierher wiederfinden?«

»Klar.«

»Wissen Sie noch, wo wir den Denton Highway gekreuzt haben? Dort ist wohl die nächste Telefonzelle. Fahren Sie dahin zurück und wählen Sie den Notruf. Egal, wer sich meldet, sagen Sie, daß eine Beamtin von der Fort-Worth-Polizei Hilfe braucht. Geben Sie ihnen Ihren Standort durch und sagen Sie ihnen, daß Sie an dem Telefon auf sie warten, und führen Sie sie hierher. Und sagen Sie ihnen, sie sollen sich beeilen!«

»Aber Deb –«

»Tun Sie, was ich Ihnen gesagt habe!«

Ich wollte das Haus natürlich nur beobachten, denn ich befand mich außerhalb der Stadtgrenzen von Fort Worth, und ich hatte hier nicht mehr Machtbefugnis als irgendein Privatbürger. Doch zumindest konnte ich dafür Sorge tragen, daß innerhalb der nächsten Stunde niemand getötet wurde. Ich stieg aus dem Wagen, und sie rutschte auf den Fahrersitz und wendete den Wagen. Ich war allein, mit einem .38 Revolver, in dem sechs Schuß Munition steckten, die ich vermutlich nicht brauchen würde, und einem Funkgerät ohne Saft, das ich nun weglegte, damit ich die Hände frei hatte.

Die Umgebung war überall grün und braun. Tarnkleidung wäre hier sehr wirkungsvoll.

Ich trug eine schwarze Hose und eine rote Bluse und schwarze Leinensandalen.

Haben Sie schon mal versucht, sich in Sandalen in einem Mesquitdickicht zu verstecken?

Oder in irgendeinem anderen Schuhwerk? Mesquitbäume sind zweifellos eine Erfindung des Teufels – sie haben wunderschöne filigrane Blätter, die einen verführen, und fast acht Zentimeter lange Dornen, die einen durchbohren, sobald sie einen in ihre Fänge gelockt haben.

Und von irgendwoher hörte ich eine Frau schreien.

Ich eilte in diese Richtung, und ein Mann hinter mir sagte: »Wo wollen Sie denn hin?«

Ich wirbelte herum.

Er hatte eine Schrotflinte.

Kapitel 16

Im Knigge steht nichts darüber, wie eine Dame einen Herrn begrüßen soll, der gerade eine Schrotflinte auf sie richtet.

Und mir selbst fiel spontan auch nichts ein.

Ich war mir ziemlich sicher, daß mein Mund aufstand, und ehrlich gesagt, hatte ich nicht die leiseste Ahnung, was ich jetzt machen sollte. Meine Faustregel für den Fall, daß ich mich einer Schrotflinte gegenübersehe – die ich bis dahin noch nie anzuwenden hatte, da ich mich noch nie am nördlichen Ende einer nach Norden gerichteten Schrotflinte befunden hatte – lautet, das zu tun, was die Person am anderen Ende der Flinte mir sagt, und bislang hatte dieser Mann noch nicht gesagt, was ich tun sollte. Er hatte lediglich eine Frage gestellt.

Er stellte sie erneut. »Wo wollen Sie denn hin?«

»Da hinten schreit jemand«, erklärte ich.

»Das ist keine Antwort auf meine Frage.«

»Na ja, ich dachte, ich sollte mal nachsehen, warum sie schreit.«

»Sie schreit, weil sie gerade ein Baby zur Welt bringt, und sie scheint das nicht so recht zu genießen.«

»Dann sollten wir vielleicht einen Arzt rufen.« Ich eilte energisch auf das Haus zu. Er schwang vielsagend die Schrotflinte, und ich blieb stehen.

»Es ist jemand bei ihr. Ich frage Sie jetzt noch mal. Was haben Sie hier zu suchen?«

Ich zuckte die Achseln. »Sie natürlich. Es war ziemlich beschissen von Ihnen, auf meinen Sohn zu schießen.«

»Ihren Sohn? Wollen Sie damit sagen, da war ein Kind im Wagen? Den habe ich wirklich nicht gesehen.«

Und damit war die Frage geklärt. Es war interessant, daß er nicht einmal versuchte zu leugnen, auf meinen Wagen geschossen zu haben.

Aber wahrscheinlich sah er keinerlei Notwendigkeit, irgend etwas zu leugnen. Er rechnete nicht damit, daß ich lange genug am Leben bleiben würde, um das Gespräch wiederzugeben.

»Sie denken wohl, Sie sind in Sicherheit«, sagte ich. »Tja, das sind Sie nicht. Sie haben noch gar nicht gefragt, wie ich hierhergekommen bin.«

»Das ist nicht nötig. Sie glauben doch wohl nicht, daß Ihre Freundin weit kommt, oder? Drehen Sie sich mal um und sehen Sie rüber.«

Das tat ich.

Der Mietwagen war genau am Rande des Feldes zum Stehen gekommen; ein anderer brauner Wagen versperrte ihm den Weg.

Und der war, wie ich selbst aus dieser Entfernung sehen konnte, am linken vorderen Kotflügel und im Scheinwerferbereich beschädigt.

»Sie sind sehr, sehr töricht gewesen, Deb Ralston«, sagte der Mann im Plauderton. »Sie sind uns in die Quere gekommen. Wirklich schade. Sie waren in vielerlei Hinsicht eine ziemlich nette Lady.«

»Etliche Beamte in Zivilfahrzeugen durchstreifen hier die Gegend«, sagte ich. »Sie suchen nach diesem Haus. Es ist purer Zufall, daß Irene und ich es zuerst gefunden haben. Aber wenn Sie die Schrotflinte abfeuern, werden die es mit Sicherheit hören.«

»Nur wenn sie ganz, ganz nahe sind.«

»Stimmt. Aber wollen Sie es darauf ankommen lassen, daß sie es nicht sind?«

»Nein, lieber nicht«, stimmte er zu. »Aber ich werde es, wenn ich muß. Nehmen Sie die Pistole aus dem Halfter und lassen Sie sie zu Boden fallen.«

Wie gesagt, wenn ich mich einer Schrotflinte gegenübersehe, halte ich mich an die Regel, das zu tun, was man mir sagt. Doch ich achtete darauf, wo die Pistole hinfiel. Ich hatte noch nicht aufgegeben.

»Los jetzt«, befahl er mir.

Durch einen ovalen Durchgang in dem Spalier ging ich in den Garten, wo sich eine Reihe Verschläge befand, die aussahen wie Hühnerställe und mit Schloß und Riegel gesichert waren. Aus einem von ihnen drangen die Schreie.

Er blieb vor einem stehen, der unverschlossen war. »Da drin ist eine Schaufel«, sagte er. »Holen Sie sie.«

Ich holte sie.

Wir gingen weiter bis zu einem kleinen Teich. Er befahl mir, an dessen Ufer, wo die Erde weich war, stehenzubleiben. »Fangen Sie an zu graben«, sagte er.

»Ist das nicht ein bißchen abgedroschen?« fragte ich ihn.

»Reine Arbeitsersparnis. Ich muß zwei Gräber ausheben. Aber ich will mich nicht schmutzig machen; ich muß gleich noch arbeiten, weil bei uns eine - Suite frei wird. Aber was stört es Sie, wenn Sie sich schmutzig machen? Sie sind sowieso schon so gut wie tot.«

Die Erde war weich und feucht, und ich brauchte nicht annähernd so lange, wie ich gern gebraucht hätte, um zwei ziemlich große Löcher zu graben. In der Nähe entdeckte ich weitere Erdhügel - insgesamt zwölf. Mehr, als ich gedacht hatte. Offenbar waren manche Frauen nie als vermißt gemeldet worden, oder manche Städte hatten nicht auf mein Fernschreiben reagiert.

Wirklich, es war verblüffend, daß mein Verstand noch immer so normal funktionierte. Doch offenbar hatte ein Teil von mir beschlossen, daß ich keine Zeit hatte, jetzt in Panik zu geraten. Wenn alles vorüber war, dann würde ich in Panik geraten. Doch wenn ich Zeit haben wollte, später in Panik zu geraten, mußte ich jetzt nachdenken.

Er befahl mir, ich sollte die Schaufel hinlegen.

Dann legte er seine Schrotflinte weg und ging mit einem Messer auf mich los, das ungefähr so groß war wie das von Rambo im Film. Ich machte einen Schritt zur Seite. Und ich kotzte.

Absichtlich.

Auf seinen Arm.

Es ging erstaunlich einfach.

Nur sehr wenige Menschen können dem Reflex widerstehen, auszuweichen, wenn jemand auf sie kotzt. Er konnte es nicht. Darauf hatte ich spekuliert, und während er zur Seite sprang, versuchte ich verzweifelt, mich so gut es ging an das zu erinnern, was ich noch von den Selbstverteidigungskursen wußte, die ich auf Harrys Drängen hin vor vielen Jahren belegt hatte. Damals hatte ich zu ihm gesagt, ich würde sie niemals umsetzen wollen.

Und das hatte ich auch nicht. Bis jetzt.

Man versucht nicht, einem Mann zwischen die Beine zu treten, wie es in den meisten Selbstverteidigungsbüchern steht, weil er damit rechnet und diese Stelle automatisch schützt.

Wenn man Schuhe mit Pfennigabsätzen anhat, tritt man ihm mit voller Wucht auf den Fuß. Aber ich trug Sandalen mit Schaumgummisohlen.

Also tat ich das, was als einziges übrigblieb, und das war kein Trick, den ich in einem Kurs gelernt hatte. Ich schlug ihm unter die Nase und traf sie genau über der Lippe mit der Handkante, und ich rammte sie ihm so fest in den Kopf wie ich konnte. Er fiel mir vor die Füße, ich fühlte seinen Puls, und er hatte keinen. Er hatte deshalb keinen, weil dieser kleine Trick, den mir vor Jahren ein Geheimdienstagent beigebracht hatte, Knochenstücke aus seiner Nase ins Gehirn gedrückt hatte.

Ich fühlte mich seltsam betäubt und wusch meine Hände im Teich ab und hob die Schrotflinte auf und vergewisserte mich, daß sie geladen war, und dann durchsuchte ich seine Hosentaschen, holte seine Autoschlüssel heraus, ging wieder zurück zur Vorderseite des Hauses, stieg in seinen Wagen und fuhr zum vorderen Ende der Zufahrt, wo der andere Wagen noch stand und sein Fahrer Irene mit einer Schrotflinte in Schach hielt und auf Anweisungen wartete.

Ich stieg aus dem Wagen, und er sah mich und erkannte, daß ich nicht die Person war, die er erwartet hatte, und er hob die Schrotflinte und richtete sie auf mich, und ich hob die, die ich in Händen hielt, und feuerte, und er flog nach hinten gegen seinen Wagen, Blut spritzend, und er schrie zweimal auf, aber nur zweimal.

Nie zuvor hatte ich mit einer Schrotflinte geschossen, außer auf dem Schießstand. Ich hatte es bislang nicht gemußt.

Ich hatte stets die Theorie vertreten, daß man in der Regel nicht zu schießen braucht, nicht, wenn man wartet, bis Unterstützung da ist und bestimmt auftritt und seinen Verstand gebraucht.

Doch diesmal brachte es nichts, auf Unterstützung zu warten, denn die Person, die die Unterstützung holen sollte, kam nicht dazu. Und das bestimmte Auftreten nützt überhaupt nichts, wenn dein Gegenüber eine Schrotflinte hat.

Aber ich glaube, ich hatte meinen Verstand gebraucht.

Zumindest war ich noch am Leben, und Irene ebenfalls.

»Alles in Ordnung?« fragte ich sie, und sie nickte. »Dann holen Sie Hilfe, wie ich es Ihnen gesagt habe«, sagte ich, und sie nickte erneut und ließ den Wagen an, setzte gekonnt um die Leiche herum zurück und fuhr die Zufahrt zurück zur Straße.

Die Frau, die ich zuvor gehört hatte, schrie wieder. Ich ging wieder zum Haus, wieder durch die Lücke in der Hecke und wieder auf die Reihe Hühnerställe mit den Schlössern und Riegeln zu. Die Tür von einem von ihnen stand offen. Ich ging hinein.

Die Frau, die da stand, mußte etwa in meinem Alter sein, und ich erkannte sie sofort. Ich war überrascht, daß ich sie erkannte, denn das letzte Mal, als ich sie gesehen hatte, war es fast stockfinster gewesen, ihr Make-up war verschmiert gewesen und das Haar hatte ihr über die Augen gehangen, und ich hatte sie für kaum älter als zwanzig gehalten. Jetzt trug sie Hose und T-Shirt und war ungeschminkt, und sie sah reglos zu, wie die andere Frau schrie, die Frau, die an den Tisch gekettet war. Sie tat nichts, sie sagte nichts; sie sah einfach zu. Aber sie sah aufmerksam zu. Sie sah, wie die Augen der anderen Frau mich erblickten, und sie drehte sich um.

»Was zum –«, begann sie, und ich verpaßte ihr einen gezielten Schlag unters Kinn. Ich hatte keine Zeit für großartige Erklärungen, und meine Handschellen waren in der Handtasche, die in meinem Wagen lag, mit dem Irene unterwegs war.

»Wo ist der Schlüssel?« fragte ich die Frau auf dem Tisch, und sie sagte: »Ihr BH. Sie hat ihn –« Sie schrie erneut. Ich sah, wie sich ihr Unterleib aufbäumte, als wieder eine Wehe einsetzte.

Ich nahm ihr die Ketten und die Handschellen ab, und sie drehte sich auf die Seite und hörte auf zu schreien. Ich fing an, die Zeit zu messen.

Drei Minuten Abstand. Vielleicht hatte sie noch Zeit, es bis in ein Krankenhaus zu schaffen, falls Irene sich beeilte und die Polizei, die sie verständigte, sich ebenfalls beeilte.

»Ich bin Deb Ralston«, sagte ich zwischen zwei Wehen zu ihr. »Ich bin von der Polizei in Fort Worth. Sie sind jetzt in Sicherheit – wie heißen Sie?«

Sie sagte mir, sie sei Joanna Ross.

»Aber ihr Baby war doch schon vor zwei Wochen fällig«, sagte ich blöderweise. Und dann fing ich an zu weinen.

Aber nicht lange, denn ich mußte aufhören, um bei der Geburt eines Babys zu helfen. Es war eine ganz neue Erfahrung. Phillip Ross würde nicht nur seine Frau zurückbekommen, er hatte auch einen kleinen Sohn bekommen, und er würde sich sehr freuen, ihn kennenzulernen.

Joanna Ross war nun sehr viel glücklicher darüber, daß sie ein Kind zur Welt brachte, da sie wußte, daß sie es auch behalten würde.

»Es hat wohl keinen Sinn mehr zu lügen, was?« sagte Nick Patten.

»Nein«, erwiderte Dutch ausdruckslos.

Er zuckte die Achseln. »Hören Sie, geben Sie Jackie keine Schuld, sie hatte von der ganzen Sache keine Ahnung. Sie hat bloß gewußt, daß ich ihr ein Baby versprochen hatte und ich ihr ein Baby besorgt habe. Außer später, ich habe es ihr später sagen müssen, aber sie wußte es erst, als es vorbei war. Und ich habe nicht gewollt, daß das alles passiert. Ich wollte bloß – Jackie und ich wollten bloß – das Baby. Es gibt heutzutage nicht viele, und die offiziellen Adoptionsstellen haben immer wieder gesagt, wir wären zu jung oder unser Einkommen würde nicht ausreichen oder Jackie wäre zu nervös – so was in der Art. Dann – ich kannte Don Majors von der Army her. Er hat uns erzählt, seine Frau Bev sei Hebamme. Er könnte uns ein Baby besorgen, aber es würde einiges kosten. Unkosten, hat er gesagt. Ärzte. Und Anwälte. Und da wären ein paar Leute, die er bezahlen müßte. Ganz egal, es klang okay. Don hat Beziehungen. Alle möglichen Beziehungen. Don ist so ein Typ.«

»War.«

»Was?«

»War. Nicht Don ist. Don war. Donald Majors ist Vergangenheit.«

Donald Majors war der erste Mensch gewesen, den ich getötet hatte. Er hatte seit Jahren einen Sicherheitsdienst betrieben, und er hatte Geld verloren, weil die Konkurrenz auf dem Markt sehr groß war, und er hatte Verträge verloren, weil in mehrere Gebäude, die er bewacht hatte, eingebrochen worden war. Seinem Scheckbuch nach hatte er darüber hinaus ein paarmal große Summen an Edward O'Neal gezahlt, und im Scheckbuch steckte ein zerrissener Schuldschein über 2000 Dollar, die er O'Neal geschuldet hatte. Wir vermuteten, daß mit dem Baby, das Irene bekommen hatte, zum Teil Spielschulden beglichen worden waren – aber das würden wir nie beweisen können.

Die Hebamme, Beverly Majors, war Donalds Frau. Sie hatte als Nebenerwerb noch eine Firma, die sich »Adoptionsberatung« nannte und in den Gelben Seiten damit warb, Leute darin zu beraten, was sie tun sollten, um bei Adoptionsvermittlungsstellen einen besseren Eindruck zu machen. Sie lieferte außerdem Informationen, wie man sich mit Adoptionsvermittlungsstellen in verschiedenen Staaten und im Ausland in Verbindung setzen konnte und wie sich private Adoptionen in Texas abwickeln ließen. Was ein phantastischer Service gewesen wäre, wenn es bloß legal gewesen wäre.

Der andere Tote war Elliot Majors, Donalds jüngerer Bruder. Nach dem, was wir ermitteln konnten, hatte er im wesentlichen Befehle ausgeführt.

Nick redete noch immer. »Ich war völlig pleite, nachdem ich das ganze Geld berappt hatte, und da kam mir die Idee, die Anzeige aufzugeben.«

»Haben Sie legale Aufträge erwartet?« fragte Dutch trocken.

Nick grinste ihn schwach an. »Ich habe Aufträge aus dem Ausland erwartet. Nicaragua, so was in der Art. *Se habla español.* Oder *me hablo español* oder so. Nein, ich weiß nicht. Jedenfalls spielt die Anzeige keine Rolle, weil Don nicht auf die Anzeige reagiert hat. Das habe ich Ihnen schon gesagt. Don kannte mich schließlich. Erst *dann* hat er mir allerhand erzählt. Und ich schwöre Ihnen, das war das erste Mal, daß ich von irgendwelchen Entführungen erfahren habe.«

»Und Don hat Ihnen gesagt, Sie sollen Sherman verlassen?«

»Nein, das war mein eigener Entschluß. Sobald ich erfahren hatte – sie mir gesagt hatten, daß Grace tot war. Sie haben gesagt, es wäre ein Unfall gewesen; sie haben gesagt, sie hätten sie laufenlassen, nachdem das Baby geboren war, aber sie hat versucht abzuhauen und – sie haben gesagt, es wäre ein Unfall gewesen. Ich dachte, wenn wir wegziehen würden, würde Jackie vielleicht nicht dahinterkommen. Und – ich habe zu Don gesagt, ich würde das Gebäude in die Luft jagen, wenn es leer wäre. Er hat mir gesagt, es wäre leer. Der Dreckskerl hat gesagt, das Gebäude wäre leer.«

Und da fing Nick Patten an zu weinen. »Der Dreckskerl hat gesagt, das Gebäude wäre leer. Ich wollte doch niemanden *töten*.«

Es war sehr überzeugend, aber ich kaufte ihm nichts davon ab. »Nick«, sagte ich leise, »Sie sind nach Arlington gezogen, *bevor* Grace gestorben ist.«

Er hörte auf zu weinen und starrte mich an.

Wir hatten also Nick Patten, und wir hatten die noch lebenden Mitglieder der Bande, und trotzdem war ich nicht besonders glücklich. Auch ich hatte niemanden töten wollen.

Und da waren die Babys, die Babys, die bei ihrer Geburt eine Mutter verloren hatten und jetzt eine zweite Mutter verlieren würden, so früh, so jung ...

Die Frauen aus Lawton und die Frauen aus Ardmore und Durant waren noch am Leben, und zwei von den Frauen aus Texas außer Joanna Ross waren es ebenfalls und drei Frauen aus Kansas, von denen wir nicht einmal gewußt hatten. Aber dort neben dem kleinen Teich hinter dem Haus waren nicht zwölf, sondern 15 volle Gräber, sowie die beiden, die leer geblieben waren.

Als Captain Millner schließlich sagte, ich könne nach Hause fahren, ging ich ins Bett und weinte lange und mußte mich immer wieder übergeben, bis Harry sagte, wenn ich nicht zum Arzt ginge, würde er mir den Hals umdrehen.

Zwei Tage später waren wir noch immer mit Papierkram beschäftigt, als ich ans Telefon gerufen wurde. »Deb? Haben Sie gerade zu tun?«

»Hallo, Irene. Nein, ich habe nicht zu tun.« Natürlich hatte ich zu tun, aber Irene brauchte jemanden, mit dem sie reden konnte.

»Wissen Sie was?«

»Nein, weiß ich nicht. Erzählen Sie's mir.«

»Junies leibliche Mutter war erst 15, und ihre Eltern wollen das Baby nicht. Sie sagen, sie wären zu alt, um es aufzuziehen. Wenn ich also damit einverstanden bin, daß sie mit ihr in Kontakt bleiben und ich ihr später erzähle, daß sie ihre Großeltern sind, dann darf ich sie behalten. Und meine Anwältin meint, daß es keine Probleme mit den Papieren geben wird, da sie ja zugestimmt haben. Ist das nicht wundervoll?«

Es war die beste Nachricht, die ich seit sehr langer Zeit gehört hatte. Und das sagte ich ihr.

»Und ich lasse mich von Eddie scheiden, und meine Anwälte sagen, daß ich von allem die Hälfte kriege, und Deb, Deb, er hat fast 200 000 Dollar! Damit werde ich gut für Junie sorgen können!«

200 000 Dollar illegales Spielgeld. Aber dafür konnte Irene O'Neal nichts, und ich war froh, daß ein Teil davon dem Baby zugute kommen würde. Ich legte den Hörer auf. »Cap«, sagte ich, »kann ich drei Tage frei nehmen? Meinen Papierkram habe ich erledigt, und ich muß zum Arzt.«

»Dauert das drei Tage? Ja, klar, nehmen Sie sich drei Tage frei. Noch besser eine Woche. Damit feiern Sie die ganzen Überstunden ab, und ich kriege keinen Ärger.«

Ich glaube zwar nicht, daß das noch legal ist, aber ich wollte nicht darüber diskutieren. Ich verließ rasch das Büro, bevor er Zeit hatte, es sich anders zu überlegen, und rief vom öffentlichen Telefon im Erdgeschoß meinen Arzt an. Nach langen Debatten überredete ich die Sprechstundenhilfe, mir sofort einen Termin einzuschieben.

»Ich bin was?« sagte ich drei Stunden später.

»Sagen wir, Antiacida werden Ihnen überhaupt nicht helfen. Sie haben mich schon verstanden.«

»Aber das kann nicht sein«, protestierte ich. »Ich bin 42 Jahre alt! Ich bin Polizistin! Ich bin sogar schon *Großmutter*!«

»Das ist hart«, sagte der Doktor und grinste mich an. »Geschieht Ihnen recht, dafür, daß Sie versucht haben, selbst eine Diagnose zu stellen. Ich habe Ihnen schon vor Jahren gesagt, daß das früher oder später passieren wird.«

»Schon, aber ich habe Ihnen nicht geglaubt. Okay, was mache ich denn jetzt?«

»Vernünftig essen, und damit meine ich nicht Kartoffelchips und Cola. Sie brauchen Vitamine. Sie brauchen viel Ruhe. Kommen Sie nächsten Monat wieder.«

»Soll ich mit dem Joggen aufhören?«

Er zuckte die Achseln. »Joggen Sie, wenn Sie möchten, aber überspannen Sie den Bogen nicht.«

Den Bogen überspannen, dachte ich, als ich sein Sprechzimmer verließ. Den Bogen überspannen? Ich bin überspannt.

Harry wird begeistert sein.

Captain Millner wird einen Anfall kriegen.

Ich überlegte, ob ich vielleicht am Wolladen vorbeifahren und an einem kleinen Strampler stricken sollte, wenn Harry nach Hause kam, bloß ich konnte gar nicht stricken, und wenn ich es könnte, würde er denken, der Strampler wäre für ein weiteres Enkelkind, das ich mir erhoffte. Also beschloß ich, doch keine Wolle zu kaufen, und auf dem Weg nach Hause überlegte ich mir, wie ich es den verschiedenen Familienmitgliedern beibringen sollte. Ich könnte Hal fragen, ob er gern einen Bruder oder eine Schwester hätte. Ich könnte Harry bitten, mich zum Essen auszuführen und es ihm scheu beim Dessert erzählen. Ich könnte Vicky anrufen und sie fragen, ob ich mir ihre Umstandskleider ausleihen könnte. Ich könnte Becky bitten, sich mit dem Heiraten zu beeilen, weil ihr Zimmer gebraucht würde.

Nein, das tat ich besser nicht; sie könnte denken, ich meinte es ernst.

Ich würde . . .

Harry war im Vorgarten und harkte Laub. Ich ließ die Wagentür offenstehen, schaffte es gerade noch, nicht über Pat zu stolpern, sauste um die Harke herum, warf mich in seine Arme und schrie: »Harry, wir kriegen ein *Baby*!«

Nachwort

Deb Ralston hat ein großes Haus und eine große Familie: Die verheiratete Tochter, die sie inzwischen zur Großmutter gemacht hat, ist dem Haushalt entprechend nur noch lose verbunden, ebenso Olead Baker mit seinem kleinen Halbbruder, deren Freundschaft und Vertrauen Deb im ersten Roman gewonnen hat (»Ein zu normaler Mord«, DuMont's Kriminal-Bibliothek Band 1053). Zwei halbwüchsige Kinder leben noch im Hause, desgleichen ihr Mann mit seiner unregelmäßigen Arbeitszeit und seinen vielen technischen Hobbys. Und Deb Ralston ist zugleich Kriminalbeamtin bei einer Spezialeinheit für die spektakuläreren Verbrechen in Fort Worth, Texas, das immerhin in der amerikanischen Verbrechensstatistik noch vor Los Angeles und New York auf Platz elf rangiert.

Deb liebt ihren Beruf und ihre Familie, und beides ist nur schwer zu vereinen, zumal seit den Ereignissen des ersten Romans noch Pat, ein großer Hund, dazugekommen ist, der noch mehr auf regelmäßiger Fütterung besteht als ihre Familie, die sich an ein Leben zwischen Mutters phantasievoller Schnellküche und den phantasielosen benachbarten Fastfood-Restaurants gewöhnt zu haben scheint. Hinzu kommt eine eigentümliche, vom Obersten Gerichtshof der USA erzwungene Dienstzeitregelung: Auch im öffentlichen Dienst muß jede Überstunde voll bezahlt werden, aber die Gemeinden haben das in ihren Budgets nicht vorgesehen. So ist es gerade Debs Vorgesetzter, der streng auf die Einhaltung der Dienststunden achten muß, der aber natürlich auch daran interessiert ist, daß alle Fälle möglichst schnell gelöst werden.

Seine Untergebenen sehen das ebenso, und so schleichen sich Deb und ihre Kollegen nicht nur immer wieder heimlich in die Büros – wo dann der Chef ebenfalls illegal anwesend ist –, sondern arbeiten auch zu Hause weiter. Der Konflikt zwischen Dienst und

Privatleben durchzieht das ganze Buch als *running gag*, zwischen dem Auftauen von Gehacktem für eine Schnellmahlzeit, dem Füllen von Römertöpfen und Waschmaschinen führt Deb wichtige Telefonate und studiert komplizierte Computerausdrucke. Sie selbst lebt dabei im wesentlichen von Coca Cola und Kartoffelchips, die ihrem nervösen Magen noch am ehesten zu bekommen scheinen. Zeit, zum Arzt zu gehen, findet sie nicht.

Fast symbolisch für diese Situation ist die Art, wie Deb Ralston an ihren neuen Fall kommt: Normalerweise werden Polizeidetektive mit Leichen konfrontiert, indem sie offiziell an den Tatort gerufen werden. Doch unsere Heldin stößt wortwörtlich in ihrer spärlichen Freizeit auf ihren Fall: Beim Joggen, das die junge Großmutter um ihrer Fitness willen angefangen hat, findet Pat, der sie aus Langeweile begleitet, die Leiche einer jungen, hochschwangeren Frau, die seit etwa einer Woche tot im Straßengraben in Debs Nachbarschaft gelegen hat und inzwischen von der Hitze, aber auch von Nagetieren übel zugerichtet ist.

Was so beginnt, heißt im Englischen »police procedural novel«, d. h. ein Roman, bei dem das ›Procedure‹, das Vorgehen der Polizei, im Mittelpunkt des Interesses steht. Hierzu bedarf es einer soliden Kenntnis nicht nur der aktuellsten kriminologischen Vorgehensweisen, sondern auch der zahllosen Vorschriften, die, meist auf Grund von Gerichtsurteilen, die Arbeit der Polizei zugunsten der Bürger einschränken, und der Hierarchien und Zuständigkeiten, in denen sie sich vollzieht. Lee Martin ist hier bestens ausgewiesen, denn die Autorin hat unter ihrem wirklichen Namen Anne Wingate lange Jahre als Detective gearbeitet und war unter anderem die erste weibliche Fingerabdruckexpertin im Staate Georgia.

So setzen denn die üblichen Routineermittlungen ein: Autopsiebefund, Abgleich mit den Listen der verschwundenen Personen in Fort Worth, Frage nach weiteren Vermißten in benachbarten Polizeibezirken und ähnliches; denn zunächst einmal gilt es, das Opfer zu identifizieren, bevor man nach den Tätern fragen und suchen kann. Merkmal dieser Untergattung »Polizeiroman« ist es aber auch, daß, wie in der polizeilichen Wirklichkeit vorgegeben, die Fälle nicht säuberlich aufeinanderfolgen, sondern sich in der Regel zeitlich überlappen. Und merkwürdigerweise hat Deb Ralston seit der Erkrankung eines Kollegen eine Entführungsserie zu bearbeiten, bei der unter jeweils ähnlichen Umständen junge Frauen verschwunden sind, die nur eine Gemeinsamkeit hatten – sie waren hochschwanger. Auf der einen Seite gibt es also spurlos verschwundene Schwangere, auf der anderen Seite eine tote Schwangere, die niemand zu vermissen scheint.

Daß Deb Ralston hier einen Zusammenhang wittert, ist eine Sache, ihn hieb- und stichfest herzustellen eine andere. Und noch ein dritter Fall kommt hinzu – der nächtliche Bombenangriff auf eine Abtreibungsklinik, bei dem das Gebäude völlig niederbrennt und drei Frauen zu Tode kommen. Dies scheint – wie in der amerikanischen Wirklichkeit auch – das Werk extremer christlicher Fundamentalisten zu sein. Und doch – Deb Ralston ist von all dem emotional tief aufgewühlt: Schwangerschaften, die Entführung und Ermordung schwangerer Frauen haben für sie eine besondere Bedeutung, ist ihre eigene Ehe doch kinderlos geblieben; alle ihre drei Kinder wurden adoptiert. Und obwohl sie bewußt ›nichtweiße‹ Kinder adoptiert haben, kennt sie auch die Schwierigkeiten, die damit verbunden waren, kennt das geringe ›Angebot‹ und die gigantische ›Nachfrage‹ auf dem ›Adoptionsmarkt‹, besonders nach schönen, gesunden, ›weißen‹ Kindern. Trotz ihrer emotionalen Betroffenheit ist sie Polizistin genug, um zu wissen, daß immer dort, wo Angebot und Nachfrage derart auseinanderklaffen, eine Grauzone der Illegalität, ja, des Verbrechens zu entstehen pflegt. Durch die Medien gehen immer wieder Meldungen, daß Babies aus ärmeren Weltgegenden in die reichen regelrecht verkauft werden.

In traumhaft guter, minuziöser Polizeiarbeit, die von der Befragung denkbarer Verdächtiger und potentieller Zeugen bis zur Eingabe und Auswertung riesiger Datenmengen mittels vieler Hilfskräfte und eines eigens für sie geschriebenen Computerprogramms reicht, gelingt es Deb, zunächst die unbekannte Tote zu identifizieren und dann eine Verbindung zwischen den heterogenen Fällen zu finden, ein weitverzweigtes Komplott von Unbekannten, die, oft ohne es zu ahnen, an einer kriminellen Verschwörung teilgenommen und nach amerikanischem Recht eventuell damit sogar Beihilfe zum Mord geleistet haben.

Aber Anne Wingate alias Lee Martin war nicht nur erfolgreiche Polizeidetektivin, sondern ist auch professionelle Schriftstellerin, die selbst englische Literatur studiert hat und inzwischen ein Fach unterrichtet, das in Deutschland unbekannt, in den USA aber sehr geschätzt ist: *Creative Writing,* die Lehre vom professionellen Verfassen fiktionaler Texte. Sie steht damit in der für den Detektivroman und seine Geschichte wichtigen Tradition des *poeta doctus,* der vielen Schriftstellerinnen und Schriftstellern, die mit der Gattungsentwicklung und ihren Konventionen bestens vertraut sind. Deshalb gelingt ihr auf dem reichbestellten Feld der Gattung zwischen »Schlitzer-« und »Häkelkrimi« eine überzeugende Innovation, die scheinbar heterogene Elemente miteinander verbindet. Die »police procedural novel« ist trotz der ständigen Präsenz des Apparats und seiner vielfältigen Hilfen dennoch immer mit der Tradition des Einzeldetektivs verknüpft; Deb Ralstons Herz und Hirn sind ständig hinter dem Apparat zu spüren, sie ist es, bei der die Ermittlungen zusammenlaufen, ob sie nun, von Dienst und Familie gleichermaßen gehetzt, durch die Nachbarschaft von Fort Worth fährt und Leute verhört oder ob sie im Lehnstuhl über den Fall nachdenkt.

Und wenn auch ihre Fälle – das gilt ebenso für die folgenden, in den nächsten Jahren in »DuMont's Kriminal-Bibliothek« erscheinenden Romane – oft von extremer Brutalität sind, wie sie die heutige – und nicht nur amerikanische – Wirklichkeit auszeichnet, bleibt doch die Struktur des klassischen Rätselkrimis gewahrt, bei dem auch Indizien wie das schon für Sherlock Holmes wichtige Bellen eines Hundes eine Rolle spielen und dem Leser auch nach dem Fairness-Gebot mitgeteilt werden.

Der dramatische Schluß aber ist, ebenso wie die brutalen Morde, die von Debs Ermittlungen ausgelöst werden, der amerikanischen »hard boiled school« verpflichtet: Am Ende blickt die Erzählerin selbst in den Lauf einer Schrotflinte, die, ebenso primitiv wie in jeder Hinsicht todsicher, die bevorzugte Waffe der Unbekannten ist. Natürlich entkommt sie dem Tode, sonst könnte sie ja die Geschichte nicht erzählt haben, aber wie sie es tut, zeigt, daß die kleine, zarte Person, die wie jedermanns Lieblingstante aussieht, wirklich sehr ›hartgesotten‹ sein kann.

Und ganz zum Schluß, als alle ihre Fälle geklärt sind, kann sie mit ihrem beginnenden Magengeschwür endlich zum Arzt gehen. Was der herausfindet, überrascht den Leser im Grunde nicht, hat sehr viel mit dem Geschehen des Romans zu tun und soll hier nicht verraten werden.

Volker Neuhaus

Band 1024	C. W. Grafton	**Das Wasser löscht das Feuer nicht**
Band 1025	Anne Perry	**Callander Square**
Band 1026	Josephine Tey	**Die verfolgte Unschuld**
Band 1027	John Dickson Carr	**Die Schädelburg**
Band 1028	Leslie Thomas	**Dangerous Davies, der letzte Detektiv**
Band 1029	S. S. van Dine	**Der Mordfall Greene**
Band 1030	Timothy Holme	**Tod in Verona**
Band 1031	Charlotte MacLeod	**»Der Kater läßt das Mausen nicht«**
Band 1032	Phoebe Atwood Taylor	**Wer gern in Freuden lebt ...**
Band 1033	Anne Perry	**Nachts am Paragon Walk**
Band 1034	John Dickson Carr	**Fünf tödliche Schachteln**
Band 1035	Charlotte MacLeod	**Madam Wilkins' Palazzo**
Band 1036	Josephine Tey	**Wie ein Hauch im Wind**
Band 1037	Charlotte MacLeod	**Der Spiegel aus Bilbao**
Band 1038	Patricia Moyes	**»... daß Mord nur noch ein Hirngespinst«**
Band 1039	Timothy Holme	**Satan und das Dolce Vita**
Band 1040	Ellery Queen	**Der Sarg des Griechen**
Band 1041	Charlotte MacLeod	**Kabeljau und Kaviar**
Band 1042	John Dickson Carr	**Der verschlossene Raum**
Band 1043	Robert Robinson	**Die toten Professoren**
Band 1044	Anne Perry	**Rutland Place**
Band 1045	Leslie Thomas	**Dangerous Davies ... Bis über beide Ohren**
Band 1046	Charlotte MacLeod	**»Stille Teiche gründen tief«**
Band 1047	Stanley Ellin	**Der Mann aus dem Nichts**
Band 1048	Timothy Holme	**Morde in Assisi**
Band 1049	Michael Innes	**Zuviel Licht im Dunkel**
Band 1050	Anne Perry	**Tod in Devil's Acre**
Band 1051	Phoebe Atwood Taylor	**Mit dem linken Bein**
Band 1052	Charlotte MacLeod	**Ein schlichter alter Mann**
Band 1053	Lee Martin	**Ein zu normaler Mord**
Band 1054	Timothy Holme	**Der See des plötzlichen Todes**
Band 1055	Lee Martin	**Das Komplott der Unbekannten**
Band 1056	Henry Fitzgerald Heard	**Das Geheimnis der Haarnadel**

Band 1053

Lee Martin

Ein zu normaler Mord

Die Polizistin Deb Ralston soll den grausamen Mord an vier Erwachsenen und einem Kleinkind aufklären. Am Tatort wird Olead festgenommen, der einzige Überlebende der Familie. Er beteuert zwar seine Unschuld, doch sprechen alle Indizien wie seine frühere Gewalttätigkeit und der Verdacht auf Schizophrenie gegen ihn. Auch Deb Ralston glaubt an seine Schuld, doch sie läßt sich von Olead zu genaueren Nachforschungen überreden – und sei es nur, um für den Mordprozeß noch handfeste Beweise ans Tageslicht zu bringen. Ihre Ermittlungen werfen schon bald ein düsteres Licht auf die Ermordeten ...

Band 1056

Henry Fitzgerald Heard

Das Geheimnis der Haarnadel

Der merkwürdige Forscher Mycroft (der Kenner an Sherlock Holmes erinnert) bringt seinen »Watson-wider-Willen« – den Eigenbrötler Sidney Silchester – unter einem Vorwand dazu, sich ein Haus auf dem Lande anzusehen. Was Wunder, daß sich in eben diesem Haus ein Selbstmord ereignete – so scheint es zumindest. Um den Toten, einen allseits schlecht gelittenen Griesgram, der sich mittels einer dolchförmigen Haarnadel aus dieser Welt verabschiedete, trauert niemand so recht – auch die Polizei zeigt sich geneigt, den Fall als Selbstmord zu den Akten zu legen. Nicht so Mr. Mycroft: Anhand einer alten Stahlfeder, eines Astes und eines Drahtspanners entlarvt er den Täter!

Band 1054

Timothy Holme

Der See des plötzlichen Todes

Commissario Achille Peroni, der Rudolfo Valentino der italienischen Polizei, wird von der hübschen Cordelia auf dem Gardasee zum Segeln mitgenommen. Zwischen ihnen bahnt sich eine zarte Beziehung an, die jäh endet, als Cordelia ertrunken aufgefunden wird. Um einen Unfall, davon ist Peroni überzeugt, kann es sich nicht gehandelt haben. Peronis emotionale Verstrickung in den Fall, die Tatsache, daß er in dieser Gegend – wieder einmal – keinerlei Amtsbefugnisse hat, ominöse Gerüchte um eine angebliche Korrespondenz zwischen Churchill und Mussolini und um einen versunkenen Goldschatz des Duce erleichtern Peroni die Aufklärung des Falles nicht.

Band 1052

Charlotte MacLeod

Ein schlichter alter Mann

Tante Emma Kelling hat keinen Feind auf der Welt. Doch sie besitzt »Ernestina«, ein wertvolles altes Portrait, das sie zusammen mit ihrer Villa Pleasaunce geerbt hat, und sie inszeniert mit Leidenschaft Musicals von Gilbert & Sullivan. Ihre Nichte Sarah Kelling Bittersohn, ihres Zeichens Amateurdetektivin und Bostoner Intellektuelle, ist vor Ort, als »Ernestina« verschwindet und Charlie Daventer, der »schlichte alte Mann« aus der diesjährigen Aufführung des »Hexers« von Gilbert & Sullivan, bei einem Unfall ums Leben kommt. Eine scheinbar bedeutungslose Notiz überzeugt Sarah, daß jemand bei Charlies Abgang nachgeholfen hat …

Band 1051

Phoebe Atwood Taylor

Mit dem linken Bein

Leonidas Witherall, Lehrer für englische Literatur und bekannter Shakespeare-Experte, soll eine alte Ausgabe des Dichters prüfen, die sich jedoch schnell als billige Fälschung erweist. Damit nicht genug, wird Leonidas auf der Heimfahrt im Bus auch noch in einen Streit mit einer jungen Frau verwickelt, so daß der verärgerte Busfahrer ihn kurzerhand – ohne Gepäck – auf die Straße setzt. Als ihm die Frau aus dem Bus nachsetzt, macht Leonidas sich völlig entnervt auf die Flucht und stolpert – in einen Mordfall. Neben dem Opfer liegen Leonidas' Gummischlappen aus dem Bus, und dem Leichnam fehlt das linke Bein …

Band 1050

Anne Perry

Tod in Devil's Acre

London zittert: In einer Schlachterei im düsteren Armenviertel Devil's Acre, das seinem Namen alle Ehre macht, wird ein Arzt erstochen und grauenhaft verstümmelt aufgefunden. In kurzer Zeit wird Inspektor Pitt zu drei weiteren Opfern gerufen, die alle auf die gleiche bestialische Art ermordet wurden.
Der Inspektor und seine kluge Frau Charlotte machen sich auf die Suche nach dem Massenmörder. Es bleibt ihnen nicht viel Zeit, wollen sie das viktorianische London vor weiteren Taten des Massenmörders schützen . . .

Band 1049

Michael Innes

Zuviel Licht im Dunkel

In einem Raum, der nur durch den im Innenhof liegenden Garten eines noblen Londoner Colleges zu betreten ist, wird ein toter Professor inmitten von Knochen und Schädeln gefunden. Nur wenige Personen haben überhaupt Zugang zu dem abgelegenen Zimmer – und alle haben ein gutes Alibi. Zudem muß der Täter bereits Minuten nach der Tat aus dem verschlossenen Raum verschwunden sein – spurlos! Eine knifflige Aufgabe für Inspektor Appleby, denn im Laufe seiner Ermittlungen stößt er auf immer mehr Menschen mit einem Mordmotiv . . .